1781

Paul Roazen

Brudertier

Sigmund Freud und Victor Tausk: Die Geschichte eines tragischen Konflikts

Aus dem Amerikanischen von
Friedhelm Herborth

Hoffmann und Campe

Titel der Originalausgabe:
Brother Animal, The Story of Freud & Tausk
Erschienen bei Alfred A. Knopf, New York 1969

1. bis 5. Tausend 1973

Gesetzt aus der Korpus Garamond-Antiqua
Gesamtherstellung: Carl Ueberreuter, Wien
ISBN 3-455-06339-x. Printed in Austria

Für
Deborah

Inhalt

»... – wie herrlich wäre in ihm dies Beieinandersein von ›mütterlicher‹, d. h. aus der Inversion aufgearbeiteter Zartheit und Innigkeit des Verstehens *und* der vielen, so oft naiv-urgesund wirkenden Kraft; wie durchaus *ungewöhnlich* schön wäre es. Aus den Momenten, wo er sich so gibt, entstehen jene ganz bestimmten Gebärden, die an Tausk so eigentümlich wirken, die an ihm etwas ahnen lassen, was er dann doch nicht ist (vielleicht etwas zwischen ›war‹ und ›sein wird‹, vielleicht auch *nichts* Wesenheftes mehr). Und dann bleiben die wieder ungeschlichteten Gegensätze dessen, was Freud an ihm das ›Raubtier‹ nennt (und was ihm doch am ehesten hilft, wenigstens im praktischen Dasein durchzufinden), *und* leidender Gefühlshaftigkeit bis zur Selbstauflösung ...

Und von allem Anfang empfand ich doch an Tausk grade all diesen Kampf als das, was mich an ihm tief berührte: den Kampf der menschlichen Kreatur. Brudertier, Du.«

Lou Andreas-Salomé
In der Schule bei Freud.
Tagebuch eines Jahres 1912/13

Einleitung

Im Herbst 1964 begann ich, all die noch lebenden Personen aufzusuchen, die einmal unmittelbaren Umgang mit Sigmund Freud gehabt hatten. Mein Unterfangen hatte zunächst ein bißchen den Charakter eines Fischzugs in unbekannten Gewässern, denn ich hatte wenig Gewißheit, ob ich diese Personen überhaupt finden würde und ob, wenn ich sie fände, sie mit mir sprechen würden. Ebenso ungewiß war, ob ich in solchen Gesprächen, sollten sie zustande kommen, etwas erfahren würde, was nicht schon irgendwo aufgeschrieben war.

Triebkraft meiner Suche war eine keineswegs unbegründete Neugier. Denn ich hatte schon eine Reihe von Jahren in der Welt des Freudschen Denkens zugebracht und ein Buch über die moralische und politische Bedeutung seines Werkes geschrieben, *Freud: Political and Social Thought.*[1] Daher faszinierte mich natürlich die Vorstellung, mit einigen der Menschen zusammenzutreffen, die das geistige Leben unseres Jahrhunderts entscheidend mitgeformt haben. Als ich sie schließlich ausfindig machen und befragen konnte, war ich gleichwohl erstaunt darüber, wieviel mehr sie über die Personen um Freud und die Geschichte dieses Kreises offenbaren konnten als die Bücher,

[1] Anmerkungen siehe Seite 206 ff.

durch die ich jene Zeit kennengelernt hatte. Nach vielen Gesprächen mit Schülern, Verwandten und Freunden Freuds – für sie alle war er einfach »der Herr Professor« – gewann der große Mann in meiner Vorstellung allmählich die Gestalt eines menschlichen Wesens.

Am Anfang hatte ich nur die Absicht, zusammenzutragen, was aus dem Kreis um Freud mündlich überliefert worden war. Denn was der einen Generation als bloßer Klatsch erscheinen mag, kann für die nächste Geschichte sein. Alle Personen aus diesem Kreis sind schon alt, und mit jedem Jahr nimmt ihre Zahl ab. Meine Gespräche mit ihnen, einschließlich mehrerer Reisen nach Europa und vieler Fahrten durch Amerika, nahmen insgesamt etwa drei Jahre in Anspruch. Dabei führte der Weg von Büros in der Park Avenue von New York zu Sprechzimmern in der Harley Street von London; von einem Schloß in der Schweiz zu einer Villa in den Bergen außerhalb von Mexico City; und natürlich von dem Londoner Haus, in dem Freud gestorben ist – heute so etwas wie eine Gedenkstätte der letzten Jahre –, zu der Wohnung in Wien, in der er so viele Jahre gelebt hat –; heute dient ein Teil davon als Nähstube[2].

Außer mit etwa dreißig Personen, die an den Anfängen der Psychoanalyse beteiligt waren, habe ich mit über siebzig weiteren Personen gesprochen, die Freud gekannt hatten. Meine Arbeit ging nach dem Schneeballprinzip vonstatten, eine Person wies den Weg zu anderen, bis ich mit fünfundzwanzig von Freud analysierten Patienten sowie mit dreien seiner Kinder, seiner Schwägerin, zwei Schwiegertöchtern und mehreren Nichten und Neffen zusammengetroffen war. Zur Zeit dieser Niederschrift sind schon mehr als ein Dutzend dieser Menschen verstorben.

Einige von ihnen, die mir mit ihrer Zeit und Gastfreundschaft geholfen haben, möchte ich hier namentlich nennen:

Frau (Karl) Abraham, Alexandra Adler, Dr. Michael Balint, Dr. Therese Benedek, Dr. E. A. Bennet, Sir Isaiah Berlin, Edward Bernays, Frau Hella Bernays, Dr. Bruno Bettelheim, Dr. Smiley Blanton, Berta Bornstein, Dr. John Bowlby, Dr. David Brunswick, Prof. Mark Brunswick, Dr. Helene Deutsch, Dr. Kurt Eissler, Prof. und Frau Erik Erikson, Ernst Federn, Dr. Michael Fordham, Dr. Thomas French, Frau (Alexander) Freud, Dr. Anna Freud, Dr. Esti Freud, Herr und Frau Oliver Freud, Dr. Erich Fromm, Dr. William Gillespie, Dr. Edward Glover, Geoffrey Gorer, Dr. Roy Grinker, Sr., Dr. Martin Grotjahn, Dr. Heinz Hartmann, Dr. Paula Heimann, Judith Bernays Heller, Dr. Ives Hendrick, Albert Hirst, Frau (Edward) Hitschmann, Dr. Willi Hoffer, Dr. Richard Hoffmann, Mathilda Freud Hollitscher, Dr. Otto Isakower, Dr. Edith Jackson, Dr. Jolandi Jacobi, Dr. Robert Jokl, Frau (Ernest) Jones, Dr. Abram Kardiner, Dr. Anny Katan, Prof. Hans Kelsen, M. Masud Khan, Dr. Marianne Kris, Dr. Edward Kronold, Dr. Jeanne Lampl-de Groot, Prof. Harold Lasswell, Elma Laurvik, Kata Levy, Prof. Heinrich Meng, Dr. Emanuel Miller, Dr. Fritz Moellenhoff, Dr. Roger Money-Kyrle, Prof. Henry Murray, Dr. Herman Nunberg, Frau Ochsner, Dr. Sylvia Payne, Prof. Lionel Penrose, Dr. Irmarita Putnam, Dr. Marian C. Putnam, Dr. Sandor Rado, Beata Rank, Dr. Annie Reich, Dr. Theodor Reik, Eva Rosenfeld, Dr. Charles Rycroft, Frau (Hanns) Sachs, Dr. Philip Sarasin, Dr. Raymond Saussure, Dr. Melitta Schmideberg, Dr. Max Schur, Dr. Hannah Segal, Dr. René Spitz, Dr. Richard Sterba, Herr und Frau James Strachey, Dr. John Sutherland, Dr. Marius Tausk, Dr. Victor Hugo Tausk, Nada Mascherano-Tausk, Dr. Allan Tyson, Helene Veltfort, Dr. Robert Waelder, Dr. Richard Wagner, Dr. Edoardo Weiss, Dr. und Frau George Wilbur, Dr. Donald Winnicott, Dr. Martha Wolfenstein, Leonhard Woolf.

Viele dieser Personen hatten in der einen oder anderen Weise in enger Verbindung mit Freud gestanden, einige waren ihm nur einmal begegnet, wieder andere teilten bloß mein Interesse an den Anfängen der Psychoanalyse. Ihnen allen bin ich für ihre Hilfe zu Dank verpflichtet.

In gewisser Hinsicht bildeten sie eine kohärente Gruppe und besaßen als solche gemeinsame Erinnerungen an eine revolutionäre Vergangenheit; sie hatten einmal eine Untergrundbewegung dargestellt, die mit der konventionellen Auffassung der Psychiatrie[3] und des akademischen Lebens und auch mit den allgemeineren Überzeugungen ihrer Zeit in Widerstreit lag. Es war nicht leicht, ihren Argwohn gegenüber einem jungen Außenseiter zu zerstreuen, der sie zum Gegenstand einer Untersuchung machen wollte. Dabei kam mir sicherlich mein früheres Buch über Freud ebenso zu Hilfe wie meine große Achtung vor ihnen: als Schüler Freuds waren sie eine in der Tat schöpferische Gruppe gewesen. Ihre Erfahrungen gaben mir auch Anlaß, über die allgemeine Beziehung von Schülern zu ihren Lehrern nachzudenken, über die Art und Weise, wie man lernt und reift, wie auch über die Ursachen der Hemmung oder Erstickung einer Begabung.

Einige waren so stark mit dem Meister identifiziert, daß das Gespräch mit ihnen den spukhaften Eindruck vermittelte, man spräche mit Freud selbst; sie wiederholten seine Überzeugungen und Ansichten — häufig in seinen Formulierungen. Die besonders freundlichen und gütigen Gesprächspartner ließen ebenso wie die diplomatischeren alles im besten Licht erscheinen. In extremem Gegensatz dazu konnten ablehnende Gesprächspartner kein gutes Wort über irgend jemand über die Lippen bringen. Ein Psychiater, der — zum Beispiel — über Freuds Spucknapf spricht, wird gewöhnlich über alles mit spitzer Zunge reden. Gleichwohl hatte jeder Informant etwas mitzuteilen.

Ich mußte aufpassen, um nicht von den Launen des menschlichen Gedächtnisses, das Erinnerungen an eine ferne Vergangenheit hervorholt, in die Irre geführt zu werden. Indes, nach dem Sprichwort haben alte Menschen größere Mühe, sich an die Ereignisse der vergangenen Woche zu erinnern als an die vor fünfzig Jahren. Den alternden Geist bedrängen die Erinnerungen an frühere und bessere Tage. Die meisten meiner Gesprächspartner hatten sich schon weitgehend ins Privatleben zurückgezogen. Alte Menschen haben das Bedürfnis, ihr Leben zu überblicken; sie wägen die Ereignisse, um die Dinge in Ordnung zu bringen und auch, um früher begangene Fehler wiedergutzumachen. Die Alten und die Jungen haben einen wichtigen Zug gemeinsam – sie haben nichts zu verlieren.

Mitten in meinen Befragungen stieß ich zufällig auf eine Schatzkammer voller Dokumente. Freuds Tochter Anna hatte mit Unterstützung ihrer Familie Ernest Jones beauftragt, eine autorisierte Biographie ihres Vaters zu schreiben. Über alles, was mit Freuds Leben zusammenhing, hat sie stets eine genaue Kontrolle ausgeübt; sie hat sogar die zur Veröffentlichung freigegebenen Briefe zensiert. Die Arbeit von Jones hat sie Zeile um Zeile überprüft, und sie half ihm auf jede ihr mögliche Weise. Jones starb kurz nach der Vollendung seiner umfassenden dreibändigen Biographie. Seine Manuskripte wurden in einem größeren Raum im Kellergeschoß des Londoner Psychoanalytischen Instituts untergebracht.

Dort lagen sie, bis ich im Sommer 1965 auf sie stieß. Andere hatten sie gelegentlich flüchtig durchgesehen, und es waren einige Versuche unternommen worden, sie zu ordnen. Aber niemand hatte sie vollständig, Seite um Seite, gelesen. Dieses Archiv enthielt jedes Stück, das in die offizielle Biographie Freuds eingegangen war. Man konnte feststellen, wer Jones welche Information gegeben hatte und wer seine Hilfe verweigert hatte. Die privaten Ansichten von Jones wie auch sein Schriftwechsel waren sehr lebhaft und weitaus interessanter als der ernste Bericht, der sich in der Biographie selbst durchgesetzt hat.

Als ich mit meinen Forschungen begann, hätte mir nichts ferner liegen können, als die vergessene Geschichte von Victor Tausks Leben und Tod aufdecken zu wollen. Seine Geschichte bleibt die erregendste, die mir begegnete, und da ich schon länger eine umfassendere Untersuchung über Freud, seine Patienten und seine Schüler vorbereite, habe ich mich entschlossen, diesen Bericht über Freud und Tausk gesondert zu veröffentlichen, in der Hoffnung, ihm größere Beachtung zu sichern.

»Niemand wird Ihnen etwas über Tausk erzählen!« – hieß es am Anfang meiner Gespräche. Dieser Wink war mir Anlaß genug, von da an jeden Gesprächspartner zu fragen, ob er etwas über Tausk wisse, eine Gestalt, die mir bis dahin unbekannt gewesen war. Die ältesten Analytiker konnten kaum glauben, daß über die Bedeutung Tausks so gut wie nichts bekannt war, und einige jüngere wußten nur zu sagen, daß ihn ein Geheimnis umgebe, auf das ältere Mitglieder des inneren Kreises um Freud vielleicht einiges Licht werfen könnten. Bei vielen gewann ich den Eindruck, mit Tausk habe es etwas Rätselhaftes auf sich, und jeder, der sein Werk kannte, sprach von seiner Bedeutung. Endlich erwähnte die Tochter Alfred Adlers beiläufig, sie kenne Tausks Sohn. Nachdem ich mich mit ihm in Verbindung gesetzt hatte, schickte er mir eine Kopie des Briefes, den sein Vater am Morgen des Tages im Jahre 1919, an dem er Selbstmord verübte, an Freud geschrieben hatte.

Ohne die volle Unterstützung der Familie Tausks, seiner beiden Söhne und der noch lebenden Schwester, die ihm am nächsten stand, wäre es mir unmöglich gewesen, diese Geschichte zu enträtseln und mit meiner Detektivarbeit zum Ziel zu kommen. Mein Vorhaben wurde auch von Tausks eigener Psychoanalytikerin unterstützt, obwohl ihre Sicht von Tausk unvermeidlicherweise eine parteiische war.

Niemand konnte im voraus wissen, ob es je gelingen würde, diese Geschichte zu rekonstruieren; es hatte noch niemand versucht, alle Stücke zusammenzufügen. Jones, von der Wiener Szene weit entfernt, hatte persönlich wohl nur wenig darüber gewußt, und wenn er ihre Bedeutung erahnt hätte, wäre er den beunruhigenden Einzelheiten gewiß nicht weiter nachgegangen. Doch je weiter ich mit meinen Recherchen über die Geschichte der Psychoanalyse vorankam, desto stärker nahm mich das Leben Tausks gefangen. Er war das erste Mitglied der Wiener Psychoanalytischen Vereinigung, das sich klinischen Untersuchungen von Psychosen zuwandte, und das zu einer Zeit, als Freuds vorherrschendes Interesse auf die Behandlung weit weniger gestörter Menschen gerichtet war. Von Tausk stammen einige wichtige Beiträge zur modernen psychoanalytischen Theorie und Psychotherapie, die in den Arbeiten von zeitgenössischen Denkern, wie Bruno Bettelheim und Erik H. Erikson, Niederschlag gefunden haben; in Freuds engerem Kreis hat Tausk nicht überleben können. Er war ein ungestümer Slawe, der durch seine Lebendigkeit und sein gutes Aussehen die Herzen zahlreicher Frauen gewann. Seine Ehe scheiterte jedoch, und spätere Liebesaffären endeten in Schmerz und Leid. Tausk war ungewöhnlich vielseitig, er war Dichter und Schriftsteller, Rechtsanwalt sowie Arzt und Psychoanalytiker – bis er an seiner Beziehung zu Freud zugrunde ging.

Tausks Kampf mit Freud ist seinerzeit mißverstanden worden und seither aus Loyalität zum Meister verdrängt worden. Denn ein Verständnis dieses Konflikts und der Gründe, aus denen er so lange im Dunkel gehalten worden ist, dürfte das bekannte Bild von Freud verändern. Die beiden Männer bildeten ein unheimliches Gegensatzpaar, da ihre Stärken und Schwächen dem jeweils anderen in die Hände spielten. Die Geschichte dieser Kontroverse und die von Tausks Zerbrechen kann den Anstoß geben, die Gestalt Freuds neu zu interpretieren.

Henry Ford hielt die Geschichtsschreibung für Schwindel, und je länger man darüber nachdenkt, warum Tausk vergessen worden ist, desto stärker wird die Skepsis gegenüber allen geschriebenen Berichten über die Vergangenheit. Als Tausk sich das Leben nahm, hinterließ er die Anweisung, daß seine gesamten Manuskripte vernichtet werden sollten; man brauchte einen ganzen Tag lang, um sie zu verbrennen. Tausk wollte ausgelöscht werden, und die Geschichte ist diesem Wunsch entgegengekommen. Vielleicht kann dieser Bericht dazu beitragen, seine Person heute, fünfzig Jahre nach seinem Selbstmord, wieder entstehen zu lassen.

1. Der Kampf der menschlichen Kreatur

Victor Tausk gehörte zu den begabtesten der frühen Anhänger Freuds, doch die Geschichte kann launisch sein. Denn obwohl Tausk eine überragende Gestalt unter den Psychoanalytikern vor dem Ersten Weltkrieg war, ist er inzwischen völlig vergessen worden, ohne jemals als ein Stück der Vergangenheit anerkannt worden zu sein. Tausks Leben ist eine bewegende menschliche Tragödie, eine Geschichte, die, gerade weil sie dazu verleitet, auf keinen Fall in melodramatischer Weise dargestellt werden sollte. Tausk betrat die Bühne der Psychoanalyse im Jahre 1908, er starb 1919. In dieser Zeitspanne vollbrachte er eine bleibende wissenschaftliche Leistung. Am Ende, auf dem Höhepunkt seines schmerzlichen Kampfes mit Freud, beging er Selbstmord.

Zeit seines Lebens wurde Tausk für schwierig gehalten, und fünfzig Jahre nach seinem Tod ist er ein Rätsel geblieben. Es kann niemals eine einfache »Lösung« geben, wenn man ein Leben verstehen will, das derart gequält war wie das von Tausk. Gleichwohl lassen sich seine inneren Schwierigkeiten erhellen, und seine Leistungen auf dem Gebiet der Psychologie können gewürdigt werden. Tausk hat seine Zeitgenossen fasziniert, heute ist sein Name nur solchen Psychiatern bekannt, die an frühen psychoanalytischen Arbeiten interessiert sind. Sein rechtmäßiger Platz in der Geschichte jedoch und wie ihm dieser Platz genommen wurde, sind ein Beitrag zu dem zeitlosen Thema, wie der Kampf eines Menschen um Selbstbefreiung in der Selbstzerstörung enden kann.

Jeder Selbstmord kann Furcht und Schrecken einflößen und zugleich Schuldgefühle hervorrufen bei denen, die zu einer solchen Tat beigetragen haben könnten. Im Falle Tausks intensivieren sich diese Gefühle, weil er ein so erfahrener Psychiater und einer der glänzendsten Schüler Freuds war. Tausk starb im Alter von vierzig Jahren, mitten in seiner produktivsten Periode. Seine außerordentlichen Fähigkeiten versprachen noch so viel – und gerade diese Unabgeschlossenheit seines Lebens verstärkt das Interesse an seiner Geschichte. Wir können nicht wissen, wie seine weitere Entwicklung verlaufen wäre. Im Laufe des Lebens schließt jeder von uns viele Möglichkeiten aus und lebt ein Leben unter Aufopferung anderer möglicher Arten zu leben. Wenn wir über andere Wendungen seines Lebens nachsinnen, dann stellen wir uns auch gern die Mannigfaltigkeit von Schicksalen vor, die einmal Möglichkeiten unseres eigenen Lebens gewesen wären.

Dieser Bericht fügt den Konflikten in der Vergangenheit der Psychoanalyse eine neue Dimension hinzu, denn er hilft uns zu verstehen, was die damaligen Auseinandersetzungen aus der Sicht der Schüler Freuds bedeuteten. Die Entwicklung der Psychoanalyse darf nicht allein aus der Perspektive der Reaktionen Freuds gegenüber »Abtrünnigen« gesehen werden. Jene Kämpfe sind allzuoft zu einseitig dargestellt worden, indem ihre Ursache ausschließlich in den Schwierigkeiten der Schüler gesucht wurde.

Wenn Tausk heute überhaupt bekannt ist, so hauptsächlich als einer der Liebhaber Lou Andreas-Salomés. Während ihres Aufenthaltes in Wien in den Jahren 1912 und 1913 hatten sie eine kurze Liebesbeziehung. Jahre zuvor hatte der Philosoph Nietzsche sie angeblich heiraten wollen, und danach hatte sie eine enge Beziehung zu Rilke. Als sie sich dem Kreis um Freud anschloß, um psychoanalytische Erfahrungen zu gewinnen, hätte eine Frau wie Lou sich kaum an einen Niemand verschwendet. Da sie nicht Freud selbst haben konnte, war Tausk, der in Freuds Augen beachtliche Fähigkeiten besaß und in hohem Ansehen bei ihm stand, der Nächstbeste. In ihrem *Tagebuch*[1] über Freud spielt Tausk eine Schlüsselrolle, und die scharfsinnigsten Bemerkungen über seinen Charakter stammen von ihr. Ihre Beobachtungen werden jedoch erst dann verständlich, wenn man die ganze Geschichte kennt, denn ohne das Hintergrundmaterial bleibt ihre dunkle und neblige Prosa undurchdringlich.

Die mündlichen Berichte über Tausk sind fragmentarisch. Die Generation von Psychoanalytikern, die nach dem Ersten Weltkrieg auf den Plan trat, kennt Tausk als ein gescheitertes Genie[2]. Jede Gruppe neigt natürlich zur Überschätzung ihrer eigenen Mitglieder, wenngleich einige ihrer außerordentlich hohen Einschätzung von Tausks Fähigkeiten gewisser waren als andere. Wie dem auch sei, denjenigen, die in den zwanziger und dreißiger Jahren – also noch zu Lebzeiten Freuds – Analytiker wurden, erscheint Tausk als eine sagenumwobene Gestalt aus der Vergangenheit, die auf dem Höhepunkt ihrer Fähigkeiten starb. Darüber, wie Tausk starb, gibt es mehr Gerüchte als darüber, warum er starb. Viele wissen im Grunde nicht mehr über ihn, als daß er sich angeblich kastriert habe.[3]

Von den älteren Psychoanalytikern, die schon zur Zeit von Tausks Selbstmord in enger Beziehung zu Freud standen, kann keiner verstehen, daß Tausk heute völlig vergessen ist. Er hatte für ihre eigene Erfahrung eine so große Bedeutung, daß sie kaum glauben können, heute bedeute sein Name gar nichts, nicht einmal für jemanden, der in der Psychoanalyse durchaus versiert ist. Ein älterer Psychoanalytiker prahlte damit, Tausk gekannt zu haben. Er

wollte sich damit als Informationsquelle für die Geschichte der Bewegung aufwerten.
Diejenigen, die Tausk persönlich kannten, sind über seinen Selbstmord immer noch erschüttert: Tausk, ein lebhafter, vitaler Mann, voller Phantasie und mit vielfältigen Interessen – ein erfülltes menschliches Leben. Für diejenigen, die mit Tausk beruflich zu tun hatten, kam sein Selbstmord plötzlich und überraschend. Das offizielle Gedenkwort für Tausk schrieb Freud selbst[4]. »Keiner«, schrieb Freud, »konnte sich dem Eindruck entziehen, daß er einen bedeutenden Menschen vor sich habe.« Freuds abschließendes Urteil wirkt heute fast wie Ironie: »In der Geschichte der Psychoanalyse und ihrer ersten Kämpfe ist ihm ein ehrenvolles Andenken sicher.«[5] Dieses dreiseitige Gedenkwort ist das längste, das Freud je geschrieben hat. Wenngleich die bloße Menge von Wörtern kein sicheres Zeichen für die Bedeutung ist, die jemand in Freuds Augen hatte – Freuds Gedenkworte für Karl Abraham, Lou Andreas-Salomé, Josef Breuer und Sandor Ferenczi, die alle einen festen Platz in der Geschichte der Psychoanalyse haben, waren kürzer. Um so bemerkenswerter, daß eine Gestalt wie Tausk völlig vergessen werden konnte.[6]
Die Unterdrückung einer vollständigen Darstellung der Schwierigkeiten zwischen Freud und Tausk ist keinem einzelnen anzulasten. Allerdings werden wir später sehen, daß der Brief, den Freud nach Tausks Tod an Lou Andreas-Salomé schrieb, tendenziös ediert worden ist. Daß Freuds Schüler in Wien die Geschichte für sich behielten, überrascht nicht, wenn man ihre Ehrfurcht vor Freud bedenkt und die Schuldgefühle, die sie einem gefallenen Rivalen gegenüber empfunden haben mögen. Ein Selbstmord ist in jedem Falle ein Angst erweckender Akt. Da aber der von Tausk nach seiner Auseinandersetzung mit Freud geschah, erhielten die Phantasien über die magischen Kräfte, die die Schüler Freuds ihrem Meister zuschrieben, gewisse Realität.

Mit Freud zu streiten war das Schlimmste, was man sich vorstellen konnte. Von ihm verstoßen zu werden, bedeutete den Ausstoß aus dem kleinen Kreis der Erwählten, bedeutete den psychischen Tod. Tausks Ende ließ all die phantasierten Folgen eines Kampfes mit Freud als wirklich erscheinen. So ist es zu verstehen, daß diese Episode rasch in Vergessenheit geraten mußte.

Die Familie Tausks ahnte nichts von seinem Kampf mit Freud. Er muß so entsetzlich für ihn gewesen sein, daß er trotz der großen Bedeutung, die diese Auseinandersetzung für sein Leben hatte, nicht über sie sprechen konnte. Denn ein halbes Jahrhundert später war seine Familie überrascht, etwas über die Art der Kontroverse zu erfahren. Seine Familie war jedoch im Besitz von aufschlußreichen Briefen, die zusammen mit dem, was in Gesprächen mit ihr und seinen Kollegen in Erfahrung zu bringen war, es ermöglicht haben, die Abfolge der Ereignisse zuverlässig zu rekonstruieren.

Tausks Geschichte aufzuklären glich der Faszination, ein klinisches Rätsel aufzulösen. Das Material entfaltete sich so allmählich wie bei einem Patienten, und seine Darstellung verlangt vor allem, eine Krankengeschichte zu schreiben. Bezöge sich diese detektivische Arbeit nicht auf Freud selbst, hätte er sie zweifellos unterstützt; denn das Revolutionäre in ihm suchte ständig nach neuen Interpretationen anerkannten Wissens. Die Geschichte Tausks enthält nicht nur einen Umsturz vorherrschender Ansichten und die Lösung eines Rätsels — sie wirft auch ein klärendes Licht auf das Leben Freuds.

Dieses Buch bietet keine umfassende Biographie Victor Tausks, sondern eher eine Betrachtung seines Lebens unter dem Gesichtspunkt seiner Beziehung zur Psychoanalyse. Fragen wir zunächst, ob es in Tausks frühem Leben etwas gibt, das für sein Verhältnis zu Freud bedeutsam sein könnte. Tausk ist am 12. März 1897 in der Slowakei geboren worden, in einer Stadt, die damals Zsilina hieß. Kurz nach seiner Geburt ging seine Familie nach Kroatien, das heute zu Jugoslawien gehört, damals aber eine Provinz am Rande des Österreich-Ungarischen Reiches war, das sein kulturelles Zentrum in Wien hatte.

Victor war das älteste von neun Kindern, er hatte sechs Schwestern und zwei Brüder. Seine deutschsprachige Familie war eigentlich jüdisch, übte ihre Religion jedoch überhaupt nicht aus.[7] Sein Vater, Hermann Tausk, hatte zunächst als Lehrer gearbeitet und wurde später Herausgeber einer Wochenzeitung in Zagreb. Hermann scheint hoch intelligent und begabt gewesen zu sein; schon nach kurzer Zeit war er ein international bekannter Journalist. Er schrieb zugunsten der Monarchie. Den Kroaten versuchte er die Probleme Wiens zu erklären, den Wienern die Kroatiens. Hermann Tausk liebte das Abenteuer und mußte sein Leben immer wieder verändern. Um 1892 zog er mit seiner Familie nach Sarajewo, wo er Chef des Presseamtes der Regierung von Bosnien und Herzegowina wurde. (Bosnien, heute ein Teil Jugoslawiens, war erst kurze Zeit vorher den Türken weggenommen worden.) Neben seinen Amtspflichten war er als Herausgeber einer eigenen Zeitschrift und als Korrespondent für mehrere ausländische Zeitungen und Zeitschriften ein vollbeschäftigter Journalist.

Victors Mutter, Emilie Tausk Roth, scheint der archetypischen Figur der altruistischen jüdischen Mutter zu entsprechen, die für andere alles hingab. Ihrem aggressiven und zuweilen tyrannischen Mann gegenüber reagierte sie mit Selbstaufopferung und Ergebenheit. Hermann sorgte nicht gerade gut für den Unterhalt seiner Familie, so daß sie ständig von ihrer Mutter Geld annehmen mußte. Emilie soll schön gewesen sein, aber die andauernden Ängste und Sorgen um die Kinder machten sie müde und freudlos. Hermann war ihr nicht treu, er war ein rastloser Mensch,

der zuweilen auf Reisen gehen mußte, um sein Feuer abzukühlen. Doch konnte er recht charmant sein, und Frauen fanden ihn faszinierend.
Victor war seiner Mutter gegenüber ein zärtlicher und aufmerksamer Sohn. Seine Mutter, die in späteren Jahren seine psychoanalytischen Schriften verfolgte, scheint so großmütig gewesen zu sein wie der Vater autoritär war – und in Victors Persönlichkeit gingen Züge von beiden ein. Die Beziehung zu seinem Vater war gespannt und feindselig. Victor schrieb später, daß es ihn immer peinlich berührte, mit dem Namen seines Vaters angesprochen zu werden. Hermann, ein in seinem Beruf hart arbeitender und bekannter Mann, spürte zu Hause stets Opposition gegen sich, die in seinen Augen von seinem ältesten Sohn angeführt wurde.
Wie auch immer Hermanns eigenes Sexualverhalten aussah, von seinen Kindern verlangte er so etwas wie eine Hypermoral. Aus moralistischen Gründen untersagte er die Verlobung seiner ältesten Tochter mit einem gewinnenden jungen Mann, den sie sehr liebte. (Der Bewerber zahlte aus Großmut und Korrektheit Alimente für ein uneheliches Kind, dessen wirklicher Vater nicht bekannt war.) Hermann liebte Szenen und Gefühlsaufwallungen, und er setzte seine theatralischen Fähigkeiten ein, um seine autoritäre Position zu Hause zu erhalten. Voller Selbstmitleid pflegte er seine ungerechte Behandlung als Außenseiter der Familie zu dramatisieren. So wuchs Victor mit dem Bild eines Vaters auf, der sich seiner eigenen Frau gegenüber herrisch und ungebührlich benahm und als bosnischer Beamter das unter der Jugend entstehende Nationalgefühl für Jugoslawien ablehnte.
In der Schule lernte Victor perfekt Kroatisch, obwohl sich seine Mutter niemals dazu bereit gefunden hatte, sich überhaupt damit abzugeben. Latein und Griechisch machten ihm keine Mühe, später sprach er auch recht gut Französisch

und Italienisch. Seine Mitschüler bewunderten seine Intelligenz und seinen Gerechtigkeitssinn. Einmal hatte er Krach mit einem Religionslehrer, dessen Anschauungen im Widerspruch zu seinem eigenen Atheismus standen; unmittelbar vor dem Abitur führte er noch einen Streik wegen des Religionsunterrichts an der Schule an, so daß er seine Abschlußprüfungen in Varazdin ablegen mußte. Eine Phase schlechter Gesundheit — Lungenbeschwerden — brachte ihn nicht von seinen Plänen ab, die Universität von Wien zu besuchen. Zuerst hatte er Medizin studieren wollen, da aber seine Familie die dafür notwendigen Mittel nicht aufbringen konnte, entschied er sich für das weniger kostspielige Studium der Jurisprudenz.
1897 ging Tausk nach Wien. Dort traf er ein Jahr später seine zukünftige Frau, Martha Frisch, eine entfernte Verwandte des Theologen und Philosophen Martin Buber. Obwohl Victor einer durchaus gebildeten Familie entstammte, war er nach Wiener Maßstäben ein grober Provinzler. Die feindselige Beziehung zu seinem Vater übertrug sich offenbar auf seinen künftigen Schwiegervater, den Besitzer einer Druckerei in Wien; die beiden haßten sich leidenschaftlich.
Martha verliebte sich in Victor trotz des Widerstands ihrer Familie. Wie Victor war sie sehr ehrgeizig. Es gab damals nur wenige intellektuelle Frauen, und Martha scheint geglaubt zu haben, als Intellektuelle und überzeugte Marxistin müsse sie ihre Weiblichkeit verleugnen, sich schlecht kleiden und die Bedeutung der Sexualität herabsetzen. Sie war sehr intelligent und ein bißchen theatralisch; in späteren Jahren wurde sie eine aktive Sozialistin, hielt Reden, diskutierte, schrieb Artikel und nahm an politischen Versammlungen teil. Dennoch war sie eine weniger flexible und begabte Persönlichkeit als Victor. Wie dem auch sei, sie empfand eine tiefe Liebe zu Victor. Als sie im Jahre 1900 schwanger wurde, heirateten

sie.[8] Victor war 21 Jahre alt, Martha fast zwei Jahre jünger. Sie gingen zusammen nach Jugoslawien zurück, wo das Kind bei der Geburt starb. In Sarajewo setzte Victor seine Ausbildung fort. Als Martha 1902 einen Sohn zur Welt brachte (Marius), hatte Victor schon seinen juristischen Doktorgrad erworben. Etwas weniger als zwei Jahre später bekamen sie einen zweiten Sohn, Victor Hugo. Die Namen der beiden Kinder spiegelten die widersprüchlichen Gefühle, die Martha, und in gewisser Weise auch Victor, gegenüber ihrem Lande hegten: sie wollte ihren Söhnen keine deutschen Namen geben, damit sie nicht darunter zu leiden hätten, solange sie in Kroatien waren; doch wollte sie ihnen auch keine kroatischen Namen geben, da sie hoffte, eines Tages in ein – wie sie sagte – zivilisiertes Land zurückzukehren. Victor war inzwischen im Zuge seiner Ausbildung beim Gericht tätig.
Im Jahre 1904 ging Tausk mit seiner Familie nach Mostar, wo er als Assistent eines Rechtsanwalts arbeitete. Am liebsten verteidigte er Mittellose und Mörder. In einem Falle war eine junge mohammedanische Frau angeklagt, weil sie ihr uneheliches Kind getötet hatte. Obwohl der Staatsanwalt die Todesstrafe forderte, verteidigte Tausk sie so überzeugend, daß sie freigesprochen wurde. Schuldig seien, so argumentierte er, reaktionäre Vorstellungen; diese falschen Normen hätten sie dazu gebracht, ihr Kind zu töten. Im Frühjahr 1905 erhielt er die »stalum agendi«, das heißt, er hätte selbständiger Rechtsanwalt sein können. Hätte Tausk seine Laufbahn als Rechtsanwalt fortgesetzt, dann wäre er nach Derventa gegangen; man hatte ihm dort eine lukrative Praxis zugesichert.
Doch noch im selben Frühjahr entschlossen Martha und Victor, sich zu trennen. Mit den beiden Kindern gingen sie nach Wien. Martha arbeitete dort schließlich als Buchhalterin in der Firma ihres Vaters. Victor ließ sich zu Beginn des folgenden Jahres – 1906 – in Berlin nieder.

Von dieser Zeit an existieren zahlreiche Briefe von Victor an Martha, die sie bis zu ihrem Tod im Jahre 1957 sorgfältig aufbewahrte. Wann immer es ihm möglich war, schickte er Geld; er fragte stets nach den beiden Jungen, und gelegentlich machte er ihr bittere Vorwürfe wegen des Scheiterns ihrer Ehe.

Tausks Gefühle in dieser Phase seines Lebens drücken sich in einem seiner Briefe besonders deutlich aus. Er klingt beinahe wie eine Tagebucheintragung. Tausk war inzwischen 26 Jahre alt, verheiratet, Vater von zwei Kindern und hatte mehrere Jahre in der Provinz zugebracht. In diesem Brief vom 11. August 1905 berichtet er, wie ein Freund seine Unrast und seinen Ehrgeiz kritisiert und ihm vorgeworfen habe:

»Ich habe kein Recht, so zu handeln wie ich handle, ich habe keine Wege zu suchen, sondern für meine Kinder zu sorgen. Früher habe er geglaubt, für mich sei ein Ausnahmegesetz zu machen. Jetzt sagt er: Victor Tausk ist so wie jeder andere Mensch und hat seine Pflicht zu tun.

Wie mich diese Worte getroffen haben. Wenn er Recht hätte, wäre das entsetzlich. Man soll mich doch nur versuchen lassen. Ich habe doch in meinem Leben noch nichts versucht, bin ja sofort in die Schablone hineingedrückt worden . . .

Ich schwanke zwischen mögen und müssen, und kann mich der Hoffnung nicht entschlagen, daß mein Mögen mit einem guten Können auslaufen werde aus dem Hafen. Ich kenne ja alle Einwände. Aber versuchen.«

Als seine Ehe zu zerbrechen begann, hatte Tausk sich dem Schreiben zugewandt. Er veröffentlichte einige serbische Balladen, die er ins Deutsche übersetzt hatte. Ein Teil seiner Arbeiten hatte seine eigenen Schwierigkeiten zum Thema; u. a. schrieb er eine bosnische Zigeunergeschichte, *Husein Brko,* die in der Zeitschrift seines Vaters erschien. Diese schöne, wohlkomponierte Geschichte erzählt von einem Mann ohne irgendwelche Bindungen, der zum Dieb und Mörder wird. Im Thema der Heimatlosigkeit der Zigeuner und der primitiven Triebe, die durch das Fehlen eines geordneten Lebens freigesetzt werden, reflektieren sich Tausks Angst und Beunruhigung nach dem Zusammenbruch seiner Ehe und der Aufgabe seines Berufes. Am Ende wird Husein von seinem eigenen Vater erschlagen. Die Erzählung beruht auf einem vor Gericht verhandelten Fall, gleichwohl aber läßt sie auch schon etwas von dem Verhängnis ahnen, das auf der Beziehung von Tausk und Freud lasten wird.

Tausk versuchte sich auch als Stückeschreiber. Sein Werk ist jedoch niemals aufgeführt worden; es ist offensichtlich autobiographisch und ein Beweis für sein Talent als Autor. Im Juli 1905 – er hielt sich zu dieser Zeit in Wien auf – vollendete er das Stück *Halbdunkel.* Der Protagonist gibt seine »Position« auf und geht seinem besseren Selbst und der Kunst zuliebe in die »Ungewißheit«. Das Ganze ist mit einer schwermütigen Ernsthaftigkeit geschrieben, wie sie für eine lange deutsche Tradition charakteristisch ist. Der Held, Wolfgang, ist genauso alt wie Tausk und hat ebenfalls zwei Söhne. Im Stück, wie vielleicht im Leben, bestärkt seine Frau ihn in dem Glauben, daß er kein gewöhnlicher Mann sei und um seines Talents willen die »Kolonie« verlassen müsse.

»Ich muß mein besseres Teil ausgraben, solange es nicht zu spät ist«, ruft Wolfgang aus. »Ich habe noch nie etwas wirklich gewagt, alles ist von selbst gegangen.« Wolfgang wirft seinem Vater vor, daß er in seinen künstlerischen Tätigkeiten nichts als Zeitvertreib sehe. Einerseits hat Wolfgang zu wenig Hilfe und Führung erhalten, andererseits ist er in falscher Richtung bestimmt worden. »So haben sie mich in den Beruf hineingehetzt, den ich nicht gemocht habe, weil man früher zum Verdienen kommt.« Wolfgangs Anstrengungen, sich selbst zu finden, stehen im

Konflikt mit seinem starken Pflichtgefühl. Voller Verzweiflung und Skrupel verläßt er seine Familie.
In seinem neuen Leben als Bohemien ist er von Männern und Frauen umgeben, die ihn bewundern; aber deren Glaube an seine Fähigkeiten läßt seine Schuld nicht leichter werden. Vielmehr wird er für die Freiheit, die er sich genommen hat, schwer bestraft, bezeichnenderweise zuerst durch das Unglück, das er über andere bringt. Der jüngere Bruder seiner Frau begeht unter dem Einfluß seiner nihilistischen Überzeugung von der Sinnlosigkeit des Lebens Selbstmord, und seine beiden Söhne sterben an Schwindsucht dahin. Am Ende bringt er es fertig, aus seiner Verzweiflung einen Triumph zu konstruieren; ein Stück, in dem er die Tragödie seiner Ehe nachzeichnet, verschafft ihm noch im Augenblick seines Todes – wie seine Kinder stirbt er an Tuberkulose – ein Gefühl der Befriedigung und des Gerechtfertigtseins.
Das Stück drückt aus, was Tausk am unmittelbarsten beschäftigte, vor allem seine Schuldgefühle – einer der Gründe dafür, warum es so langweilig wirkt. Wolfgang ist von seinen Schwierigkeiten derart absorbiert, daß sich kaum vorstellen läßt, die anderen Figuren im Stück hätten ein Interesse an ihm finden können.
In Berlin konnte Tausk das neue Leben anfangen, nach dem er sich gesehnt hatte. Seine vielfältigen Begabungen entfaltend schrieb er Gedichte, spielte Violine, stellte Kohlezeichnungen her und inszenierte Schauspiele. Er hatte eine gewisse Basis für sein Streben gefunden, ein universelles Genie zu sein. Doch die Notwendigkeit, seinen Lebensunterhalt zu verdienen, zwang ihn, sich auch mit Journalismus abzugeben, ein erniedrigendes Faktum für ihn. Alle seine Briefe an Martha in Wien sprachen von seinen Bemühungen, Geld zu verdienen, seiner Sehnsucht nach schöpferischer Arbeit und seiner Sorge um die Kinder. Obwohl sie sich von ihm tief verletzt fühlte, brachte

Martha ihre Söhne niemals gegen ihren Vater auf. Trotz aller ihrer Klagen und ihres Gefühls, als Frau versagt zu haben, liebte sie im Grunde ihres Herzens Victor bis an ihr Lebensende.

Bedenkt man Tausks Berufswechsel unmittelbar vor seiner vollen Qualifikation als Rechtsanwalt, so taucht die Frage auf, ob er wirklich zu einem so radikalen Bruch mit seiner Vergangenheit gezwungen war. Er hatte sicherlich noch nicht alle Möglichkeiten, in seinem eigentlichen Beruf zu arbeiten, erschöpft. Aber Jurisprudenz war für Tausk bloß das kürzeste und billigste akademische Studium gewesen. Mit seinem Unwillen, kleine Gauner und Betrüger zu verteidigen, konnte er offenbar nicht ohne weiteres fertig werden; und Geldverdienen allein war ihm nicht genug. Später schrieb er einmal, er habe auf keinen Fall Beamter an einem Gericht werden wollen. Jung, talentiert und mit hohen Zielen, war er vom Leben eines Juristen enttäuscht. Nachdem er aber in Berlin ein neues Leben begonnen hatte, fand er sich alsbald in einem Kampf ums Überleben wieder. Er schrieb Rezensionen und musizierte sogar in Cafés. Finanzielle Probleme hatte er jedoch immer.

Das Lesen fremder Briefe kann eine vergnügliche Form des Schnüffelns sein, aber Tausks Briefe an Martha berühren auch nach so vielen Jahren noch schmerzlich. Besonders einer seiner Briefe wirft ein deutliches Licht auf das Scheitern seiner Ehe wie auch auf seine spätere Beziehung zu Freud. In *Halbdunkel* hatte Wolfgang geklagt, die Liebe seiner Frau sei ihm eine Last gewesen. Auch das Problem in Victors Ehe lag nicht allein darin, daß er, weil er Jurist geworden war, sich um sein wahres Selbst betrogen gefühlt hatte und aus Selbsthaß böse geworden war. Tausk scheint darüber hinaus unfähig gewesen zu sein, die abhängige Liebe seiner Frau zu ertragen; für Victor war Martha zu wenig selbständig gewesen, als daß er sich mit ihr zusammen hätte wohl fühlen können.

»Ich liebe nur freie Menschen, solche, die von mir unabhängig sind. Denn die von mir abhängigen machen mich abhängig. Dafür räche ich mich und werde schuldig zu denen, die mir Gutes tun. Die Schuld aber frißt alles Kapital, denn sie trägt negative Zinsen ins Ungemessene, will man ein zahlender Schuldner sein. Man kann nicht zu oft in Konkurs gehen. Ich habe ohnehin schon viel von meinem Kredit eingebüßt.
Ich will mich hinaufarbeiten, und zwar so, wie es meine Natur verlangt, ohne mich mit falschen Ambitionen und zweideutigen Gefühlen zu tragen. Nur so werde ich ein moralisches Vermögen erlangen. So wie ich jetzt lebe, ist es eigentlich am besten für diese meine Absicht: unabhängig, weil niemand von mir abhängt, kein Sklave, weil kein Herr ...«[9]

Tausk sah das destruktive Element in der Liebe, zu der er fähig war. Je mehr er liebte, desto abhängiger und – nach der seltsamen Logik seiner Gefühle – desto grausamer wurde er. Vielleicht war es nur eine Reaktion auf dieses aggressive Element in ihm, daß er sein ganzes Leben hindurch anderen half, wo er konnte, daß er gutmütig, aufopfernd und redlich war. Wenn er jedoch plötzlich erkannte, daß er in eine starke Bindung hineingeraten war, brach er die Beziehung ab, und derselbe Mechanismus begann in der Beziehung zu einem anderen Menschen von neuem.

Die meisten anderen Briefe aus Berlin lassen weit weniger von seinem Charakter erkennen; nur sein Mitleid mit sich selbst findet immer einen Ausdruck. Wäre dies aber – wie bei Wolfgang in *Halbdunkel* – alles gewesen, was es mit Tausk auf sich hatte, dann hätte er wohl niemals die tiefe Liebe und Hingabe zunächst Marthas und später noch so vieler schöner und kluger Frauen zu erwecken vermocht. Wenn er in den Briefen an Martha über seine Schwierigkeiten jammerte und von seinen schlimmsten

Qualen sprach, so könnte dies bedeuten, daß er ihr unbewußt Vorwürfe machte. Zweifellos spielte aber noch ein anderer Faktor eine Rolle. Wir werden später sehen, daß er in Berlin eine sehr glückliche Liebesbeziehung hatte; da er Martha verlassen hatte, konnte er ihr nicht gut über die glücklichsten Seiten seines neuen Lebens schreiben. Solange es nicht den Anschein hatte, als mache er sich auf Marthas Kosten ein schönes Leben, war seine Schuld ihr gegenüber leichter zu ertragen. Erschien er seiner Frau gegenüber als armselige Kreatur, dann konnte sie nicht das Gefühl haben, er habe ihr etwas vorenthalten, was er zu geben vermocht hätte.

Am Tag nach seinem 27. Geburtstag schrieb er, »mein Herz ist so müde, daß ich am liebsten gar nicht mehr auf der Welt wäre«[10]. Durch die Darstellung seines Leidens konnte er um ihre Liebe bitten und gleichzeitig seine Schuld sühnen. Allerdings ist es immer schwierig, die wirklich depressiven Gefühle von einer Haltung romantischer Schwärmerei zu unterscheiden. Gelegentlich schrieb er über glückliche Ereignisse, über seine Musik oder seine zeichnerischen Arbeiten; hauptsächlich aber über seine Einsamkeit und seine Depressionen. »... daß ich ganz allein bin, mich niemandem mitteilen kann und so – als Mitteilungsmensch – um jede Erhöhung meines Persönlichkeitsgefühles komme.«[11]

Tausks Gesundheit wurde in Berlin immer schlechter. Er sehnte sich nach der sonnigen Küste Dalmatiens, wo er schon einmal seine Lungen kuriert hatte. Als Gegenleistung für das Versprechen, einige Reklameartikel zu schreiben, sicherte er sich einen kostenlosen Platz in einem Sanatorium in Ahrweiler am Rhein. Am 19. September 1907 kündigte er Martha seine Absicht an, eine »körperliche und seelische Säuberung und Kräftigung« zu erhalten. Außer über die Wiederkehr seiner Lungenbeschwerden klagte er über Müdigkeit und mangelnde Konzentrationsfähigkeit. Doch hoffte er, während der Zeit seiner Erholung etwas Schönes schreiben zu können.

Am 27. September hatte er seine erste ärztliche Untersuchung. Die Diagnose lautete auf geistige und körperliche Erschöpfung. Es hieß, er sei »erblich belastet nach der psychopathologischen Seite hin«, was immer das bedeuten mochte. Seiner Frau versicherte er noch am selben Tag, daß sein Leben nicht in Gefahr sei. »Mir kann jedoch sehr geholfen werden durch Geld, Freude und Erfolg ... Das Herz ist nervös, die Lunge katarrhös ... Ich will zuerst freien Kopf und beherrschte Nerven haben. Dann will ich dem Leben eine Form geben.«[12]

Sein Geist war verwirrt; doch Tausk glaubte fest, er werde seiner selbst alsbald wieder mächtig sein. Unerwarteterweise aber verschlechterte sich sein Zustand rapide. Wie in Thomas Manns Roman wurde er erst dann wirklich krank, als er seine Gesundheit auf einem »Zauberberg« wiederherzustellen suchte. Tausks Schuldgefühle gewannen die Oberhand, sein Sadismus verkehrte sich in Masochismus, und er glitt in eine Depression. Zwei Tage nach seiner ärztlichen Untersuchung schrieb er an Martha, »man kann alleiner als allein sein«. Die Suche nach einem Ausweg aus dem Dilemma wurde verzweifelter; er fürchtete, »wenn ich nicht bald die Bekanntschaft eines in punkto Verstand unverdächtigen klugen und guten Menschen mache«, werde es noch schlimmer mit ihm werden. »Mein Heil liegt allein in einer geordneten ökonomisch und gefühlsmäßig fruchtbaren Lebensweise. Gefühlsmäßig in dem Sinne der Bereicherung des Herzens durch Übung der täglichen Liebespflichten zu echten und geneigten Menschen.«[13] Er hatte Verlangen nach einem Beruf und einem Heim, aber er hatte keins von beiden.

Am nächsten Tag ging es ihm noch schlechter, aber nicht so schlecht, daß er seine Frau nicht mehr mit seinen Problemen hätte überschütten können. Er hatte eine bewundernswerte Fähigkeit zu beschreiben, was es bedeutete, zu nichts mehr fähig zu sein. Eine Depression schärft in einer charakteristischen Weise die Selbstwahrnehmung – gerade das macht dieses Leiden so qualvoll. Es steht im extremen Gegensatz zur Selbstgenügsamkeit eines Mannes, der sich für Napoleon hält. Tausks innere Welt war gestört, und er bewegte sich am Rande eines Abgrunds.

»Ich gehe viel spazieren und versuche es wieder, die Natur zu empfinden. Es ist in den zwanzig Monaten Berlin eine sonderbare Veränderung in mir vorgegangen. Ich habe das Naturgefühl verloren. Ich möchte wieder in einer kleinen Stadt leben. Aber ich bin unheilbar krank im Gemüt. Meine ganze Vergangenheit erscheint mir jetzt nicht anders denn als Vorbereitung zu diesem furchtbaren Zusammenbruch meiner Persönlichkeit. Und wenn ich nie an die Macht des Blutes geglaubt habe, jetzt glaube ich daran, daß der Mensch sein Schicksal von den Eltern bekommt. Trotzdem kämpfe ich noch und versuche es wieder aufs neue, stark und selbständig zu werden. Aber ich tappe nur so im Dunkeln herum. Es gehört ein Führer dazu. Der Arzt sagte mir: ›Leute wie Sie gedeihen und leben brillant in gewohnten und sicheren Verhältnissen, sich und den anderen Menschen zum Nutzen und zur Freude. Entrückt ihnen die gewohnte Basis, so brechen sie einfach zusammen.‹ Erbliche Lebensuntüchtigkeit ... Gestern abend arbeitete mein Kopf wieder klar und produktiv. Und ich habe 15 Seiten Metaphysik der Schauspielkunst geschrieben. Aber ich kann nicht kontinuierlich sein. Die Nerven spielen, der Kopf wird müde. Alles in allem aber wird der Körper gesünder. Die Farbe ist gut, das Gewicht nimmt zu.

Was soll nur mit den Buben werden? Ich bin trostlos. Alles ist auf das Geld gestellt, Glück und Leben.«

Am Abend dieses Tages erstarkten seine Lebensgeister, und er fügte dem Brief noch folgendes hinzu:

»Was ein richtiger Neurastheniker ist, wird abends klar im Kopf. Ich habe einen wunderbaren Spaziergang durch die Nachtlandschaft gemacht. Die Gegend ist unbeschreiblich schön ... Nur die Ärzte haben hier vernünftige Gesichter. Die Kranken sehen alle aus wie vergiftete Ratten und Maultiere. So zerstörte Gesichter.
Ich gebrauche eigentlich keine Kur. Gegen die Schlaflosigkeit nehme ich nachts um zehn Uhr ein Bad, bisher mit wenig Erfolg. Hauptsächlich gehe ich spazieren und trinke Milch. Außer der vorgeschriebenen Ration von eineinhalb Liter täglich trinke ich noch ex privata diligentia in den verschiedenen Restaurationen auf meinen Spaziergängen einen Liter ... Einen großen Schrecken habe ich vor dem Artikelschreiben ... Auch mein Lungenkatarrh bessert sich. Ich huste nämlich ebenfalls seit sechs Wochen um die Wette mit meinen Söhnen ... Ich soll noch nicht so lange Briefe schreiben. Der Doktor hat es verboten. Ich soll faul sein.«[14]
Die folgenden Tage müssen quälend gewesen sein. Tausks Symptome scheinen die einer klassischen Depression gewesen zu sein – Selbstanklagen, Schlafstörungen und Verarmungsängste. Er verzehrte sich vor Kummer. Einige Tage lang konnte er nicht an Martha schreiben. Erst am 4. Oktober konnte er ihr berichten, wie er zwei Tage im Bett gelegen hatte.
»... mit einem vollständig zerstörten Gehirn, körperlich und geistig so müde, daß ich nicht die geringste Arbeit zu leisten vermag. Seit Monaten schon weiß ich nicht, was ausschlafen heißt, und seit ich in der Anstalt bin, auch nicht mehr, was schlafen heißt. Von heute an muß ich Schlafpulver nehmen, da die Hydrotherapie versagt. Daß ich tun will, was ich kann, ist gewiß ... Ich bin ja jetzt ganz hilflos und allein und weiß nicht, was ich essen werde, wenn ich nach Berlin komme.«
Er erwähnte die Möglichkeit, eine gut bezahlte Stelle bei

einer Zeitung in Hannover bekommen zu können. Aber er fühlte sich nicht arbeitsfähig, und das »ist das Schreckliche. Ich kann nicht arbeiten. Ich bin ganz ruiniert«. Am 9. Oktober war er immer noch stark erregt, doch von großer Zärtlichkeit für seine beiden Söhne erfüllt.

»So nach und nach kommt die ganze Krankheit heraus. Zwangsvorstellungen und schwere Depressionen, Kopfdrücken und müde, müde. Sechs Monate Kur ist das mindeste, um wieder halbwegs auf die Beine zu kommen. Welch ein Jahr war das. Alles ratlose Pläne (für eine Reise nach Jugoslawien). Alles krank und führerlos.«

Tausks Zusammenbruch war plötzlich und unerwartet gekommen, und ebenso schnell und spontan verlief seine Genesung. Die schlimmste Phase hatte etwa zwei Wochen lang gedauert, sein Aufenthalt im Sanatorium insgesamt nur wenig länger als drei Wochen. Am 11. Oktober schrieb er, daß er das Bett wieder verlassen könne: »Es geht mir besser. Nun soll es sich erst herausstellen, ob meine Depressionszustände von Dauer und periodisch sind. Der Arzt meint, daß sie jedenfalls noch einige Male zurückkehren. Indessen haben heute die Schlafpulver aufgehört.« Obwohl er sich noch erschöpft und unruhig fühlte, beschreiben seine Briefe eine stetige Erholung, und am 22. Oktober verließ er das Sanatorium.

Diese Briefe zeigen, welcher Art Tausks Schwierigkeiten waren. Sein Zusammenbruch rührte von seiner körperlichen Krankheit ebenso her wie von der inneren Unruhe der vergangenen Jahre. In den Briefen dokumentiert sich sein Gefühl des Versagens und der Hilflosigkeit, die Scham über seine Unfähigkeit, für seine Kinder zu sorgen. Immer wieder plagten ihn depressive Zustände, wenngleich sie ihn nicht mehr völlig entkräfteten. Er glaubte, er werde »zugrunde gehen«, wenn er nicht bald eine Arbeit bekäme. Im nächsten Monat schrieb er Martha aus Berlin: »So richtig an die Zukunft zu denken habe ich gar nicht den Mut. Es wird besser sein, diese Zukunft einfach herunterzuleben, wie ich alle meine verrückten Zukünfte bisher heruntergelebt habe.«[15] »Ich bin körperlich, geistig und materiell außer Aktion gesetzt ... Ich muß es nun gründlich ausleben, was es heißt, ein gesunkener Mensch zu sein ... Das Leben hat mich nicht geformt, es hat mich zerquetscht. Ich bin eine häßliche kraftlose Masse. Todmüde, lebensüberdrüssig.«[16]

Aber Tausk war erst 28 Jahre alt. Jeder schöpferische Mensch hat Konflikte und Ängste auszustehen, die über das Normalmaß hinausgehen; um so mehr gilt dies hier für einen sensiblen und begabten jungen Mann, der, wenngleich schon Jurist und hervorragender Journalist, noch keine ihn befriedigende Arbeit gefunden hat. In Leiden und Leidenschaften aber sieht man bekanntlich häufig die Kosten der Kreativität. Das Leben in Berlin hatte Tausk zerschlagen und ihn erschöpft; wie hart er sich auch anstrengte, aus seiner höchst unsicheren Existenz kam er nicht heraus. Aber trotz dieses Zwischenspiels intensiver Selbstverachtung war sein Selbstvertrauen nicht so tief erschüttert, daß sein Ehrgeiz ihm schon erlaubt hätte, Kompromisse einzugehen.

Tausks Mut war ungebrochen; selbst nach einem so schrecklichen Zusammenbruch war er in der Lage, sich wiederzufinden und den Entschluß zu fassen, etwas Neues zu beginnen: er wandte sich Freud und der Psychoanalyse zu. Bevor er jedoch nach Wien ging, unternahm er eine Reise nach Italien; ein glühender Brief an Martha berichtet von seiner vollen Wiederherstellung.[17] Bei Freud hoffte er die Führung zu finden, die ihm so sehr gefehlt hatte. Tausks jüngster Schwester zufolge hatte er auf einen Aufsatz von Freud mit einem Brief an diesen reagiert, und Freud, der Tausk für einen Arzt hielt, ermutigte ihn, nach Wien zu kommen und Psychoanalyse zu studieren. Obwohl Tausks Situation sich in den folgenden Jahren außerordentlich verbesserte, hatte er auf Grund des tiefen Unglücks seiner vergangenen Jahre doch auch Angst vor einem Zusammenbruch der neuen Existenz.

Martha hatte eine schwierige Zeit durchzustehen. Die Stelle in der Firma ihres Vaters sicherte ihr ein wenn auch kleines, so doch sicheres Einkommen. Die beiden Kinder entwickelten sich gut. Im Herbst 1908 nahm Tausk in Wien das Medizinstudium auf, mit dem Ziel, Psychoanalytiker zu werden. Während des Studiums wollte er für eine Wiener Zeitung arbeiten. Doch vor einem zweiten Neubeginn wollte er einen Teil seines Lebens abschließen: obwohl er und Martha seit Oktober 1905 stets getrennt gelebt hatten, ließen sie sich erst jetzt, bei seiner Rückkehr nach Wien im Oktober 1908, formell scheiden.

Was es im Jahre 1909 bedeutete, Psychoanalytiker zu werden, läßt sich nur in historischer Sicht verstehen. Anders als heute in den Vereinigten Staaten, wo die Psychoanalyse eine so weite Verbreitung gefunden hat, war sie damals keineswegs eine anerkannte Disziplin, und wer sie sich aneignen wollte, war auf seine eigene Introspektion und Einsatzbereitschaft angewiesen. Freud war zu dieser Zeit in einer Phase, in der seine extreme Isolierung überwunden war und Schüler sich um ihn zu sammeln begannen. Später hat Freud geschrieben, der Wendepunkt sei 1906 oder 1907 eingetreten.[18] Trotzdem hatte die Wiener Psychoanalytische Vereinigung Anfang 1909 erst achtundzwanzig Mitglieder, und zu den Sitzungen kamen selten mehr als acht oder zehn von ihnen.

Das unpersönlich klingende Wort »Psychoanalyse« war damals sozusagen synonym mit Freud. Es wäre unvorstellbar gewesen, noch dazu in Wien, sich auf die Psychoanalyse einzulassen, ohne von Freud selbst eine gewisse Unterstützung zu erhalten. Von seiner frühen Gruppe in Wien hat Freud niemals eine sehr hohe Meinung gehabt. Er klagte: »Eigentlich habe ich das schwere Kreuz mit der älteren Generation der Wiener Analytiker.«[19] 1914 schrieb er jedoch: »Der Tapferkeit wegen, die sich in der Hingabe an eine so verpönte und aussichtslose Sache erwies, war ich geneigt, den Mitgliedern der Vereinigung mancherlei angehen zu lassen, woran ich sonst Anstoß genommen hätte.«[20]

Tausk besaß Freuds persönliche Unterstützung, und auch die übrigen Mitglieder der psychoanalytischen Gruppe taten ihr möglichstes, um ihm den Weg zu ebnen. Sie waren alle sehr schnell von Tausks überragenden Fähigkeiten überzeugt. Rückblickend kann man sagen, daß Tausks Entschluß, Psychoanalytiker zu werden, zumindest damals ein lebensrettender Schritt gewesen ist. Er war freilich auch ein natürlicher Ausdruck seiner Fähigkeiten und Interessen. Tausk hatte immer über eine gewissermaßen angeborene Fähigkeit des Verstehens verfügt, wie es bei Menschen mit manisch-depressiven Tendenzen häufig der Fall ist.

Die Unterstützung durch Freud bedeutete für Tausk damals alles. Freud schickte nicht nur Patienten zu ihm, er lieh ihm auch Geld. In dieser Hinsicht war Freud, der selbst immer recht bescheiden lebte, stets außerordentlich großzügig. Verschiedene Male hat er Lou Andreas-Salomé, Theodor Reik, Otto Rank, Hanns Sachs, wie auch einem bevorzugten Patienten, dem »Wolfsmann«[21], Geld gegeben. Zweifellos gab es noch weitere Fälle dieser Art. Es ist nicht genau bekannt, in welchem Umfang Freud Tausk gefördert hat, wir wissen aber, daß vier von Freuds Schülern in Wien (Hitschmann, Federn, Jekels und Steiner) Tausk viertausend Kronen gegeben haben. Im Spätsommer 1909 schrieb Tausk seiner früheren Frau, daß Freud ihm gerade hundertfünfzig Kronen geschickt habe, die allerdings nicht ausreichten, um seinen geplanten Urlaub zu finanzieren. »Was jetzt kommen wird, weiß nur Freud und Gott allein.«[22]

Tausk war nicht der einzige Schüler Freuds, der seinen früheren Beruf aufgegeben hatte, um Psychoanalytiker zu werden. Für jene frühe Generation der Psychoanalytiker war es geradezu charakteristisch, daß sie aus einem Beruf kamen, von dem sie enttäuscht oder in dem sie gescheitert waren. Neben anderen hatte Freud auch Sachs (einen Juristen) und Reik (einen Altphilologen) veranlaßt, ihre früheren Arbeitsgebiete aufzugeben und Psychoanalyse zu praktizieren, um ihre Theorie besser zu verstehen. Als Beruf war die Psychoanalyse damals eine unsichere Angelegenheit. Immerhin konnte ein Psychoanalytiker auf die Hilfe Freuds und seiner Gruppe rechnen, die zumindest einige Patienten regelmäßig zu ihm schickten. Paradoxerweise ist das Einkommen eines Psychoanalytikers auch heute noch sicherer, wenn fünfzig und nicht nur zwei oder drei Kollegen in einer Stadt arbeiten. Die Aussichten, die Psychoanalyse zu einem Beruf machen zu können, wuchsen in dem Maße, in dem sie an Boden gewann, und im Gegensatz zu vielen anderen Berufen konnte man sie überall praktizieren.

Der Prozeß, sich von einem Patienten mit eigenen emotionalen Schwierigkeiten – wie vorübergehend deren Charakter auch sein mochte – in einen Therapeuten zu verwandeln, vollzog sich bei Tausk außergewöhnlich schnell. Die Phantasie, selbst Analytiker zu werden, beschäftigt offenbar jeden analytischen Patienten mit einem bestimmten Mindestmaß an Intelligenz. Noch heute ist die Psychiatrie ein Gebiet, das vor allem Menschen anzieht, die sich mit sich selbst beschäftigen. In jenen frühen Tagen der Psychoanalyse mußte jemand allerdings schon erheblich mit sich zerfallen sein, um trotz der Schranken der Tradition die Bedeutung Freuds erkennen zu können.

Die persönlichen Umstände, unter denen Tausk diesen erneuten Berufswechsel vollzog, waren unter anderem deshalb besonders schwierig, weil er sich immer verpflichtet fühlte, Martha und den Jungen zu helfen. Überdies könnte es scheinen, durch das Studium der Medizin habe Tausk sein Leben unnötig erschwert: angenommen, es war sinnvoll, Psychoanalytiker zu werden, war es dann nicht eine zusätzliche Last, auch noch Arzt zu werden? Wahrscheinlich nicht, denn wenn Freud auch später einmal sagte, Laien könnten durchaus geeignet sein, psychoanalytisch zu arbeiten, in den Jahren nach dem Ersten Weltkrieg setzten seine Schriften es als selbstverständlich voraus, daß der Psychoanalytiker auch Arzt ist.[23] Freud hegte zweifellos den starken Wunsch, auf dem Gebiet der Medizin Erfolge zu erringen. Wenn ein Anhänger der Psychoanalyse das Ansehen des ärztlichen Berufsstandes und insbesondere das eines klinischen Psychiaters genoß, konnte er um so eher der Förderung der Psychoanalyse dienlich sein. Deshalb studierten vor dem Ersten Weltkrieg auch andere Schüler Freuds Medizin mit der Absicht, später psychoanalytisch zu praktizieren.[24]

Der Kreis um Freud umfaßte beinahe ebenso viele Geisteswissenschaftler wie Mediziner; aber obwohl diese Laien hochgebildete Leute und Freuds Lehren eine Offenbarung für sie waren, übte damals keiner von ihnen die Psychoanalyse praktisch aus. Die Ärzte in diesem Kreis waren zum größten Teil praktische Ärzte und Internisten, die keine besondere psychiatrische Ausbildung durchlaufen hatten. Neurologen wie Freud bekamen fast ausschließlich ambulante Fälle zu Gesicht.

Im damaligen Wien waren die Neurologen auf Beeinträchtigungen des Wahrnehmungs- und Bewegungsvermögens spezialisiert, die von Infektionen, Verletzungen oder anderen Schädigungen des Gehirns, des Rückenmarks oder der Nervenbahnen herrührten. Freuds große Entdeckung und die zentrale Bedeutung der Psychoanalyse lag im Bereich der psychogenen Störungen — jener Syndrome unangemessenen Verhaltens, die sich nicht auf Verletzungen des Gehirns oder des Rückenmarks zurückführen lassen. Als Psychologe setzte Freud sich das Ziel, die allgemeinsten Gesetze der psychischen Funktionen zu begreifen.

Als Tausk Medizin studierte, mag er von Anfang an eine besondere Rolle für sich ins Auge gefaßt haben, denn anders als Freud und die Mehrzahl seiner medizinisch ausgebildeten Anhänger spezialisierte Tausk sich auf das Gebiet der Psychiatrie. Die damaligen Psychoanalytiker, Freud selbst eingeschlossen, hatten – und dies zu sehen, ist wichtig – nur sehr wenig Erfahrung mit hospitalisierten Patienten; für solche Patienten waren die Psychiater zuständig. Aus der Sicht des heutigen Amerika, wo außer einer Minderheit von Laienanalytikern die Psychoanalytiker in erster Linie Psychiater mit einer vollständigen ärztlichen Ausbildung sind, mag dies unverständlich erscheinen; doch in Europa hat sich die frühe Unterscheidung zwischen Psychiatern und Psychoanalytikern bis heute weitgehend erhalten. So hat zum Beispiel in England nahezu ein Drittel der Analytiker keine medizinische Ausbildung, und psychoanalytisch praktizierende Ärzte haben in der Regel wenig Erfahrung als Psychiater. Nur vor dem Hintergrund dieser Kluft zwischen der Psychiatrie, die sich mit Psychosen befaßt, und der Psychoanalyse, die leichtere Fälle behandelt, läßt sich voll ermessen, welches Ziel Tausk vor Augen hatte. In der Tat hat er später mit seinen klinischen Studien über die Schizophrenie und die manisch-depressiven Psychosen seine originellsten Leistungen vollbracht.

Die psychoanalytische Therapie war im Hinblick auf die Behandlung neurotischer Patienten konzipiert worden. Obwohl der Begriff der Neurose in jenen Tagen weiter gefaßt war als heute, umfaßte er auch damals nicht die schwersten Formen psychischer Krankheiten. Anders als die Wiener kamen die Schweizer unter den frühen Anhängern Freuds, vor allem Jung und Bleuler, von der akademischen Psychiatrie zur Psychoanalyse. (Die Schweizer machten auch niemals viel Aufhebens um die Unterscheidung zwischen Neurologie und Psychiatrie.) Bevor Jung sich der Bewegung angeschlossen hatte – einige Jahre vor Tausk –, hatte Freud keinen Zugang zu psychiatrischem Material gehabt.[25]

Als ein Schweizer Psychiater im Jahre 1910 Gast der Wiener Psychoanalytischen Vereinigung war, zählte er »gegen dreißig Teilnehmer ... darunter keinen einzigen Schulpsychiater ... An einem der Mittwoch-Abende (waren) fast lauter Ärzte und nur wenige Anfänger (anwesend) ... Mir fiel der Mangel an psychiatrischer Schulung bei den meisten Teilnehmern auf, und zwar schon hinsichtlich der Nomenklatur.«[26] Seine Schweizer Anhänger waren vor allem deshalb von so großer Bedeutung für Freud, weil sie ein neues Territorium für die Erprobung seiner Konzepte zu erschließen versprachen. Wir kommen noch einmal auf die Beziehung des frühen psychoanalytischen Denkens zu den Psychosen zurück im Zusammenhang mit dem Versuch, die Bedeutung der wissenschaftlichen Arbeit Tausks zu würdigen. Tausk hatte jedenfalls, schon seit den Anfängen seiner Beziehung zu Freud, eine enge Verbindung zur medizinischen Psychiatrie.

Die führenden Persönlichkeiten der Wiener Psychiatrie und Neurologie standen den Ideen Freuds alles andere als wohlgesonnen gegenüber; jüngere Leute waren jedoch häufig fasziniert von ihnen. So hatte Tausk trotz seines Interesses an der Psychoanalyse auch eine Position an Frankl von Hochwarts neurologischer Klinik inne, und während seines gesamten Medizinstudiums gehörte er zum inneren Kreis um Freud.

Außerdem arbeitete Tausk an der psychiatrischen Klinik der Universität Wien, der Professor Wagner von Jauregg vorstand. Das persönliche Verhältnis von Wagner-Jauregg und Freud war recht kompliziert. Sie waren gleichaltrig und kannten sich seit ihrer Schulzeit. Als Tausk an dieser Klinik studierte, war Wagner-Jauregg Inhaber der angesehensten psychiatrischen Position im Österreich-Ungarischen Reich. (Es war der Nachfolger von Krafft-Ebbing.) Und Freud hielt seine Samstagabend-Vorlesung im Hörsaal Wagner-Jaureggs. (Solange Freud mindestens drei Zuhörer hatte, war er berechtigt, seine Vorlesung zu halten; er hat sich zeitlebens darüber geärgert, daß er niemals ordentliches Fakultätsmitglied war.)

Zu den späteren Neuerungen Wagner-Jaureggs gehörte die Malariakur zur Behandlung progressiver Paralyse. Für diese Entdeckung erhielt er als erster und bisher einziger Psychiater den Nobelpreis. Anlaß zur Rivalität zwischen Wagner-Jauregg und Freud gab es allerdings auch schon vor diesem Ereignis, da beide ihren Anspruch auf Ruhm geltend machten. Wagner-Jaureggs Assistenten nahmen Freuds Arbeit gegenüber im allgemeinen eine extrem feindliche Haltung ein, und Freud reagierte überaus empfindlich auf jede Kränkung aus der Richtung von Wagner-Jauregg. So war Freud in den zwanziger Jahren zum Beispiel auch gegen Heinz Hartmann – heute Haupt der Analytiker in Amerika – anfänglich außerordentlich mißtrauisch, weil er aus Wagner-Jaureggs Klinik kam.

Obwohl organisch orientiert, war Wagner-Jauregg ein sehr feinfühliger Psychiater. Man mußte nicht Freudianer sein, um menschlich zu sein. Bei der Visite pflegte er sich dem am meisten leidenden Patienten zuerst zuzuwenden. Er war ebenso sehr Kliniker wie Wissenschaftler. Er nahm ein menschliches Interesse an seinen Patienten und achtete den Menschen Freud; die Psychoanalyse war eine andere Sache. Wagner-Jauregg machte Freud zum Vorwurf, daß er glaube, die Psychoanalyse könne alles leisten.[27] Als Psychiater verhielt er sich Freud gegenüber eher spottend als aggressiv feindselig; mit anderen Worten, er nahm der Psychoanalyse gegenüber eine zwar tolerante, aber sarkastische Haltung ein. Obgleich er sehr bissig sein konnte, war er fair, und seinen Assistenten ließ er in ihrem Verhältnis zu Freud völlig freie Hand. Dieses psychiatrische Meinungsklima, von dem Freud umgeben war, gehört zu dem Hintergrund, der für ein Verständnis der Entwicklung Tausks wichtig ist.

Die beste Informationsquelle über Tausks Verhältnis zum Kreis um Freud vor dem Ersten Weltkrieg bleibt das *Tagebuch*[28] der Lou Andreas-Salomé. Lou ist überhaupt, auch ganz abgesehen von der »Tausk-Frage«, eine der subtilsten Deuterinnen von Freuds Charakter und Werk. Ihre Verbindung mit Freud muß daher für jeden, der sich mit dieser Zeit befaßt, von Interesse sein. Als Freundin und Interpretin Nietzsches war sie mit der Aura vergangener europäischer Kultur umgeben, als sie zu Freud kam. Sie stand noch in enger freundschaftlicher Beziehung zu Rilke, dem sie Geliebte und wichtige Stütze für seine Entwicklung als Dichter gewesen war. Sie hatten eine gemeinsame Reise nach Rußland unternommen und dort u. a. die Bekanntschaft Tolstois gemacht. (1913 machte Lou Rilke mit Freud bekannt[29].)

Lou war einundfünfzig, als sie 1912 nach Wien kam; sie betrachtete dieses Jahr als den »Wendepunkt« in ihrem Leben.[30] Vielleicht war es nicht zufällig, daß auch Freud später einmal mit Bezugnahme auf dieses Jahr 1912 schrieb: »mitten auf der Höhe der psychoanalytischen Arbeit ...[31]«. Für ihren Auftritt auf der psychoanalytischen Szene in Wien hatte Lou sich durch die Lektüre sämtlicher Schriften von Freud vorbereitet. Sie kam mit der Absicht, Freuds Interesse an sich zu wecken, eine Absicht, deren Verwirklichung ihr vollständig gelungen ist.

Lou gehörte zu dem Typus Frauen, die darauf aus sind und auch die Gabe besitzen, große Männer zu sammeln. Im späten achtzehnten und frühen neunzehnten Jahrhundert hat Madame de Staël, im zwanzigsten Alma Mahler diesen Typus repräsentiert. Lous stärkster Reiz lag keineswegs in ihrer Schönheit. Wie schön sie auch früher gewesen sein mochte, jetzt mußte sie sich auf ihre psychologischen Fähigkeiten stützen, um die Aufmerksamkeit potentieller Eroberer auf sich zu lenken. Eine ungewöhnliche Empfänglichkeit für Ideen machte es ihr leicht, sich mit Männern zu identifizieren, insbesondere mit dem schöpferischen Teil ihrer Persönlichkeit, der inneren Ungewißheiten am stärksten unterworfen ist. Ehe sie sich bei Freud sehen ließ, hatte sie natürlich alles gelesen, was er geschrieben hatte.

Lou ist all ihren großen Männern zweifellos nützlich gewesen, eben deshalb, weil sie sich mit dem zerbrechlichsten Teil ihrer Persönlichkeit identifizieren konnte, der so sehr der Stützung bedurfte. Aber alle Männer, die sie geliebt haben, mußten schließlich entdecken, daß Lou nicht wirklich etwas von sich gegeben hatte. Lou hatte sie zurückgespiegelt, hatte ihnen in ihrer schöpferischen Not geholfen, als Person aber hatte sie sich im Grunde aus dem Spiel gehalten. Alle ihre großen Männer hatten sie gebraucht, aber jeder ihrer Liebhaber erkannte am Ende, daß sie sich ihm entzogen hatte.

2. Zeus

Im Jahre 1912 war Freud sechsundfünfzig Jahre alt und hatte eine Familie mit sechs Kindern. Eine sexuelle Beziehung zu Lou Andreas-Salomé kam überhaupt nicht in Betracht, wenn auch nur aus dem Grunde, daß Freud niemals das Maß an Durcheinander hätte ertragen können, das eine solche Affäre mit sich gebracht hätte. Freud war ein Ehrenmann aus dem neunzehnten Jahrhundert, bei dem das geistige Erbe des achtzehnten Jahrhunderts überwog: sein Geist zeichnete sich durch systematisches und peinlich genaues Vorgehen aus, sein Verhalten war maßvoll, würdig, zeremoniell und in seiner Korrektheit beinahe kleinbürgerlich. Seine Aussprache war präzis und seine Rede druckreif. Stets makellos nach dem Idealbild der Mittelklasse gekleidet, war er dennoch eine auffallende Erscheinung – ein Mann, der sein Leben wohl zu kontrollieren wußte.

Seine tägliche Arbeit ging beinahe mit der Regelmäßigkeit einer Uhr vonstatten. Er ging zu einer bestimmten Zeit zu Bett und stand zu einer bestimmten Zeit auf. Um seine Patienten zu empfangen, brauchte er nur die an seine Wohnung angrenzenden Räume zu betreten, und alle, die zur Behandlung und Konsultation kamen, wußten, daß er Pünktlichkeit von ihnen erwartete. Höflich und selbstbeherrscht, konnte Freud in seinem mit einer

Sammlung antiker Statuen vollgestopften Sprechzimmer anspruchslos und ganz natürlich sein. Zwischen zwei Patienten machte Freud gewöhnlich einen Gang durch die ganze Wohnung, ehe er sich wieder hinsetzte, um menschlicher Not zuzuhören.

Freud war trotz seines nur mittelgroßen (1,68 m) und zierlichen Wuchses ein Mann von großer Ausstrahlung. Seine Augen machten einen fast melodramatischen Eindruck: groß und dunkel, scheinen sie selbst auf Photographien allen Trug und alle Illusion zu durchdringen. Es gibt ein Porträt von Freud, das entstanden war, als er einmal eine kurze Zeit lang glattrasiert war; es gleicht keinem der vertrauten Bilder von Freud. Bedeckt man jedoch den Teil des Gesichts, wo sonst Freuds Bart wuchs, dann erinnern uns die brennenden, beinahe stechenden Augen sofort an den Begründer der Psychoanalyse. Freud war ein kraftvoll tätiger Mann, dessen Energie sich nicht nur in seiner Arbeit ausdrückte, sondern auch in seinen Spaziergängen, seiner Ungeduld und Ruhelosigkeit sowie in seinem beinahe ununterbrochenen Rauchen. Im Laufe eines einzigen Tages rauchte er gewöhnlich etwa zwanzig Zigarren.

Obwohl Freud verbindlich und gewandt und eher voll feiner Ironie war, lassen seine Augen erkennen, wie sehr er hassen konnte. Die Dummheit der Welt kann als schreckliches Gewicht auf einem lasten, der alles neu durchdenken will. Freud sah es als seine Aufgabe an, »den Frieden dieser Welt zu stören«[1]. Seiner Verlobten hatte er einmal geschrieben: »Mir war oft so, als hätte ich den ganzen Trotz und die ganze Leidenschaft unserer Ahnen, als sie ihren Tempel verteidigten, geerbt, als könnte ich für einen großen Moment mit Freude mein Leben hinwerfen.«[2] Freuds Angriffslust war ein Ausdruck seines Mutes und seiner Unabhängigkeit. Seiner Ideen wegen fühlte er sich weniger verfolgt, als man auf Grund seiner

Unversöhnlichkeit annehmen könnte; weit mehr störte ihn, daß die Welt ihm nicht die Anerkennung zollte, auf die er Anspruch zu haben glaubte. Freud war eine kraftvolle Persönlichkeit, kein gewöhnlicher Mensch.

Schon aus den Jugendbriefen Freuds lassen sich Beispiele anführen, in denen er der inneren Gewißheit seines Genies sowie seiner Bestimmung, durch seine Arbeit Unsterblichkeit zu erlangen, Ausdruck verleiht. Auf der Höhe seiner Reife, im Frühjahr 1912, unmittelbar bevor Lou Andreas-Salomé die Szene betritt, erkennt Freud sich als ein Werkzeug des Schicksals. Im Schlußwort zu einer Diskussion der Wiener Psychoanalytischen Vereinigung sagt er:

»Sollte ich aber in der theoretischen Frage der Aktualneurosen am Ende des Irrtums überwiesen werden, so werde ich mich mit dem Fortschritt unserer Erkenntnis, der den Standpunkt des Einzelnen entwerten muß, zu trösten wissen. Sie werden nun fragen, warum ich bei so lobenswerten Einsichten in die notwendige Begrenztheit der eigenen Unfehlbarkeit nicht lieber gleich den neuen Anregungen nachgebe und es vorziehe, das oft gesehene Schauspiel des alten Mannes zu wiederholen, der starr an seinen Meinungen festhält. Ich antworte, weil ich die Evidenz noch nicht erkenne, der ich nachgeben soll. In früheren Jahren haben meine Ansichten manche Veränderung erfahren, die ich vor der Öffentlichkeit nicht verheimlicht habe. Man hat mir aus diesen Wandlungen Vorwürfe gemacht, wie man sie heute aus meinen Beharrungen machen wird. Nicht, daß mich diese oder jene Vorwürfe abschrecken würden. Aber ich weiß, ich habe ein Schicksal zu erfüllen. Ich kann ihm nicht entkommen und brauche ihm nicht entgegenzugehen. Ich werde es abwarten ...«[3]

Auf Grund dieser Sätze würde man niemals erraten, wie winzig die Gruppe tatsächlich war, zu der Freud sprach.

Ferner war es für Freud charakteristisch, sehr behutsam zu beginnen, um dann zu offenbaren, daß hinter solchen vorsichtigen Äußerungen nicht weniger stand als höchste Gewißheit. Freud war stolz, und es war ihm gelungen, seinen Stolz auf die von ihm geführte Bewegung zu übertragen. Schon seit 1903 schrieb er über sich selbst in der dritten Person.

Um die Zeit dieser Rede begann Freuds öffentliches Leben sein privates Leben zu verschlingen. Zu Hause drehte sich die Familie um ihn und seine Arbeit. Wenngleich es vorkam, daß die Freuds Gäste hatten, gaben sie niemals große Gesellschaften. Freud war kein geselliger Mensch. Die Wohnung war ungewöhnlich ruhig, vor allem in Anbetracht der Größe der Familie. So tief er auch in seinem Sprechzimmer in die Abgründe der menschlichen Seele blickte, zu Hause schüttelte er alles von sich ab. Seine Frau pflegte zu sagen: »Bei uns zu Hause spricht niemand über Nerven.«[4]

Freuds Frau hieß – ebenso wie die Frau Tausks – Martha, womit die Ähnlichkeit aber auch schon aufhört. Zwischen ihr und Freud hatte es eine Zeit regelgerechter viktorianischer Werbung gegeben, einschließlich einer Verlobung, die vier Jahre lang dauerte. Aus dem Briefwechsel zwischen Freud und seiner künftigen Braut wissen wir, wie fordernd und besitzergreifend er sein konnte. So verlangte er eine Zeitlang, sie solle mit einigen Mitgliedern ihrer Familie brechen, obwohl er selbst zu dieser Zeit finanziell keineswegs in der Lage war, Verantwortung für sie zu übernehmen. »Ich habe gewiß eine Neigung zur Tyrannei«, gestand er mehr als ein.[5]

Frau Professor, wie Freuds Frau später genannt wurde, war eine ruhige und gebildete Frau. Sie stellte ihren Mann auf einen Sockel und genoß jeden kleinen Schritt auf dem Wege zu seiner Weltberühmtheit. Sie hatte einen skurrilen Sinn für Humor, und von der Arbeit ihres Mannes ver-

stand sie wahrscheinlich mehr, als seine Schüler sich vorgestellt haben.
Martha ist innerhalb der Familie zweifellos unterdrückt worden. Sie arbeitete aufopferungsvoll für ihren Mann, war gleichzeitig eine übertrieben sorgfältige Hausfrau, die ständig Flecken im Haus aufwischte und die Landepunkte seiner Zigarrenasche aufspürte. Freuds Korrektheit muß zu einem großen Teil durch Marthas zwanghafte Ordentlichkeit bewirkt worden sein: sie legte seine Kleider bereit, wählte bis zu den Taschentüchern herab alles für ihn aus und drückte sogar Zahnpaste auf seine Zahnbürste. Die Bewirtung einer Gesellschaft hätte sie wegen einer Unzahl kleinlicher Ängste zusammenbrechen lassen. Das Aufziehen von sechs Kindern hatte sie früh erschöpft, doch vor ihrer völligen Entkräftung war ihre Schwester Minna gekommen, um künftig mit der Familie Freuds zusammenzuleben. Die beiden Frauen erfüllten die Aufgaben des Haushalts und der Kindererziehung in harmonischer Gemeinsamkeit. Da Martha die weniger belastbare und intellektuellere der beiden Schwestern war, fand Freud in Minna die stärkere Stütze für seine berufliche Arbeit.
Die sexuellen Beziehungen zwischen Freud und seiner Frau nahmen offenbar ein frühes Ende. Mit einundvierzig Jahren schrieb er an seinen engsten Freund: »Auch die sexuelle Erregung ist für einen wie ich nicht mehr zu brauchen.«[6] Im Alter von siebenundsechzig Jahren unternahm er einen bizarren Versuch, seinen Krebs auszuheilen, und unterzog sich einer Verjüngungsoperation an seinen Hoden (Steinach-Operation), die indes keinerlei Nutzen brachte.[7] Ernest Jones, der autorisierte Biograph Freuds, hat diese Dinge mit äußerstem Takt behandelt. Die Steinach-Operation hat er als die »Unterbindung beider Samenleiter«[8] umschrieben. Und beiläufig erwähnte er, daß »die leidenschaftlichere Seite des Ehelebens bei ihm wahrscheinlich früher nachließ als bei vielen anderen Män-

nern ...«[9] In *Eine Kindheitserinnerung des Leonardo da Vinci* – eine Schrift, die noch viele andere autobiographische Hinweise enthält – sah Freud seinen Helden als einen »Mann, dessen sexuelle Bedürftigkeit und Aktivität außerordentlich herabgesetzt war, als hätte ein höheres Streben ihn über die gemeine animalische Not der Menschen erhoben«[10].

Freuds Potenz mag von seiner Abneigung gegen Verhütungsmittel affiziert worden sein. Überdies wurde Martha sehr leicht schwanger, und ein nicht rechtzeitiges Abbrechen des Verkehrs konnte immer bedeuten, daß ein weiteres Kind zu erwarten war – eine Situation, die das Paar in bezug auf die sexuellen Beziehungen noch ängstlicher machen mußte. Genau ein Jahr, bevor Freud jenen Brief über die Sexualität, die keinen Nutzen mehr für ihn habe, schrieb, hatte Martha, obwohl sie erst fünfunddreißig Jahre alt war, erwartet (oder gehofft), daß ihre Menopause beginne.[11] Es stellte sich jedoch bald heraus, daß sie nicht die Menopause, sondern ihr letztes Kind, Anna, bekam. Kurze Zeit später trat bei Martha aber anscheinend doch eine sehr frühe Menopause ein.

Freud war in der Tat kein Mann, der ein besonderes Interesse am Sexualleben hatte. Es bedeutete für ihn einen »Zwang«[12]. Aus heutiger Sicht war Freud zweifellos eher prüde. Seine frühen Entdeckungen über die kindliche Sexualität fand er offensichtlich abstoßend, und in ihm war stets mehr als bloß eine Spur eines Puritaners lebendig. So hat er zum Beispiel seine Söhne nicht selbst aufgeklärt, sondern sie von einem anderen Arzt über die entsprechenden Tatsachen des Lebens informieren lassen.[13]

In seinen Schriften vertrat Freud eine tolerante Haltung gegenüber der Onanie und zählte ihre nützlichen Aspekte ebenso auf wie die schädlichen. Wenn aber einer seiner heranwachsenden Söhne mit Sorgen wegen des Onanierens zu ihm kam, warnte er den Jungen sehr davor.[14] Die

Folge war eine Entfremdung zwischen Vater und Sohn. Freud sah in der Onanie zwar kein Laster, aber doch ein »Symptom«. Es ist ihm niemals gelungen, sich von der Scham vor dem Sexuellen ganz freizumachen, und sein Kampf gegen den viktorianischen Moralismus spiegelt einen Zwiespalt in seiner eigenen Seele.[15]

Trotz seiner puritanischen Gesinnung konnte Freud bei gewissen Gelegenheiten seine Augen vor Missetaten verschließen. Einer seiner Söhne wurde zu einem vollendeten Don Juan und hatte einmal eine Affäre mit einer Patientin seines Vaters, als sie noch in der Analyse war; die Bedingungen der analytischen Behandlung müssen dafür gesorgt haben, daß Freud von der Affäre und sehr wahrscheinlich auch von ihren Einzelheiten wußte. Freud war insgesamt ein verständnisvoller Vater, doch war er für seine Söhne nur selten erreichbar, und vielleicht hat er sie auch ein wenig vernachlässigt. Mit allen dreien war er schon früh unzufrieden, weil keiner die Gabe besaß, sein Werk fortzuführen; vielleicht erklärt dies auch, warum Freud aus seinen Schülern Ersatzsöhne machen mußte. Denn wenn der eigene Sohn seinen alternden Vater über seine sexuellen Erlebnisse auf dem laufenden hält, kann leicht eine Art Rachegefühl entstehen.

Zu den großen Leistungen Freuds gehört die Einsicht in die Bedeutung der frühkindlichen Entwicklung, eine Erkenntnis, die nicht auf der direkten Beobachtung von Kindern, sondern auf der Rekonstruktion der Vergangenheit erwachsener Patienten beruhte. Ratschläge für die Kindererziehung zu geben, war indes nicht seine Sache. Obgleich ein großer Theoretiker der Entwicklung des Kleinkindes, konnte er merkwürdig engstirnige und abwegige Ansichten vertreten, wenn es um konkrete Fragen ging. Einer seiner Schwiegertöchter zufolge hat Freud sie heftig getadelt, weil sie ihren kleinen Jungen zu sehr hätschele.[16]

Der stets mit der Psychologie des Ödipuskomplexes be-

faßte Freud hat also offenbar versucht, das Risiko einer »ödipalen Fixierung« seines Enkels zu verkleinern. Heute würde Dr. Spock[17] – der der Psychoanalyse soviel zu verdanken hat – natürlich die entscheidende Bedeutung der offen gezeigten Liebe und Zuneigung der Mutter zu ihrem kleinen Kind hervorheben.
An Freud war vieles widersprüchlich, so wie man es bei einem Manne seines Formats erwarten kann. Bei all seiner Förmlichkeit und Gepflegtheit war er ein hervorragender Erzähler jüdischer Geschichten. Obwohl einerseits ein so überaus korrekter Mann, konnte er sich andererseits an den exzentrischsten und phantastischsten Ideen ergötzen. Und wo auch immer seine eigenen menschlichen Grenzen lagen, er konnte an anderen bewundern, was ihm selbst fehlte. Menschen mit Phantasie und Einbildungskraft liebte er immer. Lou Andreas-Salomé mußte daher für ihn persönlich ebenso wie für die Psychoanalyse einen Gewinn darstellen.
Viele Jahre später schrieb Freud, daß er Lou außerordentlich geschätzt und bewundert habe, »merkwürdigerweise ohne Spur sexueller Anziehung«[18]. Er fühlte sich stets von dem Charme der Frauen angezogen, die er als narzißtische bezeichnete.[19] Durch Lou kam Freud mit dem Geist Nietzsches und dem Besten der deutschen Kultur in Berührung. Freud pflegte später seine bevorzugten Schüler auszuzeichnen, indem er ihnen einen für einen Ring bestimmten antiken Stein schenkte; obwohl er Lou dieses Geschenk niemals machte, zog er sie in einem ganz ungewöhnlichen Maße in sein Vertrauen. In späteren Jahren erörterte er mit ihr in seinen Briefen die emotionalen Probleme seiner Tochter Anna. Und in den zwanziger Jahren war Lou für eine Zeitlang Annas Psychotherapeutin. Freud hatte Lou gebeten, ihm behilflich zu sein, Annas Bindung an ihn zu lösen – was Lou jedoch ablehnte. Sie sprachen über Anna beinahe so, als ob Freuds Frau über-

haupt keine Rolle spielte, als ob Anna vielmehr ihr – Lous und Freuds – Kind sei. Lous eigenes Engagement wurde darin deutlich, daß sie eines ihrer Bücher Anna Freud widmete.
Freud hatte gewiß keine besondere Vorliebe für Frauen mit einer bewegten sexuellen Vergangenheit. 1912 aber machte er Lou den Hof. Ihr *Tagebuch* berichtet, daß er ihr Blumen schickte oder sie um halb drei Uhr morgens nach Hause begleitete. Diese Aufmerksamkeiten sind um so bemerkenswerter, als Freud seine Zeit gewöhnlich streng einteilte. Lou brachte es fertig, daß Freud sich in sie verliebte, wenn auch in einer sublimierten Weise. Wenn sie eine seiner Vorlesungen versäumte, fühlte er sich unbehaglich. Er hatte sich sehr schnell angewöhnt, für Lou zu sprechen. Er schrieb ihr: »Ich habe die Unart angenommen, den Vortrag immer an eine bestimmte Person im Hörerkreis zu richten und starrte gestern wie gebannt in die Sitzlücke, die man für Sie gelassen hatte.«[20]
Diese Zeit vor dem Ersten Weltkrieg, vor seiner Krebserkrankung und all den Enttäuschungen über seine Schüler war Freuds inspirierteste Phase. Er stand auf dem Höhepunkt seiner Kraft und entwickelte seine Ideen ständig weiter. Er unterhielt vielfältige Verbindungen mit bedeutenden Menschen. Lou bemerkte, daß Freud keinerlei Interesse an Katzen oder Hunden hatte. Bedenkt man, wie er in seinem späten Alter in der Zuwendung zu Chow-Chows emotionale Unterstützung suchte, so begreift man, wieviel offener er zu dieser frühen Zeit in seinen Kontakten zu Menschen war.
Nach wissenschaftlichen Abenden pflegte er Cafés aufzusuchen, um dort die Fragen seiner Vorlesungen zu diskutieren und damit immer wieder seine Möglichkeiten zu erweitern.
Um Freud und seinen ganzen Kreis zu verstehen, hatte Lou sich einen günstigen Zugang verschafft: sie hatte

Victor Tausk, der sich ihr »am unbedingtesten unter den übrigen (Schülern Freuds) herauszuheben« schien[21], aktiv verführt. Tausk war ein schöner Mann mit blonden Haaren, blauen Augen und einem Schnurrbart. Überdies war er achtzehn Jahre jünger als sie, sie war einundfünfzig, er dreiunddreißig. Für seine Freunde war es merkwürdig, wenn nicht anstößig, ihn in einem Verhältnis mit einer soviel älteren Frau zu sehen.

Lous Vergangenheit hatte zur Folge, daß gegenwärtige Liebhaber sich mit den berühmten Liebhabern ihrer Vergangenheit vergleichen konnten. Da sie nach begabten Männern suchte, mit denen sie sich identifizieren konnte, durfte Tausk hoffen, der Status als Liebhaber Lous könne ihm dazu verhelfen, für die Psychologie das zu werden, was Nietzsche für die Philosophie und Rilke für die Dichtung war. Man könnte annehmen, daß der auf Frauen so außerordentlich anziehend wirkende Tausk leicht eine jüngere und sich aufrichtiger hingebende Frau hätte finden können. Doch für Tausk waren gerade Lous Unabhängigkeit und ihre Fähigkeit, Liebesaffären im richtigen Moment zu beenden, eine besondere Quelle ihres Reizes. Tausk, der stets Angst vor abhängig liebenden Frauen hatte, brauchte Lou gegenüber niemals Schuldgefühle zu haben.

Lou und Tausk hatten zahlreiche gemeinsame Interessen. Tausk führte sie in Frankl-Hochwarts Klinik ein, damit sie dort einige Fälle beobachten konnte. Er brachte ihr serbische Balladen, die er übersetzt hatte, und sie war gelegentlich anwesend, wenn seine Söhne ihn besuchten. Doch auf seiten Tausks endete seine Liebe zu Lou in körperlichem Abscheu.

Indes, im Jahre von 1912 auf 1913 bildeten Freud, Lou und Tausk ein Dreieck, das jedem von ihnen Vorteile bot. Lou hatte in ihrem Leben wiederholt zwei Männer gleichzeitig gehabt. Sie hatte Friedrich Carl Andreas geheiratet, nachdem er gedroht hatte, er werde sich sonst umbringen; sexuelle Beziehungen aber hatte sie nur mit anderen Männern. Vor ihrer Heirat hatte sie einen anderen Mann gegen Nietzsche ausgespielt. (Nietzsches Schwester betrachtete sie als einen Teufel.) Lou, Rilke und Andreas waren zu dritt nach Rußland gereist. Und nun hatte sie neben ihrer tiefen Verflochtenheit mit Freud eine körperliche Beziehung zu Tausk.

Für Freud brachte das Arrangement sowohl Enttäuschungen als auch Befriedigung mit sich. Er war eifersüchtig auf Tausks Möglichkeit, eine Liebesbeziehung mit Lou zu haben. Tausk war viel jünger, männlicher und auch von Statur größer als er, und zuweilen empfand er sich durch seinen Schüler ausgestochen. Denn wenn er gebannt auf Lous leeren Stuhl starrte, war sie möglicherweise mit Tausk zusammen. Andererseits konnte Lou Freud über Tausk auf dem laufenden halten, und sie konnte dazu beitragen, diesen unter Umständen Verdrießlichkeiten bereitenden Schüler unter Kontrolle zu halten.

Tausks Zuwendung zu Lou war zumindest teilweise durch seine Identifikation mit Freud bestimmt. Zweifellos schmeichelte es ihm, die Rolle des großen Mannes zu spielen, der ihr gegenwärtiger Liebhaber war. Wie Freud auf Tausks Beziehung zu Lou eifersüchtig war, so war Tausk neidisch auf das, was Freud ihr bedeuten konnte. Lou konnte einerseits als ein Verbindungsglied von Tausk zu Freud dienen und andererseits Tausks Bedeutung in Freuds Augen heben. Für beide war sie eine Vermittlerin.

Die Gruppe der frühen Psychoanalytiker in Wien befand sich in einem ständigen Wettstreit um die Bewunderung Freuds. In jeder Treibhausatmosphäre entstehen Eifersüchteleien und Verleumdungen. Und Analytiker zu sein bedeutete damals, ein Außenseiter der Psychiatrie zu werden. Da sie das Verlangen nach Anerkennung durch die Außenwelt aufgegeben hatten, waren die Schüler Freuds statt dessen auf seine Gunst angewiesen. Von ihm erhielten sie die Inspiration und – handfester – die Patienten. Seine Jünger waren Freud ganz ergeben und wandten ihre Feindseligkeit gegen die Außenwelt. Seine Anhänger folgten ihm, gleichgültig welche Richtung er mit seiner Arbeit einschlug, und niemand wagte die von ihm festgelegten Grenzen sehr weit zu überschreiten. In der »Vereinigung« herrschte ein Klima von Geheimbündelei. Die Zusammenkünfte lassen sich am besten mit politischen oder religiösen Sitzungen vergleichen.

Wie Tausk einmal sagte, »ist die Psychoanalyse eine ebensolche wissenschaftliche Religion wie es der Darwinismus einmal war«[22]. Wenn Freud als ein Gott regierte, so machten seine Schüler sein Wort zum Gesetz.

Ohne Frage hat Freud die völlige Ergebenheit seiner Schüler unterstützt. Der Haß und die Verleumdungen, die ihm von außen entgegenschlugen, erhöhten das Ausmaß, in dem er seine Gefolgschaft als eine zum Kampf bereite Minorität erleben mußte. An Samstagabenden hielt Freud regelmäßig vor einem breiten Publikum in der Universität Vorlesungen, zu denen seine Schüler mit ihren Frauen oder Freundinnen kamen; sehr viel lieber sprach er jedoch vor der kleinen Gruppe seiner ergebenen Anhänger. Freud war so selbstkritisch, daß er ein »Ja« von der Außenwelt unbedingt brauchte. Da ein solcher Beifall von der Gesamtöffentlichkeit noch nicht kam, nicht einmal von der Intelligenz Wiens, mußte er seine Anerkennung aus seiner eigenen kleinen »Vereinigung« holen.

Freud umgab sich daher mit fähigen Leuten, die die für ihn wichtige Funktion von »Jasagern« erfüllten. Sie waren das Publikum, für das er schrieb. Sie sollten seine Ideen widerspiegeln, damit er sie auf diese Weise in einem etwas anderen Licht sehen konnte. Aus einer einmal eingeschlagenen Denkrichtung wollte er allerdings nicht herausgestoßen werden. Selbst wenn originelle Ideen von anderen als ein Ausdruck ihrer positiven Beziehung zu ihm vorgebracht wurden, konnte Freud darin eine feindselige Attacke erblicken. »Er wünschte in ein Kaleidoskop zu blicken, das durch Spiegelwirkung seine eigenen Figuren vervielfältigte.«[23]

Da sie eine Frau war, konnte Lou keinerlei Rivalitätsgefühle bei Freud erregen. Einem Mann seiner Generation kam es gar nicht in den Sinn, in einer Frau einen Konkurrenten zu sehen. Freud brauchte Menschen, die ihn bestätigten, notwendiger als selbständige Mitarbeiter. Lou war hervorragend geeignet, eine solche passive Rolle zu spielen. Sie konnte ihm schmeicheln und dabei selbst alles glauben, was sie sagte. Und da eine Frau eher ihr Selbstwertgefühl von ihrer beruflichen Arbeit zu trennen vermag, konnte sie Freud geben, wonach er verlangte, ohne ihre eigene Integrität dadurch beeinträchtigt zu fühlen.

Bei Männern mußte Freuds Forderung, als seine Schüler sich völlig mit ihm zu identifizieren, schließlich zur Rebellion führen. Denn wenn ein Mann wirklich wie Freud war, so hieß das, daß er selbst schöpferisch arbeiten konnte. Entfaltete ein Mann jedoch eigene Originalität, hörte seine Nützlichkeit für Freud auf. Bei einer Frau wie Lou stand die Fähigkeit, Freud als Spiegel seiner Ideen zu dienen, in völligem Einklang mit ihrem weiblichen Vermögen zur Identifikation mit schöpferischen Männern. Für einen Mann kann es hingegen kompromittierend sein, wenn er einem anderen Mann schmeichelt – die besten seiner Schüler verließen Freud, weil die Atmosphäre zu einengend und im Grunde entwürdigend war.

Einige seiner Schüler haben Freud und seinen Kreis mit einem regierenden Monarchen und seinem Hof verglichen, ein in der Zeit der Monarchie der Habsburger naheliegender Vergleich. Freud hatte ohne Zweifel für sie alle eine derartige Bedeutung. Seine Schüler waren seine Gefolgschaft, die allein ihm Treue schuldeten; sie erfüllten Aufgaben, schrieben Artikel und legten seine Ideen aus. Doch in vielen Fällen zeigte Freud keinerlei Achtung für sie, weil sie keine Unabhängigkeit besaßen. Ein anderes Bild, das Analytiker jener Tage gebraucht haben, ist das einer großen Familie mit Freud als unbestrittenem Oberhaupt. In den Kategorien dieses Bildes läßt sich sagen, daß Freud seine Schüler als adoptierte Söhne behandelte, um so der Isolierung zu entgehen und seine Unsterblichkeit zu begründen. Beide Bilder besagen, daß ein Schüler Gefahr lief, verstoßen zu werden, wenn er dem Führer und seinen Ideen den Respekt versagte. Tatsächlich waren die Anhänger in der Eingrenzung des zulässigen Denkspielraumes daher häufig strenger als Freud selbst.

Lou hat diese Atmosphäre in einer kleinen Vignette ihres Tagebuches eingefangen; ihre verwickelten Sätze verdienen die genaueste Aufmerksamkeit. In der ersten Zeit ihres Aufenthaltes berichtete sie über eine Sitzung, auf der Freud dem Einfluß Jungs auf das psychoanalytische Denken entgegenzuwirken suchte. Er versuchte, den von Jung verwandten Begriff des Komplexes als überflüssig zu erweisen. (»Komplexe« bezogen sich damals auf das, was wir heute »emotionale Konflikte« nennen.) Lou zufolge lag bei Freud »seine feine geistreiche Bosheit darin, wie er den ›Komplex‹ terminologisch überflüssig zu machen strebte: er habe sich der Bequemlichkeit halber als Terminus eingeschlichen, ohne auf psychoanalytischem Boden gewachsen zu sein, etwa wie Dionysos als exotischer Gott künstlich zu einem Zeussohn erhoben wurde. (Hier verkniff Tausk, der, aus der Psychiatrischen Klinik kommend, noch im weißen Arztkittel bei Freud saß oder stand, ein Lächeln nur ungenügend.)«[24]

Lou und Tausk haben die unterschwellige Bedeutung der Bemerkung Freuds offensichtlich verstanden: er verglich sich mit einem unsterblichen Gott, der einem künstlich er-

zeugten Sohn seine Gunst zu erweisen oder zu entziehen vermag.
Wenn Jung als Freuds Nachfolger ausschied, dann konnte Tausk nach Anerkennung streben. Selbst wenn er nicht erwartete, schon gleich als Freuds meistgeliebter Sohn angenommen zu werden, so mag er sich doch als den künftigen Empfänger königlicher Gunst gesehen haben, sobald nämlich die treulos gewordenen Fürsten vertrieben waren. Im Streit zwischen Freud und Adler entfaltete Tausk — auf seiten Freuds — ein Maß an Gehässigkeit, das Lou als übertrieben und unfair ansah. Und auf dem Höhepunkt der öffentlichen Auseinandersetzung zwischen Freud und Jung wetterte Tausk gegen Jungs Ketzerei. »Gescheit und gefährlich, bellen und beißen kann er«, sagte Freud über Tausk, wie Lou in ihrem Tagebuch berichtet.[25] Tausk hatte in der Tat ein aggressives Mundwerk; seine schönen Zähne blitzten in seinem Gesicht, vor allem, wenn er lächelte. In den verbalen Schlachten jener Tage war Tausk bei besten Kräften, aber auch in seinen Artikeln konnte er wild und streitlustig sein. Wie Freud in seinem Gedenkwort für Tausk bemerkte: »Sein leidenschaftliches Temperament äußerte sich in scharfer, manchmal überscharfer Kritik . . .«
Wenn sie Tausks Vorträgen über Psychoanalyse zuhörte, gewann Lou »nicht nur den Eindruck von klassischer Freudlehre, sondern auch den, daß wohl nur selten jemand mit soviel Ehrfurcht und Liebe an die eigentlichen, tatsächlichen Funde Freuds herangezogen sei«. Einzuwenden hatte sie allenfalls, daß er ihr manchmal »*zu* Freudisch-exakt vorkam; jedenfalls wird man ihm das Gegenteil nie vorwerfen dürfen«[26]. Lou meinte, daß Tausk um seiner selbst willen seine Identifikation mit Freud nicht zu einer Imitation verkommen lassen sollte. Da er der erste war, der für das Laienpublikum über Psychoanalyse sprach, konnte Tausk Freud Wort für Wort wie-

derholen. Freud selbst war ein großer Redner. Aber je mehr Tausk sich getrieben fühlte, Freud nachzuahmen, desto weniger konnte er zu einer eigenen Persönlichkeit werden.

Mit äußerstem Feingefühl erspürte Lou die Ursachen der Spannung zwischen diesen beiden Männern. Der menschliche Geist kann sich unter Umständen auch unter repressiven Verhältnissen entfalten; Tausk hatte nur einige kurze Jahre in Freuds Kreis zugebracht, als er in Freuds Augen zu einem Rivalen wurde. Ellen Delp, eine enge Freundin Lous, sah in Tausk »ein Genie vom Format Freuds, das sich unter dessen eifersüchtiger Provokation stetig entfaltete«[27].

Was brachte Freud aus der Fassung? Lou berichtet von einer Diskussion über eine Arbeit Tausks: »Freuds Entgegnungen waren viel strenger als er sich sonst verhält, und dabei spricht kein Zweiter ihm je seinen Vortrag mit solcher Ehrfurcht in die Augen. Mir scheint von allen Tausk ... am unbedingtesten an Freud zu hängen.«[28]

In mancher Hinsicht war Tausk Freud voraus. Zum Beispiel wollte er das psychoanalytische Denken auf die Psychologie des Künstlers ausdehnen. In einer frühen Arbeit über Sublimierung konzentrierte er sich auf die Rolle, die Hemmungen für die schöpferische Tätigkeit des Künstlers spielen, auf ein Thema also, das spätere Analytiker als völlig legitim ansahen. Doch im Jahre 1912 glaubte Freud, »die noch immer fortgesetzte Beschimpfung der ganzen Richtung durch die offiziöse Wissenschaft habe zur Folge, daß man nicht wagen dürfe, sich so rasch in Neuland vorwärts zu bewegen mit so ungedecktem Rükken; immer wieder seien daher Bestätigungen des schon Gefundenen nötig«. Lou sah in dieser Vorsicht einen der Gründe für Freuds »Konflikt mit selbständigen oder temperamentvollen Köpfen«[29].

Freud wollte alle bestehenden Grenzen des Wissens über-

schreiten. Doch wenn Tausk sich auf diesen Weg machte, war Freud der Ansicht, er nehme die Probleme vorzeitig in Angriff. In seinem Gedenkwort sprach Freud von Tausks »Bedürfnis nach philosophischer Fundierung« der Psychoanalyse. Aber auch hier hatte er Bedenken. »Vielleicht war es noch nicht an der Zeit, der im Werden begriffenen Wissenschaft der Psychoanalyse eine allgemeinere Grundlage dieser Art zu geben.« Tausk hatte – in Freuds Worten – einen »ungestümen Forscherdrang«.
Wenn Freud in ein selbstgestelltes Thema vertieft war, stieß er alles beiseite, was ihn dabei störte. Wie sein erster Biograph bemerkte, »empfindet er es wie eine Belästigung, wenn man seinen Weg mit allerlei Lichtern besetzt, die nicht die seinigen sind, wenn man ihn vorwärts drängen oder sonstwie aus der Richtung bringen will. Er führt dann regelmäßig Schutzbauten auf, um unbequeme Seitenlichter abzublenden.«[30] Die Interessen Tausks stellten für Freud Störungen dar. Er glaubte nicht, daß die Wege, die Tausk einschlug, weiterführen würden, und verlor daher jedes Interesse an ihnen.
Im Gegensatz zu Tausks universalistischen Bestrebungen glaubte Freud, Forschung müsse auf ein bestimmtes Ziel gerichtet sein. Für ihn gab es nur »einen einzigen Weg, Entdeckungen zu machen: ein zentrales Interesse zu haben und alle Ideen ausschließlich darauf einzustellen«[31]. Dies ist zum Teil als eine Reaktion Freuds auf die Mannigfaltigkeit der Interessen seiner Jugend zu verstehen. In der *Selbstdarstellung* schreibt er: »Recht im Gegensatz zur diffusen Natur meiner Studien in den ersten Universitätsjahren entwickelte ich nun eine Neigung zur ausschließlichen Konzentration der Arbeit auf einen Stoff oder ein Problem.«[32] Freud sagte selbst, daß sein Beitrag zur Psychologie einseitig sei: er nahm für sich nur in Anspruch, die Bedeutung der unbewußten Motivation aufgedeckt zu haben. Seine begrenzte Perspektive verteidigend,

schrieb er: »Ich muß wohl diese Einseitigkeit gebraucht haben, um das Verborgene sehen zu können, das sich den anderen zu entziehen weiß.«[33]
Tausks Arbeit irritierte Freud, und ein Hauptelement des Problems war Tausks Originalität. Lou und Freud sprachen sich, als Lous Verhältnis mit Tausk noch andauerte, wiederholt über diesen Punkt aus. In ihrem Tagebuch erwähnt Lou ein Abendessen im Hause Freuds: »Schon vorher, gleich im Wohnzimmer, brachte er das Gespräch auf Tausk und wir sprachen viel darüber, später nochmals in seinem Zimmer; erst gegen halb ein Uhr brachte er mich nach Hause.«[34] Von einem anderen Abend berichtet Lou: »Freud sprach schon vor dem Nachtmahl und dann später viel und bereitwillig über die ganze Tausk-Frage. Zuletzt sprach er sehr gut und weich.«[35] Offenbar ist dieser geistige *ménage-à-trois* von allen Beteiligten als ganz selbstverständlich akzeptiert worden.
Freud empfand die Unabhängigkeit Tausks als Störung. Er erkannte hervorragende geistige Fähigkeiten an, bewunderte schöpferische Kraft, aber in seinem unmittelbaren Kreis brauchte er Empfänger für seine Ideen. In dieser Phase hat Freud noch versucht, seine besten Schüler zu halten. Er hoffte, die Notwendigkeit für die Psychoanalyse, von erstklassigen Köpfen vertreten zu werden, mit seiner persönlichen Art, Ideen zu entwickeln, in Einklang bringen zu können. Doch die Fähigkeiten Tausks brachten Freuds innere Harmonie durcheinander. Lou berichtet nach einer Sitzung der »Vereinigung«:
»Freud handelt aus bester Überzeugung, wenn er so scharf gegen Tausk auftritt, daran ist nicht zu zweifeln. Aber neben diesem ›Psychoanalytischen‹ (im Hinblick auf Tausks ursprünglich neurotische Einstellung) ist es ja auch klar, daß alle Selbständigkeit neben Freud, besonders eine aggressiv temperamentvolle, ihn in seinem forscherischen, also edelsten Egoismus unwillkürlich hetzt, schä-

digt, zu verfrühten Auseinandersetzungen zwingt etc.[36].«

Freud ärgerte sich über Tausks intellektuellen Ehrgeiz; Männer wie Otto Rank – Lou zufolge damals »ganz nur Sohn« – waren ihm lieber. Über Rank sagte Freud zu Lou: »Warum kann es diesen reizenden Menschen nicht sechsmal anstatt nur einmal in unserer Vereinigung geben?« Wie Lou scharfsinnig bemerkte, »ist aber auch mit diesem Wunsch nach dem halben Dutzend die Einzigkeit des Betreffenden in Frage gestellt«[37].

Die Krux der »Tausk-Frage« lag aber nicht allein im Bemühen des Sohnes Victor, erwachsen zu werden; denn Tausks Unabhängigkeit war zum Teil bloß Fassade. Was die Situation mit Freud zuspitzte, waren erst Tausks Hemmungen, wirklich schöpferisch zu arbeiten. In den Augen Freuds gab es nämlich nichts Schlimmeres, als daß Tausk zuzeiten an Freuds eigener Haupttätigkeit klebenblieb. Tausk schien in einer unheimlichen Weise fähig zu sein, Freuds eigene Formulierungen zu antizipieren. Daher Lous Bemerkung, Tausk zwinge Freud zu »verfrühten Auseinandersetzungen«. Freud fühlte sich nicht nur deshalb irritiert, weil Tausk einen eigenen Kopf hatte, sondern auch, weil Tausk seine Fähigkeit an Problemen zu erproben wagte, die Freud selbst so sehr am Herzen lagen. Die folgende Passage aus Lous *Tagebuch* gibt einen Eindruck von Freuds Sorge: »Nachdem Tausk den ›Vaterproblem‹-Vortrag nachmittags in intensiver Hast beendet, fuhren wir zur Vereinigung; ich ging allein voraus, von Freud auf der Straße abgewartet, und mit ihm zusammen hinauf. Dann seine Unruhe (bei der Annäherung an seine Gedanken) und schriftliche Anfrage während des Vortrags (Papierchen mir zuschiebend): ›Weiß er schon alles?‹«[38]

Hier ist der eigentliche Kern von Freuds Schwierigkeiten mit Tausk bezeichnet: Freuds Sorge, Tausk könnte ihm

Ideen stehlen, noch bevor er selbst sie vollständig durchdacht hatte, hilft auch, verständlich zu machen, warum Lou sich Freud als nützlich erweisen konnte, wenn sie ein Auge auf Tausk hielt. Freud war sicher, an wessen Seite sie letztlich stehen würde. Er fühlte sich unbehaglich, wenn ein Mann wie Tausk in seiner Nähe war, ein Mann, der es sogar vermochte, bestimmte Einsichten schneller zu gewinnen als er selbst. Freud verabscheute die Ungewißheit, ob Tausk eine Idee schon vor ihm entwickelt hatte, und es ärgerte ihn, die Leistungen Tausks anerkennen zu müssen. In Lous Tagebuch findet sich ein subtiler Hinweis darauf, daß Freud sich seines Problems in bezug auf Tausk durchaus bewußt war. Tausk hatte zu Beginn einer Sitzung eine Bemerkung gemacht. »Am Schluß nimmt Freud lobend Bezug auf diese klärende Bemerkung, wobei er aber sofort vergißt, wer sie gemacht, wofür er sich lächelnd entschuldigt.«[39]

Freud konnte lächeln, wenn Tausks Vorschläge untergingen, wie er auch darüber lächelte, daß er nicht willens war, Tausk die ihm gebührende Anerkennung zu zollen. Er war stets Herr der Situation. Schließlich konnte er es sich erlauben, Tausk vollständig beiseite zu schieben. Tausk hingegen wurde durch den Konflikt mit Freud im Kern seines Wesens berührt. Lou besaß genug Sensibilität, den ganzen Kampf auch aus der Perspektive der inneren Schwierigkeiten Tausks sehen zu können.

»Mir erscheint ... jetzt erst Tausks Beziehung zu Freud in ihrer ganzen Tragik: ich begreife nämlich, daß er *stets* in dieselben Probleme und Lösungsversuche geraten wird, die Freud gerade bearbeitet – daß dies kein Zufall ist, sondern das ebenso gewaltsame ›Sich-zum-Sohn-Machen‹ wie auch ›Den-Vater-dafür-Hassen‹. Wie durch Gedankenübertragung wird ihn stets dasselbe beschäftigen wie Freud, er wird nie den Schritt zur Seite gehen, der ihm Raum schaffen würde. Das *schien* so sehr an den Verhältnissen zu liegen, aber es liegt zuletzt an ihm.«[40]

Lou kannte Tausk gut genug, um sagen zu können, wie sehr er einer der Psychoanalytiker war, »die ihrer Methode *praktisch selber bedürfen*«[41]. Indes, das Maß, in dem Tausk nur in Freuds Fußstapfen weiterzugehen vermochte, hat sie stark übertrieben; denn zu dieser Zeit vollbrachte Tausk durchaus schon originelle Leistungen, indem er nämlich als erster psychoanalytische Einsichten für das Verständnis von Psychosen fruchtbar machte. (Freud selbst hielt sich in einer gewissen Distanz von psychotischen Krankheitsbildern; seine Arbeit beschränkte sich auf die weniger schwer gestörten Patienten mit Psychoneurosen.) Lou hatte aber darin recht, daß Tausk in sich selbst vertieft und introspektiv, überaus ehrgeizig und doch Freud leidenschaftlich ergeben war. Die Situation war in der Tat so, daß Tausk alle Schuld für die Schwierigkeiten, die sie miteinander hatten, Freud aufladen konnte. Lou sah auch die schwierigen Umstände, unter denen Tausk arbeitete – die Notwendigkeit, sich gleichzeitig auf seine medizinischen Examen vorzubereiten und die Verantwortung für seine Söhne zu tragen.

Sie erkannte aber auch, in welchem Maße Tausks Probleme ihre Ursache in seiner zwiespältigen Seele hatten. »Was er will, ist dieses blinde, taube Nur-sich-Selbst-zum-Ausdruck-bringen, weil er unter der Last von sich selbst so stark leidet.« Er klammerte sich an Freud unter anderem deshalb, weil er über zu wenig eigene innere Kraft verfügte. Wie hervorragend und unabhängig er auch immer sein mochte, »eine gewisse Lücke im Schöpferischen wird gefüllt durch Identifikation mit den andern (›Sohnschaft‹) und erzeugt stets das Gefühl der schon vorweggenommenen Stelle. Es ist interessant und seltsam, wie jemand in allen Analysen (sie sind ihm alle doch Verschiebungen seiner eigenen, und die Sehnsucht nach ihnen ist nur die Sehnsucht, sich analysiert zu bekommen) auf Tiefgründigstes kommen kann und doch am Naheliegendsten vorbeigehen, wenn es ihn selbst betrifft.«[42]

Lou liebte an Tausk seine Hilflosigkeit gegenüber seinem inneren Wesen, den verzweifelten Kampf, den er führte, um mit Hilfe seines Verstandes seine Leidenschaften zu beherrschen. Er war fordernd und anspruchsvoll, aber seine Begeisterungsfähigkeit machte ihn liebenswert. Sein Selbst blieb jedoch der Gefangene seiner Vergangenheit. Lou schrieb über Tausk:

»Und dann bleiben wieder die ungeschlichteten Gegensätze dessen, was Freud an ihm (Tausk) das ›Raubtier‹ nennt (und was ihm doch am ehesten hilft, wenigstens im praktischen Dasein durchzufinden), *und* leidender Gefühlshaftigkeit bis zur Selbstauflösung.

All das ist so weh anzusehn, daß man den Kopf wendet – hinweg möchte. Denn er täuscht sich über mich, phantasiert. Es gäbe letzten Endes keine *hilfreiche* Beziehung dazu: es gibt keine, wo alle Wirklichkeit gespenstisch umwittert ist von allen unabreagierten Urreminiszenzen. Dadurch wird alle Resonanz unrein tönend: gewissermaßen von Innengeräuschen umsummt.

Und von allem Anfang empfand ich doch an Tausk gerade all diesen Kampf als das, was mich an ihm tief berührte: den Kampf der menschlichen Kreatur. Brudertier, Du[43].«

3. Prioritätsstreitigkeiten

Tausk schloß 1914 sein Medizinstudium ab, und es sah so aus, als könne nun ein ruhigeres Leben beginnen. Endlich konnte er seinen Beruf als Psychoanalytiker aufnehmen.

Wie Freud später in seinem Gedenkwort schrieb, war Tausk »im Begriffe, sich eine ansehnliche Praxis zu schaffen, in der er schöne Erfolge erzielte. Aus dieser Tätigkeit, die dem ehrgeizigen jungen Arzt volle Befriedigung und Existenzmöglichkeit verhieß, wurde er durch den Krieg plötzlich gewaltsam gerissen.« Mit dem Ersten Weltkrieg brach wieder alles um Tausk herum zusammen. Es kamen immer weniger Patienten, und eine psychoanalytische Praxis zu unterhalten, wurde fast unmöglich. Die Gruppe um Freud traf sich seltener, da ihre Mitglieder sich zerstreuten. Unmittelbar vor seiner Einberufung in die Armee im August 1915 stellte Tausk eine Auswahl seiner Gedichte zusammen, von denen eine Anzahl schon in verschiedenen Zeitschriften erschienen war; die Auswahl wurde jedoch niemals veröffentlicht.

Tausks Kinder waren inzwischen auf ein Internat in Böhmen geschickt worden. Für Martha war es immer schwerer geworden, die Verantwortung für die Erziehung ihrer beiden Söhne zu tragen, und als ihr Vater inmitten der Kriegswirren starb, war es schwierig für sie, eine sie befriedigende Arbeit zu finden. Victors Mutter lud Martha daher zu sich nach Zagreb ein, weil man sich dort leichter am Leben erhalten konnte.

Im September 1915 erlitt Victors Vater einen Schlaganfall. Victor hatte kein Geld für einen Urlaub. An Martha schrieb er damals, »daß ich mich dem Jammer zu Hause nicht gewachsen fühle, denn ich halte die eigene psychische Existenz nur mit dem Aufgebot der letzten Kräfte aufrecht. Helfen kann ich ja nicht.

Ich lasse diesen Schicksalsleiterwagen über mich hinwegfahren, wollen sehen, mit welch einem Gerippe ich nach dem Krieg das neue Leben zum x-ten Male beginnen werde.«[1]

Im Dezember 1915 wurde er als Armeepsychiater in Lublin stationiert, das damals zu Rußland gehörte, aber von österreichischen Truppen besetzt war. Hier konnte er neben seinem Dienst einige private Patienten behandeln. Und er fand auch noch Zeit zum Schreiben. Wie unglücklich er sich in seinen Briefen an Martha auch darstellte, in dieser beschwerlichen Kriegszeit besaß er die innere Kraft, seine besten psychoanalytischen Schriften hervorzubringen. Im nächsten Frühjahr, am 25. März 1916, starb sein Vater. »Friede diesem vielgeprüften Mann«, telegraphierte Tausk nach Hause. Sein Arbeitsplan hielt ihn von morgens bis abends gefesselt. »Arbeit von acht Uhr früh bis sieben Uhr abends bis zur völligen Erschöpfung[2]«, schrieb er im selben Frühjahr an Martha.

Tausk war zeit seines Lebens in der Lage, sich über soziale Konventionen hinwegzusetzen. Während des Krieges bewies er wahres Heldentum, wenn er Deserteure vor der österreichischen Armee schützte. Der Krieg zog Bauern ein, die überhaupt nicht verstanden hatten, was die Einberufung bedeutete. Hilflose und verwirrte junge Männer befanden sich plötzlich in Gefahr, erschossen zu werden — nur weil sie den verständlichen Wunsch hatten, in den

Schutz ihrer Elternhäuser zurückzukriechen. Tausk schrieb einen überzeugenden Aufsatz über die Psychologie des Deserteurs[3], der sich heute als eine der ersten Anwendungen psychoanalytischer Einsichten auf das Recht darstellt. Durch seine Gefälligkeit und Selbstlosigkeit im Interesse dieser Männer brachte er sich wiederholt selbst in Gefahr. Man kann wohl hinzusetzen, daß er die Gelegenheit ausgekostet haben muß, seinen Vorgesetzten zuwiderzuhandeln.

Tausk bediente sich auch psychiatrischer Diagnosen, um Menschen zu retten. Er hatte ein barsches Wesen, aber er konnte aus menschlicher Güte handeln. So intervenierte er zum Beispiel zugunsten eines jungen Mannes, der vor ein Kriegsgericht gestellt werden sollte, weil er bei der Hinrichtung einer ganzen Gruppe feindlicher Gefangener nicht hatte mitschießen können. Tausk rettete sein Leben durch die Erstattung eines Gutachtens, demzufolge von einem solchen Mann, der nach den höchsten Normen zivilisierten Lebens erzogen worden war, die Mitwirkung an einer derartigen Hinrichtung nicht erwartet werden konnte. (Jahre später hat Tausks jüngerer Sohn diesen Mann, Fritz Weiss, in Südamerika getroffen. Tausks Photo hing an seiner Wand, und er war voller Dankbarkeit.) Vielleicht war es diese Art von Mut, auf die Freud in seinem Gedenkwort für Tausk anspielte: »Es muß hier rühmend hervorgehoben werden, daß Dr. Tausk während des Krieges mit Einsetzung seiner ganzen Persönlichkeit und mit Zurücksetzung aller Rücksichten gegen die zahlreichen Mißbräuche offen aufgetreten ist, die leider so viele Ärzte stillschweigend geduldet oder sogar mitverschuldet haben.«

Die Privatpatienten Tausks wurden bald weniger. Das alte Problem der Unterstützung seiner Familie quälte ihn weiter. Im Dezember 1916 versetzte die Armee ihn von Lublin nach Belgrad. Anfang 1917 wurden seine Söhne von der Schule ausgeschlossen. (Hugo war an einem Jugendstreich beteiligt gewesen, während Marius mit dem an der Schule tätigen katholischen Religionslehrer, einem Geistlichen, Schwierigkeiten bekommen hatte, weil er in etwas grober Weise wiederholt hatte, was er von seinem evangelischen Religionslehrer über die finanziellen Schwierigkeiten des Erzbischofs von Mainz im fünfzehnten Jahrhundert gehört hatte.) 1918 waren die Österreicher sich ihrer militärischen Position in Serbien so sicher, daß sie den Offizieren gestatteten, ihre Familien aus dem Hinterland in den Etappenbereich kommen zu lassen. Die beiden Söhne Tausks konnten daher im Sommer 1918 zu ihrem Vater nach Belgrad gehen.

Während des Krieges reiste Tausk mehrfach nach Wien, meist, um einen seiner neuen Aufsätze zu diskutieren. Vor der Wiener Vereinigung trug er eine wichtige Arbeit über Kriegspsychosen vor und eine weitere über den »Beeinflussungsapparat« in der Schizophrenie – die für sich allein seinen wissenschaftlichen Ruf begründet hat. Sein Verhältnis zu Freud scheint sich auf dem Vorkriegsniveau stabilisiert zu haben. Freud mußte Tausks Arbeit bewundern. Sein Militärdienst hatte Tausks wachsende wissenschaftliche Produktivität nicht beeinträchtigt, und in der während der Kriegsjahre zusammengeschrumpften Gruppe der Wiener Psychoanalytiker ragte er nun noch stärker hervor, eine Hoffnung für die Zukunft der psychoanalytischen Bewegung. Von Tausks Beiträgen sagte Freud in seinem Gedenkwort, daß sie »sich durch scharfe Beobachtung, treffendes Urteil und eine besondere Klarheit des Ausdrucks auszeichnen«. Und Klarheit war das höchste Lob, das Freud zu vergeben hatte.

Andererseits kam Tausks Arbeit der von Freud weiterhin gefährlich nahe. Auch Freud hatte in diesen Jahren hart gearbeitet, unter anderem hatte er neue Konzepte entwickelt, die das Problem der Psychose berührten. Privat konnte Freud vernichtende Urteile über Tausk aussprechen. So schrieb er am 31. Januar 1915 an Lou: »Ich weiß, daß Ihnen das Thema des Narzißmus auch durch den Anteil nahegebracht worden ist, den Sie an den Arbeiten von Tausk genommen haben. Aber seine Aufstellungen waren mir ganz unfaßbar.«[4]

Gegen Ende des Krieges fand Freud unerwartete Unterstützung. Der Erste Weltkrieg (wie später der Zweite) provozierte das Interesse der Psychiatrie an psychoanalytischen Konzepten. Seelische Konflikte, die einen störenden Einfluß auf die Funktionstüchtigkeit von Soldaten ausübten, die sogenannten »Kriegsneurosen«, wurden den Militärbehörden ein lästiges Problem. Auf Einladung der Stadt Budapest trafen sich die Psychoanalytiker am 28. und 29. September 1918 dort zu ihrem ersten internationalen Kongreß seit 1913. Dieser Kongreß von Budapest markierte für die Psychoanalyse einen Wendepunkt; jeder Beteiligte spürte das. Die Würdenträger der Stadt hießen die Analytiker willkommen, und Freud gewann die Unterstützung einer sehr wohlhabenden ungarischen Familie.

Tausk kam aus Belgrad und hielt einen Vortrag über die »Psychoanalyse der Urteilsfunktion«. Während der Verhandlungen des Kongresses wurde er jedoch krank und mußte sich erbrechen; seine Erkrankung rief eine nicht geringe Aufregung hervor. Aber niemand weiß, was ihn damals angefochten haben mag. In seinem Gedenkwort erwähnt Freud: »Schon ... in Budapest ... zeigte der seit Jahren körperlich Leidende Zeichen besonderer Gereiztheit.«

Auf diesem Kongreß in Budapest regte Dr. Herman Nunberg an, alle künftigen Analytiker sollten verpflichtet sein, sich selbst einer Analyse zu unterziehen. Wir dürfen nicht vergessen, daß es damals so etwas wie eine formelle Ausbildung in Psychoanalyse noch nicht gab; die heute existierenden Institute und Ausbildungsstätten, in denen die Analyse von Ausbildungskandidaten inzwischen zum Zentrum der Arbeit geworden ist, mußten erst noch gegründet werden. Vor Nunbergs Vorschlag vor fünfzig Jahren hatte Freud in seinen Schriften nur angedeutet, daß die emotionalen Probleme eines Analytikers die therapeutische Arbeit mit seinen Patienten stören könnten. Später, in seiner letzten Lebensphase, hat er einmal empfohlen, ein Analytiker solle sich alle fünf Jahre einer Analyse unterziehen; in diesen früheren Jahren aber sprach er nur von der »Forderung« an einen Therapeuten, sich einer »psychoanalytischen Purifizierung« zu unterziehen.[5] Den Rat, sich selbst analysieren zu lassen, gab er nur sehr jungen Kandidaten.

Der Generation, die vor dem Krieg zu Freud gekommen war, erschien die Notwendigkeit einer Ausbildungsanalyse weit weniger geboten. Obwohl es letztlich wahrscheinlich kaum möglich ist, zwischen einer therapeutischen und einer Ausbildungsanalyse zu unterscheiden, zielt in der Theorie die erste auf die Linderung psychischen Leidens ab, während die zweite den Analysanden auf den Beruf des Psychoanalytikers vorbereiten soll. Freud mag mitunter so gesprochen haben, als ob Patienten neurotisch und Analytiker »normal« wären; sein Handeln war indes keineswegs an dieser Unterscheidung orientiert. Nunbergs Vorschlag besagte, daß die Analytiker die emotionalen Blockierungen, von denen auch sie nicht frei seien, durch eine Analyse auflösen sollten.

Nunbergs Vorschlag bedeutete aber auch, daß die mehr informellen Lernmethoden der Gruppe – Gespräche mit Freud und untereinander – eine unzureichende Vorbereitung auf die Praxis der Psychoanalyse waren. Nunberg, vier Jahre jünger als Tausk, hatte sich einige Zeit vor dem Budapester Kongreß einer kurzen Analyse bei einem Altersgenossen Tausks, bei Paul Federn, unterzogen. Wem aber stand es zu, Tausk oder Federn zu analysieren? Nur Freud hatte das passende Alter. Doch Freud als ihr Analytiker – das hätte eine Situation geschaffen, die ihre schon überaus verworrenen Beziehungen zu ihm nur noch weiter kompliziert hätte. Sich von Freud analysieren zu lassen, bedeutete, sich ihm noch stärker zu unterwerfen, als diese Männer es bereits getan hatten. Der jüngeren Generation und den neuen Mitgliedern, die Freud noch ferner standen, mochte eine solche Analyse eher möglich sein.

Nunberg hätte seinen Antrag, die Ausbildungs- oder Lehranalyse zu einer formellen Bedingung zu machen, zweifellos nicht vorgebracht, wenn er nicht sicher gewesen wäre, daß Freud diesem Vorschlag günstig gesonnen war – Freud sah darin offenkundig eine Hoffnung für die Zukunft. Nunberg war damals noch nicht die eindrucksvolle Gestalt, zu der er in späteren Jahren geworden ist. Sein herber Charakter war nicht geeignet, ihn zu einem Günstling Freuds werden zu lassen. Zwar war er in seinem Beruf weit genug vorangekommen, um einen derart wichtigen Vorschlag auf einer öffentlichen Versammlung vorbringen zu können, aber es fehlte ihm noch das Ansehen, das die Annahme seines Vorschlags sichergestellt hätte. Mit anderen Worten, es war nicht demütigend für ihn, wenn er überstimmt wurde. Sein Antrag wurde abgelehnt, weil, wie er viele Jahre später sagte, »Rank und Tausk energisch dagegen opponierten«[6].

Otto Rank, wie Tausk zu jener frühen Gruppe gehörig, die sich nicht vorstellen konnte, wegen einer Analyse zu einem anderen als zum Meister selber zu gehen, wird es widerstrebt haben, sich noch weiter von Freud abhängig zu machen. Überdies war eine eigene Analyse für diejenigen, die Freuds Werk so genau kannten, in gewisser Hinsicht auch überflüssig. Wer sich der Sache schon völlig hingegeben hatte, brauchte keine Probezeit, kein »Noviziat[7]« mehr abzuleisten. Rank war damals schon eine wohlbekannte Gestalt. Daß Nunberg sich an Tausks Opposition gegen seinen Antrag erinnerte und ferner Tausk mit Rank in Verbindung brachte, ist ein weiteres Indiz für das Gewicht, das den Ansichten Tausks beigemessen wurde. Für Nunberg war Tausk eine bedeutende Figur.

Während seines Militärdienstes war Tausk zum Oberarzt aufgestiegen. Freuds Gedenkwort zufolge hat er »offizielle Anerkennung geerntet«. Nicht lange nach dem Budapester Kongreß und bald, nachdem seine beiden Söhne bei ihm in Belgrad wohnen durften, brach die Front in Jugoslawien plötzlich zusammen. Die Offiziere mußten fliehen, wenn sie nicht Kriegsgefangene werden wollten. Tausk kehrte am Abend des 4. November 1918 nach Wien zurück, und unverzüglich versuchte er, seine psychoanalytische Praxis wieder aufzunehmen.

Wien befand sich jedoch in einem wirtschaftlichen Chaos. Das Reich der Habsburger war untergegangen, und die Stadt, nicht mehr das bedeutende Zentrum von ehemals, schien verlassen. Sich zu ernähren, war zu einem Problem geworden. Die Freuds wurden von Anhängern und Patienten versorgt. Andere waren auf die Hilfe von Freunden auf dem Lande angewiesen. Um Kohlen mußte gekämpft werden. Freuds Wohnung war noch kälter als andere, da jeder im Hause lieber ungestört in seinem eigenen Zimmer als in einigen gemeinschaftlichen Räumen leben wollte.[8] Die Winter von 1918 auf 1919 und von 1919 auf 1920 waren die härtesten. Zu allem anderen setzte jetzt auch noch die Inflation ein. Die Preise stiegen schneller als Freuds Honorare, so daß er von seinem Vermögen leben mußte. Nach der Inflation waren seine Ersparnisse praktisch aufgezehrt.

Jedermann in Wien hatte eine schwere Zeit durchzustehen, vor allem aber diejenigen, die keinen sicheren Beruf hatten. Die Situation Tausks war besonders kritisch, durchaus zur Entmutigung angetan. Beinahe vierzig Jahre alt, mußte er immer noch wie ein armer Student leben und dabei zum Unterhalt einer Familie beitragen.

Als Psychoanalytiker war Tausk diesen widrigen Umständen besonders stark ausgeliefert. Denn neben der großen Psychoanalyse waren Kurztherapien mit einer begrenzten Zahl von Sitzungen in einem kurzen Zeitraum noch nicht üblich. (Eine Analyse – das hieß damals ein halbes oder ganzes Jahr lang sechs Stunden pro Woche auf der Couch.) Heute wenden die Psychoanalytiker ihre Kenntnisse auch außerhalb der strengen psychoanalytischen Behandlung an. Damals jedoch kam für einen Schüler Freuds etwas anderes als große Analysen nicht in Betracht. Noch im Jahre 1938 wäre eine nebenbei betriebene andere psychotherapeutische Betätigung eines Kandidaten als Störung seiner psychoanalytischen Ausbildung angesehen worden. Zeitlebens glaubte Freud, er habe sich noch nicht durchgesetzt, und verlangte von seinen Schülern daher die völlige Hingabe an die Regeln der Psychoanalyse.

Ein Patient, der kurzfristig psychologische Hilfe suchte, hätte sich damals auch wohl nicht an einen Freudianer gewandt. Und in einer so verworrenen Lage konnten sich nur wenige Patienten eine große Psychoanalyse leisten. Wenn eine solche Analyse damals auch erheblich weniger Zeit in Anspruch nahm als heute, setzte sie doch ein Mindestmaß an wirtschaftlicher und politischer Sicherheit voraus. Überdies gingen alle Patienten, die sich analytisch behandeln lassen wollten, zunächst zu Freud, der sie eventuell an andere Analytiker weitervermittelte. Daher war auch Tausk von Freuds Gunst und Anerkennung abhängig. Aber es gab noch weitere Schwierigkeiten: ein Patient konnte gewöhnlich nur dann ein Honorar zahlen, wenn er Amerikaner war. Und selbst wenn die Patienten zahlten, konnte das Geld nach kurzer Zeit wertlos sein.

Viele Freunde und Kollegen Tausks hatten dieselben Schwierigkeiten, doch war ihre Lage meist nicht so extrem unsicher wie die von Tausk. Paul Federn zum Beispiel war von der inneren Medizin zur Psychoanalyse gekommen, so daß er sich in dieser Krisenzeit auf seine medizinische Praxis zurückziehen konnte.
Da Stellen an einer Klinik schlecht bezahlt waren, suchte Tausk nach einer akademischen Position als Psychiater, obwohl er für die damalige Psychiatrie nur Verachtung aufbringen konnte. Die Psychiatrie in Wien war in hohem Maße deskriptiv und formalistisch, ohne jedes dynamische Verständnis von inneren Konflikten, das durch die Methode Freuds möglich geworden war. Tausk teilte Freuds Ambivalenz gegenüber der Psychiatrie, hatte aber andererseits doch großes Interesse an einer Dozentur.
Auf Grund seiner im Verlauf der Kriegszeit entstandenen Schriften über Probleme der Psychose konnte Tausk einen berechtigten Anspruch auf eine solche Stellung erheben. Freud schrieb im Gedenkwort für Tausk: »Seine klinische Tätigkeit, der wir wertvolle Untersuchungen über verschiedene Psychosen (Melancholie, Schizophrenie) verdanken, berechtigte zu den schönsten Hoffnungen und gab ihm die Anwartschaft auf eine Dozentur, um die er in Bewerbung stand.« In Belgrad oder Zagreb hätte Tausk jederzeit eine entsprechende Stelle erhalten können. Doch da er gerade erst wieder das Leben in einem zurückgebliebenen Land erfahren hatte, war er nicht bereit, seine Ambitionen auf eine Karriere in Wien – das heißt auf eine Dozentur an der Universität – aufzugeben. Vielleicht hatte Wagner-Jauregg ihm eine Dozentenstelle versprochen. Aber Universitätsdozent werden und gleichzeitig mit Freud in Verbindung bleiben zu wollen – das mußte zu Schwierigkeiten führen; denn Psychoanalytiker zu sein, war für die Universitätskreise jener Zeit alles andere als ein Vorzug.

Gleichzeitig verfolgte Tausk ein anderes – in gewissem Sinne gegensätzliches – Ziel, wozu ihn ebenfalls seine wissenschaftliche Produktivität während des Krieges ermutigt hatte. Ungefähr einen Monat nach seiner Rückkehr nach Wien ging Tausk mit der Bitte zu Freud, ihn in Analyse zu nehmen. Tausks größter Wunsch war jetzt eine Analyse bei Freud. Was immer die Überzeugungen der etablierten Akademiker sein mochten, Freud war der größte Psychologe seiner Zeit. Und Tausk, der schon eine Reihe wichtiger Schriften vorgelegt und gerade mit der Arbeit an einem psychiatrischen Buch begonnen hatte, meinte das Privileg einer Analyse durch Freud selbst beanspruchen zu dürfen. Er wußte sehr genau, daß viele persönliche Probleme noch ungelöst waren, und zu einem anderen Analytiker als Freud zu gehen, kam ihm gar nicht in den Sinn.

Nur kurze Zeit zuvor hatte Tausk noch gegen den Antrag Nunbergs opponiert, der vorsah, für alle künftigen Analytiker eine Lehranalyse obligatorisch zu machen. Vielleicht hatte sich in Tausks Standpunkt zu dieser Frage seine Furcht ausgedrückt, Freud werde ihn nicht in Analyse nehmen. Seine inneren Schwierigkeiten dauerten an, und er muß erkannt haben, daß seine Gegenwart Freud Unbehagen verursachte. Lou hatte schon 1913 auf dem Münchner Kongreß gesehen, daß Freud Tausk »sichtlich ablehnte«[9]. Tausk Ansichten über den Narzißmus waren Freud »unfaßbar« gewesen. Doch hatte er sich lobend über Tausks jüngste Arbeit über Schizophrenie geäußert[10]. In Freud mag noch etwas von der alten Eifersucht wegen Lou lebendig gewesen sein; doch die erotischen Bande zwischen Tausk und Lou waren jetzt – im Jahre 1918 – seit mehr als fünf Jahren zerschnitten. Tausk hatte zu dieser Zeit nichts, was für die Außenwelt wichtig war; er kam aus dem Krieg zurück und brauchte Hilfe.

Freud lehnte Tausks Bitte ab. Es dauerte eine gewisse Zeit, bis die Folgen dieser Ablehnung sichtbar wurden, aber das Faktum an sich blieb damals nicht verborgen. Tausk sprach mit seiner Schwester Jelka in Wien darüber, und Freud rechtfertigte seine Ablehnung später gegenüber seinen anderen Schülern. Nunberg zum Beispiel erklärte er, er habe Tausk zurückgewiesen, weil er ein »Hund an der Leine« gewesen sei. Freud glaubte, daß, wenn er Tausk in Analyse nähme, das »Problem« in der Vereinigung sich noch verschlimmern und ein offener Streit zwischen ihnen ausbrechen würde. Er fürchtete, wie er es Nunberg gegenüber formulierte, Tausk werde ihn »anbellen«; Tausk drohte, Freud aufzufressen[11]. Obwohl diese Ablehnung sein Verhältnis zu Tausk noch gespannter machte, glaubte Freud noch, er könne ihn in der Gruppe halten. Am 7. Dezember 1918 überwies er einen Patienten an Tausk, aber einen, der nicht zahlen konnte.

Freud versuchte, zu einem Kompromiß mit Tausk zu kommen. Er schlug vor, er solle bei Helene Deutsch in Analyse gehen. Helene Deutsch war fünf Jahre jünger als Tausk; sie war psychiatrisch ausgebildet und seit Beginn des Herbstes 1918 selber bei Freud in Analyse. Als Tausk im Januar des nächsten Jahres zu ihr in Behandlung ging, war sie insgesamt drei Monate bei Freud gewesen. Sie hatte zwar schon beachtliche psychiatrische Erfahrung, aber Tausk war ihr erster psychoanalytischer Fall. Für Freuds Gruppe in Wien bedeutete sie einen Gewinn.

Ihre Analyse bei Freud hatte sie im Frühjahr 1918 vereinbart. Als sie ihren Wunsch zur Sprache brachte, hatte Freud sie zunächst gefragt, was sie tun würde, wenn er sie zu einem anderen Analytiker schicke. Sie hatte geantwortet, sie werde bei keinem anderen als Freud selber in Analyse gehen, woraufhin er sie für den Herbst 1918 annahm. Helene Deutsch war damals bereits eine herausragende Frauengestalt. Von ihrem Jahrgang hatten an ihrer Universität nur sieben Frauen Medizin studiert, von denen nur drei die Examen bestanden. Überdies spezialisierten sich damals nur wenige Ärztinnen auf das Gebiet der Psychiatrie. Und Freud hatte — obwohl die Psychoanalyse später zu einem Berufsfeld werden sollte, auf dem Frauen Spitzenpositionen erreichen konnten — damals erst sehr wenige Frauen als Schülerinnen angenommen. Doch als er Dr. Rado-Révész, eine psychiatrisch arbeitende Ärztin aus Ungarn, akzeptiert hatte, glaubte Helene Deutsch, er könnte auch sie annehmen. Tatsächlich trat sie als Patientin an die Stelle von Dr. Révész und erhielt auch deren Analysenstunde.

Helene Deutsch war, als sie im Herbst 1918 ihre Analyse begann, dem Kreis um Freud nicht völlig unbekannt. Während es normalerweise der besonderen Erlaubnis Freuds bedurfte, wenn jemand seine Vorlesungen besuchen wollte, war sie als Ärztin an der Klinik von Wagner-Jauregg (wie Tausk) automatisch eingeladen. Freuds Vorlesungen in Wagner-Jaureggs Hörsaal hörte sie schon seit 1914/15. Zum erstenmal war sie als Studentin in München mit den Ideen Freuds in Berührung gekommen. Sie war für ein Jahr (1911) dorthin gegangen, um bei dem berühmten Emil Kraepelin etwas über Schizophrenie zu lernen. (Kraepelin hat ein System in die Psychiatrie gebracht, und noch heute halten sich Psychiater an seine Einteilung; Freud selber sprach von ihm nur als von einem »groben Burschen«.) Ein Freund aus Wien, Dr. Joseph Reinhold, hatte ihr damals ein Exemplar von Freuds *Traumdeutung* geschickt. Sie arbeitete gerade mit einem verwirrten Schizophrenen. Als sie diesen Patienten schließlich mit Hilfe der Freudschen Methode zu verstehen suchte, fragte sich eine Schwester, wer von den beiden der Verrücktere sei. Helene Deutsch aber hatte zum erstenmal das Gefühl, sie verstünde die Konflikte ihres Patienten.

Nach ihrer Rückkehr nach Wien erfuhr sie ständig mehr über Freuds Arbeit. 1916 lud Freud sie ein, über einen sehr schwierigen Aufsatz von Lou Andreas-Salomé vor der Wiener Psychoanalytischen Vereinigung zu sprechen.[12] Von da an taucht Helenes Name allmählich häufiger in den Verhandlungen der Gruppe auf, und 1918 hatte sie schon ihre ersten eigenen Beiträge geliefert. An einem Tausks Schrift über den *›Beeinflussungsapparat‹ in der Schizophrenie* gewidmeten Abend (18. Januar 1918) gehörte sie zu denjenigen, die sich an der Diskussion beteiligten.

Helene Deutschs Analyse bei Freud hieß für sie auch, daß sie ihre Position an der Klinik Wagner-Jaureggs aufgeben mußte. Kraepelin hatte sie als einen sehr langweiligen Lehrer empfunden, während Wagner-Jauregg zu einer für ihr Leben bedeutsamen Persönlichkeit wurde. Obwohl er sich über ihr Interesse an Freud lustig machte[13], schätzte er ihre psychiatrischen Kenntnisse. 1913 hatte er sie gedrängt, noch einmal für kurze Zeit nach München zu gehen, um herauszufinden, was Kraepelin auf psychologischem Gebiet tat. Um es zu wiederholen, Wagner-Jaureggs Klinik war die Hochburg der Psychiatrie in Wien; Helene Deutsch hatte sieben Jahre lang, seit 1912, dort gearbeitet.

Frauen hatten zu jener Zeit zwar schon Stellungen inne, die theoretische Arbeit forderten, aber klinische Positionen konnten sie noch nicht bekleiden. Mit dem Ausbruch des Ersten Weltkrieges wurden die männlichen Psychiater zum Militärdienst eingezogen. Unter diesen außergewöhnlichen Kriegsumständen nahm Helene Deutsch die Stelle des Oberarztes der Frauenabteilung ein. Oberarzt der Männerabteilung war Otto Pötzl. (Später wurde er Professor der Psychiatrie in Prag und kehrte schließlich als Nachfolger von Wagner-Jauregg nach Wien zurück.) Als Frau konnte Helene Deutsch nicht formell zum Oberarzt ernannt werden, doch als sie später die Klinik verließ, gab Wagner-Jauregg ihr ein schriftliches Zeugnis, in dem es hieß, sie habe die Pflichten dieser Position ausgeübt[14]. Während des Krieges oblag ihr die Verantwortung, Diagnosen zu stellen, die darüber entschieden, ob ein Patient in eine Heilanstalt überwiesen wurde oder nicht. Neben diesen klinischen Aufgaben hatte sie auch wissenschaftlich gearbeitet und unter anderem eine Arbeit über die ursächlichen Wirkungen von Gas bei Hirnschädigungen veröffentlicht.

Als eine potentielle Schülerin war Helene Deutsch für Freud vor allem wegen ihrer Herkunft aus Wagner-Jaureggs Klinik interessant. Wie es früher auch im Falle von Tausk gewesen war, fühlte Freud sich durch jeden Außenstehenden, der zu ihm kam, außerordentlich geschmeichelt. Doch als Helene Deutsch ihre Analyse begonnen hatte, wurde ihr bald klar, daß sie die Klinik verlassen müsse. Freud sah in der offiziellen Psychiatrie seinen Feind. In der Tat hatte die Außenwelt fast nur mit Feindseligkeit auf Freuds Ideen reagiert, so daß er sich von ihr abgewandt und in seine kleine Gruppe zurückgezogen hatte. Unvermeidlich empfand er Aggressionen gegen jeden, der andere Bindungen nicht gelöst hatte. Wohl hatte Freud den Wunsch, daß seine Lehren in die klinische Psychiatrie eingingen, aber zugleich meinte er, niemand könne zwei Herren gleichzeitig dienen. Er war über die abweisende Haltung der klinischen Psychiatrie gegenüber seinen Lehren verärgert und hielt sich von der Psychiatrie fern; doch gab er nicht die feste Absicht auf, die offizielle Meinung zu verändern.

Helene Deutsch spürte, daß Freud eine Entweder-Oder-Haltung gegen sie einnahm. Wir kennen Berichte von anderen Schülern Freuds, die sich zur Trennung von der Psychoanalyse gezwungen sahen, wenn sie auch an anderen Gebieten Interesse hatten.[15] Im Falle von Helene Deutsch gab es allerdings noch einen anderen Grund, der sie zum Verlassen der Klinik drängte. Ein guter Freund von ihr, Dr. Paul Schilder, war aus dem Krieg zurückgekommen, und sie wußte, daß Wagner-Jauregg ihn ihr vorzog. Als Mann konnte Schilder einer akademischen Karriere entgegensehen; er ist schließlich auch wirklich Professor in Wien geworden. Daher verließ sie um Schilders ebenso wie um ihrer eigenen Ambitionen willen die Klinik, als sie Freuds Schülerin wurde. Ihre nächste Arbeitsstelle fand sie an der neurologischen Klinik von Karplus. Neurologie, ein Gebiet, das mit Psychoanalyse nichts zu tun hatte, war weniger bedrohlich für Freud. Zudem war es seinen früheren Interessen näher, denn es war ja sein eigenes Arbeitsgebiet gewesen, ehe er die Psychoanalyse begründet hatte.

Helene Deutsch hatte nicht nur beruflichen Erfolg gehabt, auch ihr privates Leben war glücklich gewesen. 1911 hatte sie – damals Helene Rosenbach – den Internisten Felix Deutsch kennengelernt und ihn im folgenden Jahr, unmittelbar nach ihrem Examen, geheiratet. Ende 1917 bekam sie einen Sohn. Als sie zu Freud in Analyse ging, war Felix Deutsch Dozent; Freud sah in beiden wertvolle Mitarbeiter. Bei seinen Bemühungen, sie für sich zu gewinnen, sicherte er unter anderem ihren materiellen Unterhalt, indem er Felix eine Stelle verschaffte. Felix Deutsch wurde später zu einem der Begründer der psychosomatischen Medizin.

Felix und Helene Deutsch kannten Tausk seit 1911. Joseph Reinhold, einer der Trauzeugen bei der Hochzeit der Deutschs und derselbe Freund, der Helene ein Exemplar der *Traumdeutung* nach München geschickt hatte, hatte sie auch mit seinem engen Freund Victor Tausk bekannt gemacht. Reinhold hatte ebenso wie Tausk den Beruf gewechselt, um in den Kreis um Freud einzutreten; er hatte die Philosophie für die Psychoanalyse aufgegeben. Nach einer gewissen Zeit empfand er jedoch die Wiener Psychoanalytische Vereinigung als zu eng und entfloh ihr. (Selbsterhaltung kann auf bestimmte Dimensionen beschränkt sein: später erkannte Reinhold die Gefahr durch die Nazis erst, als es schon zu spät für ihn war.) Doch in den Jahren vor dem Ersten Weltkrieg war Reinhold von den Ideen Freuds ebenso mitgerissen wie Tausk. Tausk, Helene Deutsch, Frankl-Hochwart und Reinhold hatten viele Stunden zusammen verbracht, um über berufliche Probleme zu diskutieren. Tausk kehrte dabei gelegentlich einen Zug von Antifeminismus hervor (der möglicherweise aus seiner Erfahrung mit Martha herrührte), so wenn er zum Beispiel sarkastisch kommentierte, wie Helene auf Kosten ihrer Rolle als Ehefrau Karriere machte. Daß Tausk zu Beginn des Jahres 1919 zu ihr in Analyse ging, bedeutete für beide eine ganz neue Verteilung der Rollen.

Im Frühjahr 1915 hatte Tausks jüngste Schwester, Nada, die in Wien eine Schule besuchte, einige Schwierigkeiten mit ihrem Verlobten. Tausk, der seiner Schwester sehr zugetan war, schickte sie zu Helene Deutsch in Behandlung. Helene Deutsch empfahl, Nada solle mit dem jungen Mann brechen, da sie ihn nicht wirklich liebe. Aber Nada war zu einem solchen Schritt noch nicht bereit und brach statt dessen die Behandlung – bei der es sich keineswegs um eine kunstgerechte Psychoanalyse gehandelt hatte – nach wenigen Sitzungen ab. Mehr als fünfzig Jahre später erinnerte sich Nada mit einigem Unmut daran, wie unvermittelt Helene Deutsch damals begonnen hatte, in der Tiefe zu graben – ein Impuls, der für viele Schüler Freuds charakteristisch war.

Im Januar 1919 empfahl Freud diese fähige Ärztin Tausk als Analytikerin. Freud mußte Helene Deutsch, wenn er ihr Tausk als Patienten schickte, sowohl etwas über den Fall als auch über seine Gründe mitteilen, warum er Tausk nicht selber analysieren wollte. Er sagte ihr, daß er sich in Tausks Gegenwart gehemmt fühle. Wie Lou schon früher beschrieben hatte, fühlte sich Freud im Beisein von Tausk in der Tat unruhig und unbehaglich, und diese Art von

Unlust konnte er nicht gut ertragen. Anders als später in seinem hohen Alter, als seine Tochter Anna auf den Sitzungen der Vereinigung seine fertigen Vorträge einfach verlas, diskutierte er zu dieser früheren Zeit in der Vereinigung auch Ideen, die sich noch in einem unfertigen, unabgeschlossenen Zustand befanden.

Freud offenbarte Helene Deutsch, daß Tausk einen »unheimlichen« Eindruck auf ihn machte, wenn er auf Sitzungen der Vereinigung anwesend war, wo er eine Idee Freuds aufnehmen und sie schneller entfalten konnte, als Freud selbst es vermochte.[16] Lou hatte bemerkt, wie sehr es Freud zuwiderlief, in »verfrühte Auseinandersetzungen« gezwungen zu werden. Die Spannungen zwischen den beiden Männern auf den Sitzungen der Vereinigung hätten sich nur verstärken können, wenn Freud Tausks Analytiker geworden wäre.

Freud klagte Helene Deutsch gegenüber, Tausk nehme nicht bloß Ideen auf, er glaube auch, sie gehörten ihm allein. Ein Kampf mit Tausk über Prioritäten, darüber, wer ein bestimmtes Konzept zuerst entwickelt hatte, war Freud in höchstem Grade unangenehm. Die Situation war im Grunde noch genauso, wie Lou sie früher beschrieben hatte; allerdings hatte sie sich noch weiter kompliziert, weil Tausk während des Krieges seine besten Arbeiten geschrieben hatte und deshalb nun mehr Anerkennung von Freud erwartete. Tausk in Analyse zu haben – das hätte, wie Freud später einem anderen Schüler erklärte, bedeutet, daß er niemals mehr eine Zeile hätte veröffentlichen können, ohne daß Tausk geglaubt hätte, Freud habe sie gestohlen.[17] Tausk war der einzige in der Gruppe, dessen Intelligenz ihn zu einem solchen Rivalen für Freud machte.

Das ganze Plagiats-Problem betrifft jeden, der etwas schreibt. Kann man jemals glauben, man habe alle seine intellektuellen Schulden anerkannt? Versäumen Schüler nicht zuweilen, die konzeptuelle Führung ihrer Lehrer anzuerkennen? Jedermann hat latente oder vorgeprägte Vorstellungen. Freud mochte sich zitiert finden, aber – an den falschen Stellen. Er hatte noch Entdeckungen zu machen, und er hätte seine Ergebnisse in so zwingender Weise entwickeln können, daß Tausk glauben konnte, er habe die Lösung schon vorher im Kopf gehabt. Tausk konnte dann Freuds Konzepte mit seinem eigenen klinischen Material verbinden, ohne kenntlich zu machen, was von ihm selbst und was von Freud stammte.

Auch Dichter und Romanschriftsteller haben sich damit auseinanderzusetzen. Hemingway zum Beispiel hat gesagt: »Immer hatte ich mit diesem Problem zu tun – daß andere mir meine Stoffe klauten.«[18] In der Wissenschaft ist es von größter Bedeutung, wer zuerst eine Entdeckung macht. Die Frage der Originalität und somit die von Prioritäten ist jeder wissenschaftlichen Gruppe sozusagen angeboren. Wer hat die natürliche Auslese als das Prinzip der Evolution entdeckt – Darwin oder Wallace?

Was noch schlimmer ist, die Wege, die das Plagiieren am ehesten durchläuft, führen nicht durch das Bewußtsein. Die Ursprünge von Ideen lassen sich sehr leicht mißdeuten, ohne daß man im mindesten bewußt unredlich zu sein braucht. Unsere intellektuellen Verpflichtungen vergessen wir – im buchstäblichen Sinne – nur allzugern. Die Tiefenpsychologie ist überdies ein Gebiet, auf dem man sehr wenig objektiv beweisen kann. Neuerungen gehen vor allem auf unsere Auffassung von seelischen Prozessen zurück. In den Naturwissenschaften beziehen sich die Auseinandersetzungen über Prioritäten zumindest auf leichter objektivierbare Sachverhalte.

Freud liebte es, jahrelang mit seinen Ideen zu spielen, ehe er sie veröffentlichte. Häufig verwies er darauf, daß er die Veröffentlichung eines Buches, eines Essays oder auch einer einzelnen Idee zurückgehalten habe. Nachdem sich die ersten Schüler um ihn gesammelt hatten, beklagte er, daß er jetzt zu schnell publizieren müsse[19]. In den Jahren der Isolierung konnte er mit seinen Ideen schwanger gehen, ohne von außen gestört zu werden (in seinen Briefen verwendet Freud des öfteren Bilder der Befruchtung). Freuds Kreativität entwickelte sich in der Einsamkeit, aber wenn die Zeit für die Kommunikation reif war, brauchte er Schüler. Hatten seine Ideen jedoch noch keine feste Form angenommen, dann fürchtete er, Tausk würde sie aufnehmen und weiterentwickeln, bevor sie sich in seinem eigenen Kopf stabilisiert hatten. Schöpferische Tätigkeit war für Freud ein Verdauungsprozeß, während es sich bei Tausks Produktivität immer um einen explosiven Vorgang handeln mußte. Freuds Ängste in bezug auf Tausk hatten durchaus auch realen Charakter; denn oft hatte er eine deutliche innere Vorstellung von einer Idee, lange bevor er fähig war, sie präzise zu formulieren.

Tausks Gegenwart behinderte Freuds Arbeitsweise. Seine Prioritätsansprüche im Hinblick auf seine Ideen waren nicht zuletzt durch einen Zwang bedingt: es gab Schüler, die ihn plagiierten. Tausk spiegelte nicht nur zurück, was Freud in der Vereinigung an Neuem vorbrachte. In dieser Rolle war Lou perfekt gewesen. Tausk hingegen war in der Lage, sich Freuds Ideen einzuverleiben und selbständig fortzuentwickeln. Und Freud argwöhnte stets, am Ende würde Tausk glauben, alle seine Gedanken wären ausschließlich sein Eigentum. Angesichts von Tausks Verlangen nach Anerkennung, seinem Wunsch, der geliebte Sohn zu sein – nicht zu sprechen von seiner Bedürftigkeit für therapeutische Hilfe –, wollte Freud daher nichts als freie Luft atmen: er wollte nicht jemanden in Analyse haben, der mit ihm argumentierte und stritt. Helene Deutsch, die gerade angefangen hatte, zu lernen, stellte keine derartige Bedrohung dar.

Freud wies Tausk also zurück. Über seine Gründe sprach er so offen, wie es ihm möglich war; er schickte Tausk zu Helene Deutsch, die selbst bei ihm in Analyse war. Für Helene Deutsch war die Überweisung schmeichelhaft, für Tausk eine fürchterliche Kränkung. Sie hatte zwar Erfahrung auf dem Gebiet der Psychiatrie, aber als Analytikerin war sie noch ohne Namen. Sie wußte ebenso wie Tausk, daß er bereits viel bedeutendere Arbeit geleistet hatte. Er gehörte zur ersten Analytikergeneration, aus der sich nur wenige hatten analysieren lassen. Daß Freud ihn zu Helene Deutsch schickte, ließ die Zurückweisung Tausks noch drastischer erscheinen, zumal er gleichzeitig andere Wiener Psychiater als Patienten annahm.[20]
Im Rückblick mutet Freuds Vorschlag, Tausk solle bei Helene Deutsch in Analyse gehen, zweifellos seltsam an. Nun hätte Tausk die Kränkung nicht hinnehmen müssen. Warum ging er zu ihr? Tausks innere Schwierigkeiten hatten einen Punkt erreicht, an dem sie sein Leben zerstörten. Lou hatte vorhergesagt, daß er unfähig sei, wirklich unabhängig zu sein. Tausk selber erkannte Elemente dieses Unvermögens in seinen Beziehungen zu Frauen. Wie er nicht von Freud unabhängig sein konnte, so konnte er auch nicht die Abhängigkeit anderer von sich ertragen. Seiner Frau hatte er einmal geschrieben, daß er nur »freie« Menschen lieben könne, daß die, die abhängig von ihm seien, ihn abhängig machten – und dafür räche er sich. Nur wenn er eine gewisse Distanz in persönlichen Beziehungen einhielt, konnte er seinen Sadismus beherrschen und ohne Angst vor der Destruktivität seiner Liebe sein. Freuds Unabhängigkeit muß daher – ebenso wie die von Lou – eine besondere Anziehung auf ihn ausgeübt haben. Freud hatte eine Zeitlang Tausk nur teilweise zurückgewiesen; für Tausk war das genau das Verhältnis von Unterstützung und Distanz gewesen, bei dem er sich wohl fühlen konnte.

Er schluckte daher die Beleidigung und ging zu Helene Deutsch. Da sie selber bei Freud in Analyse war, konnte sie eine Brücke von ihm zu Freud darstellen. Sechs Tage in der Woche lag er auf ihrer Couch und wußte, daß sie genausooft bei Freud auf der Couch lag. So konnte er in gewisser Weise sich doch durch Freud analysiert fühlen. Gleichzeitig baute Tausk wieder eine Dreiecksbeziehung mit Freud und einer Frau auf. Das Arrangement war fast dasselbe wie das mit Lou; eine attraktive Frau fungierte als Verbindungsglied zwischen den beiden Männern. Tausk wußte, daß eine Frau Freud weit weniger bedrohlich erschien und er seinen Fall durch sie vortragen konnte. Für Freud konnte Helene Deutsch, ebenso wie Lou es gewesen war, eine Informationsquelle über Tausk sein.

Tausks Analyse dauerte drei Monate, von Januar bis März 1919. Selbst für jene Zeit war die Analyse ungewöhnlich kurz. Im Idealfall einer analytischen Behandlung sollte der Patient auf der Couch frei assoziieren, das heißt alle seine Gedanken und Vorstellungen ausdrücken. »Der Arzt soll undurchsichtig für den Analysierten sein und wie eine Spiegelplatte nichts anderes zeigen, als was ihm gezeigt wird.«[21] Wenn Freud von seinen Schülern erwartete, daß sie seine Gedanken zurückspiegelten, so sprach er den Patienten dasselbe Privileg zu. Freud gab anderen, was er für sich selbst verlangte.

Der Analytiker soll den Patienten nicht mit irgendwelchen Fragen belasten, sondern nur die Probleme mit ihm erörtern, die er selber zur Sprache bringt. Dadurch, daß der Analytiker kühl, distanziert und neutral bleibt, wird es dem Patienten möglich, seine Phantasien über den Analytiker und seine Erwartungshaltungen ihm gegenüber zu entwickeln. Diese Phantasien und Erwartungshaltungen reflektieren Konflikte und Probleme aus der Vergangenheit des Patienten, deren Projektion auf den Analytiker die analytische »Übertragung« herstellt. Die

Aufgabe des Analytikers besteht nur darin, dem Patienten seine Übertragungsreaktionen deuten zu helfen, und ihn dadurch zu einem rationalen Verständnis seiner Schwierigkeiten zu führen, das ihn dann befähigt, gewisse in der Vergangenheit fixierte emotionale Reaktionen aufzulösen.

Die Übertragung vom Patienten auf den Arzt ist das entscheidende Medium der psychoanalytischen Therapie. Zwischen Tausk und Helene Deutsch hat sich eine solche Übertragung jedoch niemals hergestellt – zumindest dem Anschein nach. Tausk wußte nicht nur, daß Helene verheiratet und Mutter eines kleinen Kindes war, auch als Person kannte er sie recht gut, und zwar sehr viel besser, als er Freud kannte. Daher erwies es sich als unmöglich, daß sie als die neutrale leere Wand fungierte, auf die er die emotionalen Konflikte seiner Kindheit projizieren konnte. Statt eines Spiegels für Tausks Selbstverständnis stellte sie bloß einen realistischen Weg zu Freud dar.

Tausks Störungen waren in der Vergangenheit schon wiederholt sichtbar geworden. Er hatte depressive Phasen durchgemacht, in denen er voller Verzweiflung war; in einer solchen Phase ging er nachmittage- und abendelang von Kino zu Kino. Es fiel ihm dann schwer, zu arbeiten und zu lesen, allein zu bleiben oder mit Menschen zusammen zu sein. Doch er war mit diesem ungewöhnlichen Ausmaß innerer Zerrissenheit bisher immer fertig geworden und stets in der Lage gewesen, die schwierige Rolle eines Psychiaters auszufüllen – trotz der emotionalen Belastungen, die sie jeden Tag mit sich brachte.

Im Winter 1918/19 türmten sich neue Probleme auf; zu allem übrigen kamen noch die Sorgen um seinen Sohn Marius hinzu. Tausk war eigentlich immer in finanziellen Schwierigkeiten gewesen, und auch jetzt, kurz vor der Vollendung seines vierzigsten Lebensjahres, war sein Leben so ungesichert wie je. Von seiner adretten bürgerlichen Erscheinung her hätte niemand vermuten können, wie fesselnd und interessant, aber auch wie gestört er sein konnte. Körperlich wurde er ein wenig schlaff und begann rundlich zu wirken. Er hatte den Gang und das Aussehen eines Mannes mittleren Alters angenommen.

Wie es auch um seine inneren Konflikte, das wirtschaftliche Chaos oder sein gespanntes Verhältnis zu Freud stehen mochte, Tausk schien trotz allem dabei zu sein, sich wieder eine Praxis aufzubauen. Einem Brief vom 1. März 1919 an Freud zufolge behandelte er am Tag sieben Patienten, von denen sechs zahlten. Der analytischen Regel gemäß zahlte auch Tausk ein Honorar an Helene Deutsch. In ihren Augen litt Tausk unter nichts Ernsterem als einer Neurose, die sich zum Teil um Freud drehte. Tausk war zwar ihr erster Patient auf der Couch, aber wenn in seinen Problemen Elemente von Schizophrenie enthalten gewesen wären, hätte man von einer Ärztin mit ihrer ausgedehnten klinischen Erfahrung erwarten können, daß sie diese Elemente erkannt hätte. Schizophrenie erscheint wie ein Fremdkörper – als ob der Patient etwas habe, womit der Therapeut sich nicht ganz identifizieren kann. Sicherlich kann man auch sagen, daß Schizophrenie bei einem so intelligenten Menschen wie Tausk außerordentlich schwer zu erkennen gewesen wäre.[22]

Vielleicht hat Helene Deutsch nicht genug gewußt, um Tausks Schwierigkeiten richtig diagnostizieren zu können. Freud hatte ihr zweifellos keine besonderen Hinweise gegeben. Möglicherweise war Tausk einer jener Menschen, die eine Rolle spielen, eine Fassade um sich herum aufbauen, die es ihnen erlaubt, über ihre psychischen Verhältnisse zu leben. Schizophrenie kann heimtückisch sein; vielleicht kämpfte Tausk in jener Zeit gegen einen psychotischen Zusammenbruch an. Jede Diagnose verfolgt praktische Absichten; sie läßt einen Schluß darauf zu, was der Patient zu erwarten hat. In den drei Monaten seiner

Analyse hatte Tausk keinerlei Anzeichen von Selbstmordgedanken gezeigt. Seine Beziehungen zu anderen Menschen waren niemals eingeschränkt oder verarmt. Er war ein anteilnehmender und temperamentvoller Mensch, heiter und gesellig, mit vielfältigen freundschaftlichen Beziehungen. Keiner, der ihn als lebhaften Mann voller Aktivität und Lebensfreude kannte, hätte vermutet, daß er eine Vergangenheit mit depressiven Phasen hinter sich hatte.

In den Analysestunden bei Helene Deutsch sprach Tausk fast ausschließlich über Freud. Alle seine Schwierigkeiten, aus welchen Tiefen der Vergangenheit sie auch herrühren mochten, waren jetzt um Freud zentriert. Tausk hatte keine Wut gegen Freud; er war nur verletzt und gekränkt durch die Haltung, die Freud ihm gegenüber einnahm; denn er glaubte, daß das Problem zwischen ihnen seinen Grund in Freuds Schwierigkeiten habe. Tausk war überzeugt, daß er bestimmte Einsichten früher als Freud gewonnen hatte und Freud das nicht anerkenne. Zwar warf er Freud nicht direkt vor, er übernehme Gedanken von ihm, meinte aber doch, daß Freud von seiner Vorarbeit abhängig sei. Zweifelsohne war Tausk imstande, eigene Konzepte zu entwickeln, die in der Tat mit denen übereinstimmen konnten, zu denen Freud selbst schließlich gelangte. Was den Bezugsrahmen psychoanalytischen Denkens anging, fühlte er sich Freud verpflichtet; im übrigen aber sah er seine Arbeit als unabhängig von Freud an.

Manche großen Männer halten nichts für wahr, ehe sie es nicht selbst gedacht haben. So auch Freud, der originelle Einsichten anderer keineswegs gerne übernahm, weil er — das gehörte zu seiner »Neuerschaffung« der Welt — selbst alles neu durchdenken mußte. Jede neue Stufe in seiner Arbeit mußte er durch die kontinuierliche Weiterentwicklung bereits einverleibter Konzepte auf seinem eigenen Wege erreichen. Einsichten anderer konnte er nicht in ihrer ursprünglichen Form akzeptieren, sondern mußte sie zunächst in seine eigene Denkweise übertragen.

Jones deutet diesen Zug Freuds richtig als »eine Verteidigung gegen die Gefahr der zu leichten Beeinflussung durch andere«.

»Im Grunde hatte Freud einen plastischen und beweglichen Geist, der sich den freiesten Spekulationen hingeben konnte und neuen, ja auch unwahrscheinlichen Ideen offenstand. Aber er funktionierte auf diese Weise nur dann, wenn die Ideen von ihm selber kamen; gegenüber denen von außen konnte er starken Widerstand leisten, und sie vermochten kaum, ihn zu einer Änderung seiner Meinung zu bringen.«[23]

»Fremde« Meinungen mußte Freud so lange überarbeiten und weiterentwickeln, bis sie sich in sein eigenes Gedankengebäude einfügen ließen. Wie er selbst einmal schrieb: »Ich habe es nicht leicht, mich in fremde Gedankengänge einzufühlen, muß in der Regel warten, bis ich den Anschluß an sie auf meinen eigenen verschlungenen Wegen gefunden habe.«[24] Konnte sich Freud aber nach dem Umweg über diese verwickelten Pfade noch erinnern, an welchem Punkt er aufgebrochen war? Seine Art zu denken mußte Tausk kränken, denn sie ließ es niemals zu, daß Tausk Anerkennung für einen eigenen Gedanken fand.

Freuds Neigung, seine Quellen zu vergessen, entsprach seiner Unfähigkeit, etwas anderes als seine eigenen Ansichten zu verstehen. Er selber sagte einmal, daß es ihm niemals leichtfalle, einem neuen Gedankengang zu folgen, der nicht irgendwie auf seinem (Freuds) eigenen Weg liege oder zu dem sein eigener Weg ihn noch nicht geführt habe.[25] Wenn Freud jedoch schließlich eine fremde Idee durch mühsame Arbeit an ihr für sich genießbar gemacht hatte, dann hatte jemand wie Tausk durchaus Grund zu der Annahme, eine seiner zunächst »unfaßbaren« Auffassungen sei stillschweigend in den Besitz Freuds übergegangen.

Während Freuds Widerstand gegen die Ansichten anderer so weit ging, daß er sie nur dann zu verstehen vermochte, wenn er glauben konnte, er habe sie selber entwickelt, war er, wie wir gesehen haben, ebenso ängstlich besorgt, andere könnten seine Gedanken als die ihrigen beanspruchen. Überflüssig zu bemerken, daß es in der überhitzten Atmosphäre dieses Kreises oft sehr schwierig war zu sagen, wer welchen Gedanken zuerst gehabt hatte. Vielleicht hat Freud einen Gedanken manchmal nur bei sich erwogen, aber, wenn er ihn plötzlich gedruckt sah, dennoch geglaubt, er sei ihm gestohlen worden. Es ist gut möglich, daß er im Hinblick auf die Beiträge Tausks, von denen er glaubte, sie stammten ursprünglich von ihm selbst, Gedächtnistäuschungen erlegen ist.[26]

Freuds Pochen auf Prioritäten hemmte Tausks Arbeit. Tausk hat in seinen Schriften Freud überaus sorgfältig zitiert und auch persönliche Mitteilungen von Freud in Fußnoten peinlich genau vermerkt. Doch die ganze Prioritätsfrage belastete seine Arbeit. Ein Beispiel dafür: in einer Arbeit, die in der Vereinigung diskutiert worden war, schwächte Tausk die Argumentation dadurch ab, daß er sich sofort ganz auf die Erörterung einiger mündlicher Bemerkungen Freuds stürzte.[27]

Das Problem des Plagiierens spielte in fast jeder Phase von Freuds Leben eine Rolle. Da er sich Weltruhm als Ziel gesteckt hatte, mußte er ständig in Sorge sein, daß niemand ihm eine Entdeckung wegschnappte, die er gemacht hatte. In den achtziger Jahren des vorigen Jahrhunderts, noch ehe er auf dem Gebiet der Psychologie zu arbeiten begonnen hatte, war er knapp an der Entdeckung des Kokains als eines Mittels zur Lokalanästhesie in der Augenchirurgie vorbeigegangen. Freud war der Meinung, er habe eine große Gelegenheit versäumt. Er hatte Martha in Berlin besuchen wollen und eine Untersuchung über das Kokain deshalb eilig abgeschlossen; in seiner Abwesenheit gelang einem anderen Wiener Arzt die große Entdeckung. Viele Jahre später schrieb Freud: »daß es die Schuld meiner Braut war, wenn ich nicht schon in jenen jungen Jahren berühmt geworden bin ... aber ich habe (ihr) die damalige Störung nicht nachgetragen«[28]. Wie Tausk empfand Freud, daß seine Fähigkeiten ihren Preis kosteten, daß sein Genie große Opfer verlangte. Und wie später in seinem Konflikt mit Tausk, war Freud zuweilen überzeugt, daß die Einsicht eines anderen von ihm selbst stammte. So hat er 1909 einem Patienten erklärt, in Wirklichkeit habe er die Kokain-Entdeckung gemacht und ihm gebühre die Ehre.[29]

Im Jahre 1904 befand sich Freud in einem Streit über Prioritäten, der weiteres Licht auf seine spätere Kontroverse mit Tausk wirft. Freud war in den neunziger Jahren sehr eng mit Wilhelm Fliess befreundet gewesen; nachdem ihre Freundschaft sich abgekühlt hatte, sprach Freud mit einem Patienten über eine von Fliessens Lieblingsideen, nämlich die Rolle der Bisexualität beim Menschen. Der Patient, Hermann Swoboda, teilte diesen Gedanken seinem Freund Otto Weininger mit; und »Weininger schlug sich«, wie Freud es ausdrückte, »darauf auf die Stirne und lief nach Hause, sein Buch niederzuschreiben«[30]. Weiningers Buch wurde ein großer Erfolg, und Fliess verlangte von Freud zu wissen, wie dieser »Raub« vonstatten gegangen war.

Freud versuchte, der Frage auszuweichen, indem er auf andere Autoren hinwies, die das Vorhandensein weiblicher Elemente im Manne und männlicher Strömungen in der Frau hervorgehoben hatten. Der Begriff der Bisexualität sei mindestens so alt wie Plato. Doch wie Fliess Freud in Erinnerung rufen konnte, hatte Freud bei der Weitergabe der Fliess'schen Idee nicht nur eine größere Rolle gespielt, als er eingestehen wollte, sondern auch eine frühe Diskussion mit Fliess über Bisexualität vergessen. In der Erklärung seines Verhaltens gab Freud zu, daß er versucht gewesen sei, Fliess die »Originalität zu entwenden«, um dann fortzufahren, »auch lassen sich Ideen nicht patentieren. Man kann sie zurückhalten und tut sehr gut daran, wenn man auf seine Priorität Wert legt«[31].

Wir wissen nicht, ob Tausk etwas von diesen beiden Episoden um das Kokain und die Bisexualität gewußt hat, aber nicht lange vor seinem Eintritt in die Wiener Psychoanalytische Vereinigung war dort – im Jahre 1908 – über ein Buch von Albert Moll[32] mit dem Titel *Das Sexualleben des Kindes* diskutiert worden. Moll war schon lange an Fragen der Sexualität interessiert; mehr als ein Jahrzehnt zuvor hatte er ein Buch über *Die conträre Sexualempfindung* veröffentlicht. Jedermann in Freuds Gruppe sah in Moll einen Rivalen, der Freuds im Jahre 1905 erschienene *Drei Abhandlungen zur Sexualtheorie* nicht genügend anerkannte. Andere erhoben ähnliche Vorwürfe, und Freud selbst verdammte Moll den Protokollen der Vereinigung zufolge mit den Worten: Molls Untersuchung sei ein unzulängliches, inferiores und vor allem unehrliches Buch ... Die infantile Sexualität sei in Wirklichkeit von Freud entdeckt worden; vorher habe es in der Literatur keinen Hinweis auf sie gegeben ... Moll habe über die Bedeutung der infantilen Sexualität in den *Drei Abhandlungen* gelesen und danach sein Buch geschrieben. Aus diesem Grunde sei das ganze Buch Molls von dem Wunsch durchdrungen, den Einfluß Freuds zu leugnen ... Er sei ein unbedeutendes, boshaftes, engstirniges Individuum. Freud schloß mit den Worten, es sei ein »großes Unglück, wenn ein Mann wie Moll, dem eigene Ideen fehlen, dennoch einmal eine Idee hat«[33].

Jeder, der Freuds Arbeit nahe kam, lief Gefahr, seinen Zorn auf sich zu laden. Ebensooft jedoch fand Freud seinen eigenen verwandte Ideen, wie diejenigen Tausks, einfach unverständlich. Pierre Janet, ein französischer Neurologe,

hatte im späten neunzehnten Jahrhundert über die psychologische Bedeutung von Symptomen gearbeitet. In den *Vorlesungen zur Einführung in die Psychoanalyse*, die 1917 im Druck erschienen, ließ er Janet volle Anerkennung zukommen, indem er sagte, Janet gebühre »die literarische Priorität«. Janet hatte allerdings einen anderen Weg eingeschlagen als er, und Freud fuhr daher fort: »Seither verstehe ich Janets Ausführungen nicht mehr.«[34] Um 1920 hat Janet öffentlich erklärt, daß Freud seine Ideen plagiiert und nur die Terminologie geändert habe. Freud war natürlich verärgert über »die von französischen Autoren verbreitete Verleumdung, ich hätte Janets Vorlesungen gehört und seine Ideen gestohlen«[35].
Obwohl Freud zur Zeit des Ersten Weltkrieges durchaus noch in Konkurrenzkämpfe mit Zeitgenossen auf angrenzenden Gebieten wie auch mit bedeutenden Anhängern wie Tausk verwickelt war, hatte er andererseits schon lange begonnen, sich als eine Gestalt in der Reihe der geistigen Heroen zu betrachten. Durch den Nachweis, daß der Mensch von inneren unbewußten Kräften abhängig ist, stelle die Psychoanalyse eine empfindliche Kränkung der menschlichen Eigenliebe dar. Freud verglich sein Werk daher mit dem des Kopernikus (»obwohl schon die alexandrinische Wissenschaft ähnliches verkündet hatte«), in dem die Erde nicht mehr als Mittelpunkt des Weltalls angesehen wurde. Ferner habe Darwin die Eigenliebe der Menschheit verletzt, indem er ihre Abstammung aus dem Tierreich nachwies.[36] Überdies glaubte Freud, er habe in besonders großer Unabhängigkeit von Vorläufern gearbeitet. Einstein zum Beispiel »konnte sich auf eine lange Reihe großer Vorgänger von Newton an stützen, während ich mir jeden Pfad durch die verworrene Wildernis allein bahnen mußte«[37]. Im Scherz pflegte Freud zu sagen: »Ich habe die Psychoanalyse erfunden, weil sie keine Literatur hatte.«[38]

Freuds »Isolierung« war jedoch ohne Zweifel zum Teil selbstauferlegt und auch ein bißchen übertrieben. So schrieb er einmal, daß »ich bei dem Umfang meiner Lektüre in früheren Jahren doch nie sicher werden kann, ob meine angebliche Neuschöpfung nicht eine Leistung der Kryptomnesie war«[39] (d. h. von Erinnerungen, die ihren Erinnerungscharakter verloren haben). Um mit seiner Neigung, seine Quellen zu vergessen, fertig zu werden, vermied er einfach bestimmte Lektüre. Aus diesem Grunde hat Freud zum Beispiel das Werk Nietzsches bewußt ignoriert; denn als Psychologe des Unbewußten war Nietzsche ein Rivale, der nach Freuds eigenen Worten größere Selbsterkenntnis gewonnen hatte »als irgendein anderer Mensch, der je gelebt hat«[40].

Freud hat noch in anderer Weise seinem Hang, Vorläufer zu vergessen, vorgebeugt. Zuweilen gab er sich besondere Mühe, auf Vorgänger aufmerksam zu machen, wobei er gleichzeitig zu versichern pflegte, daß Prioritätsfragen ihm gleichgültig seien, er Vorläufer vielmehr gerne als Bestätigung seiner Theorie und als Pioniere der Psychoanalyse anerkenne. In einer Reihe seiner Abhandlungen und Bücher hat er zunächst jede bekannte Autorität, die sich zu seinem Thema geäußert hatte, die gesamte wissenschaftliche Literatur, zitiert, ehe er seine eigenen Argumente vortrug. Diese Expositionstechnik hat freilich zugleich seine eigenen Ansprüche auf Originalität abgesichert.

Wie Freud verlangte Tausk nach Anerkennung für die Originalität seiner Arbeit. Zudem wäre er selbst gern der Entdecker der Freudschen Ideen gewesen. Die Möglichkeit, sich selbst in der Position Freuds als Begründer der Psychoanalyse vorzustellen, war eine der großen Befriedigungen, die ein Schüler Freuds haben konnte. Doch bei der Art und Weise, in der Freud fremde Ideen seinem eigenen Gedankengebäude einverleibte, konnte Tausk niemals Anerkennung für etwas Neues finden.

Auf beide trifft letztlich derselbe Vorwurf zu, wie überhaupt die Faszination der Auseinandersetzung zwischen Freud und Tausk zum Teil in der Ähnlichkeit ihrer Charaktere begründet ist. Jeder war überzeugt, der andere übernehme Ideen ohne die gebührende Anerkennung; und jeder hatte gute Gründe für diese Annahme. Für Freud stellte es sich so dar, daß alles, was seine Schüler dachten, im Grund ihm gehörte, während Tausk glaubte, daß, ganz gleich, wie weit er auch in Neuland vorstieß, Freud solchen Leistungen am Ende doch seinen eigenen Stempel aufprägen würde. Jeder war in Gegenwart des anderen gehemmt, jeder hielt sich für einzigartig und genial, jeder fürchtete, vom anderen zerstört zu werden. Tausk war indes derjenige, der Behandlung suchte. Helene Deutsch, die von beiden Seiten Beschwerden und Anklagen gehört hatte, glaubte, den Empfindungen beider läge ein realer Kern zugrunde. Die Initiative im Kampf zwischen diesen beiden Männern sah sie jedoch bei Freud.

4. Mehr als ein Geduldspiel

Während Tausk bei ihr in Behandlung war, hat Helene Deutsch ihre eigene Analyse bei Freud natürlich fortgesetzt. Im Gegensatz zu Tausk ließ sie sich allerdings eher aus Gründen der Ausbildung als aus solchen der Therapie analysieren. Aber auch sie zahlte ein Honorar, ungefähr 40 Mark für eine Stunde, was ein großes Opfer für sie bedeutete. Im Rückblick hatte sie den Eindruck, daß Freud an ihr als Patientin nicht sonderlich interessiert gewesen sei. Zweimal hatte er seine Zigarre auf den Boden fallen lassen; offenbar war er gelangweilt und eingedöst gewesen und erst wieder aufgewacht, als ihm die Zigarre aus dem Mund fiel. Sie hatten jedoch eine so positive Beziehung zueinander, daß sie jedesmal nur Scherze über den Vorfall machten.

Helene Deutsch war damals eine vielversprechende junge Fachärztin für Psychiatrie und eine der sehr wenigen Frauen in Freuds Vereinigung. Wie wir bei Lou gesehen haben, hatte Freud eine Vorliebe für die auf Männer häufig sehr anziehend wirkenden Frauen des narzißtischen Typs; die kastanienbraune Schönheit Helene Deutsch nahm auch in dieser Hinsicht die Stelle Lous ein. Freud machte große Anstrengungen, um Helenes Gunst zu gewinnen. In seinem Verhalten spürte sie ein aktiv forderndes Element, auf das sie mit der ganzen Ergebenheit einer ihren Lehrer verehrenden Schülerin antwortete. Ihre emotionale Übertragung auf ihn war ungewöhnlich stark, und wie andere Patienten war sie zeitweise überzeugt, ihr Analytiker sei in sie verliebt. Sie erinnerte sich, wie sie nach einer Analysestunde einmal vor einem Schaufenster stand und sich in Gedanken versunken fragte: »Was wird die arme Frau Professor nun tun?«

Lebensmittel waren in jener unruhigen Zeit knapp. Helene brachte daher, als Freuds Frau krank wurde, täglich Ziegenmilch mit, die sie auf dem Wege zu ihrer Analysestunde der Frau Professor vor die Tür stellte. (Die Milch stammte von zwei Ziegen Helenes, die nach wie vor im Garten der Klinik von Wagner-Jauregg grasen durften.)

Freud hat mit seinen Patienten sehr viel freier gesprochen, als heutige Analytiker das tun. Manchmal soll er geradezu geschwätzig gewesen sein.[1] Da ihm seine Prostata oft Schwierigkeiten bereitete, mußte er eine Sitzung viele Male unterbrechen, um zur Toilette zu gehen. Bei Helene konzentrierte sich Freuds Deutung ganz auf ihre eindeutig ödipale Beziehung zu ihren Eltern, auf die Liebe zu ihrem Vater und die Feindseligkeit gegen ihre Mutter. Während ihrer Analyse las Helene eine Menge analytischer Literatur. Zu jener Zeit und bei Analysanden, die er mochte, bediente sich Freud nicht des Hokuspokus mancher späterer Psychoanalytiker, die ihre Patienten in eine infantile Situation versetzen und, indem sie ihrer intellektuellen Neugier absurde Beschränkungen auferlegen, magische Gefühle und Erwartungen bei ihnen mobilisieren.

Im Herbst 1919, als Helenes Analyse beinahe ein Jahr lang gedauert hatte, kündigte Freud ihr ziemlich unvermittelt an, daß ein früherer Patient nach Wien zurückkehre, der ihm sehr viel bedeute und unbedingt seiner Hilfe bedürfe. Freud hatte diesen Fall bereits als die Krankengeschichte des »Wolfsmannes« niedergeschrieben und wollte ihm jetzt die Analysestunde Helene Deutschs geben.[2] Freud hatte immer Patienten vorgezogen, mit deren Hilfe er neue Entdeckungen machen konnte; Helene Deutsch war seiner Ansicht nach nicht neurotisch und auf eine weitere Analyse nicht angewiesen.

Freud beendete Helenes Analyse mit der ausdrücklichen Anweisung, sie solle den Weg der Identifikation mit ihrem Vater nicht verlassen. (Sie war das jüngste und Lieblingskind ihres Vaters.) Nach Freuds Auffassung war ihr Verhältnis zu ihrem Vater von großem Vorteil für sie gewesen; deshalb ermutigte er sie gleichzeitig, ihm, einem Vaterersatz, auch in der Zukunft treu zu bleiben. Trotz ihrer Einwände gegen Freuds Entscheidung, wurde die Analyse, die im Oktober 1918 begonnen hatte, nach einem Jahr abgeschlossen. Doch gab es genügend Kompensationen für Helene: sie konnte jetzt mehr persönliche Kontakte mit Freud haben, und – eine Selbstverständlichkeit – er überwies ihr mehr Patienten.

Freuds analytische Methode zielte damals darauf, den eigentlichen Sinn der Probleme des Patienten zu entschlüsseln, dem Patienten einen Einblick in sein Unbewußtes zu vermitteln, um ihm dadurch die selbständige Lösung seiner Konflikte möglich zu machen. Was immer diese begrenzte Technik nicht zu heilen vermochte, sie bewahrte die Unabhängigkeit des Patienten. Und je größer Freuds Schülerzahl wurde, desto stärker wurde seine Bewegung.

In dem Jahr, in dem Freud Helene Deutsch in Analyse nahm, gewann er in ihr eine bedeutende Mitarbeiterin, die ihr Leben künftig ganz der Psychoanalyse widmete. Sie wurde sehr schnell zu einer der hervorragendsten Analytikerinnen der Bewegung. Als Wissenschaftlerin wie als Therapeutin entfaltete sie ihre besten Fähigkeiten. Neben zahlreichen Abhandlungen schrieb sie im Verlauf des Zweiten Weltkriegs – sie lebte in Amerika – ihre zweibändige *Psychologie der Frau,* die inzwischen viele Auflagen erlebt hat und in mehr als einem Dutzend Ländern erschienen ist. Ihre eigene Karriere scheint den Freudschen Theorien über Weiblichkeit, die sie in ihrem Werk entwickelt, zu widersprechen. Als eine auf dem Gebiet der Psychiatrie psychoanalytisch arbeitende Frau war sie alles andere als anklammernd und abhängig: sie war aktiv und unabhängig. Freud und seinen Theorien gegenüber, für deren Verbreitung sie so viel getan hat, blieb sie jedoch passiv und rezeptiv.

Freud hat bei der Erörterung der weiblichen Psychologie stets größte Zurückhaltung geübt. Weiblichkeit war für ihn, wie er schrieb, ein Rätsel, ein Geheimnis. Seine Schriften handeln fast ausschließlich über die männliche Psychologie; etwa bis zum Ersten Weltkrieg kamen nur »Patienten« vor, keine »Patientinnen«[3]. Doch trotz seiner Scheu und Zurückhaltung gegenüber Frauen, stand er den damals aufkommenden Forderungen nach Gleichberechtigung der Frau relativ aufgeschlossen gegenüber. So wendete er sich zum Beispiel in seiner Vereinigung gegen die Ansicht, Frauen sollten von der Mitgliedschaft prinzipiell ausgeschlossen sein. Insgeheim idealisierte Freud die Frauen; in seiner Psychologie findet sich kein Satz über eine Frau, die eine schlechte Mutter oder Tochter war. Andererseits deutet Freuds berühmteste Theorie über Frauen, nämlich die über den Penisneid, auf eine gewisse männliche Arroganz hin. Über Männer, die die Frauen um ihre reproduktiven Fähigkeiten beneiden, hat er niemals geschrieben. In Freuds Welt gibt es nur Frauen, die Männer sein möchten.

Freud glaubte, Frauen hätten ein »feineres Verständnis für unbewußte seelische Vorgänge«[4]. Manchmal kann man den Eindruck gewinnen, daß Freud ein Recht zur Klage über die »Niedrigkeit« der Frau für sich in Anspruch nahm. In verschiedenen Abhandlungen behauptet er, sie seien intellektuell minder begabt, unfähig zu sublimieren und hätten ein schwaches Über-Ich.[5] Er betrachtete die Frauen sogar als Gegner der Kultur, obwohl er selbst das Unbehagen über die von ihr geforderten Triebunterdrückungen teilte.[6] Abhängigkeit und Schwäche waren für ihn kein Problem, so daß er ohne weiteres auf die Frauen herabsehen konnte, die im Verlauf der Geschichte in eine passive Rolle gedrängt worden waren.

Doch solche Spekulationen über die Grundlagen von Freuds Einstellung zu Frauen sollten uns seiner Fähigkeit gegenüber, im Alltag gut mit ihnen auszukommen, nicht blind machen. In seiner inneren Abwertung der Weiblichkeit als solcher reflektieren sich die kulturellen Normen seiner Zeit; sein aufmerksames, gelegentlich verehrungsvolles Verhalten gegenüber einzelnen Frauen entsprach nicht nur den guten Sitten des neunzehnten Jahrhunderts, sondern war auch mit seiner inneren Einstellung durchaus vereinbar.

Freud wußte zweifellos, auf welche Weise er Helene Deutsch gewinnen konnte. Daß er ihr einen Patienten wie Tausk schickte, war sowohl ein Ausdruck seiner Hochschätzung ihrer Fähigkeiten als auch seines Wunsches, ihr zu schmeicheln. Die Ausbildung von Analytikern war damals noch kaum geregelt. Im Grunde genügte es, Freuds Gunst zu besitzen. Sowie Helene Deutsch ihre Analyse bei Freud begann, wurde sie auch aktives Mitglied der Wiener Vereinigung. Ein formales System der Supervision, in dem erfahrene Analytiker mit noch unerfahrenen zusammenarbeiten, ist erst später entwickelt worden. Damals war es üblich, Freud von Fall zu Fall um Rat zu fragen; im allgemeinen ermutigte er seine Schüler, sich auf ihr eigenes Urteil und ihre Kenntnis des Fallmaterials zu verlassen.[7]

Aus der Sicht der Gegenwart erscheint Freud in der Tat als ein sehr unfreudianischer Analytiker. Obwohl er aus

Gründen der Verbreitung seiner Lehre Analysen befürwortete, die sich jeglicher Suggestion und aller pädagogischen Ratschläge enthielten, hat er in seinen eigenen Analysen fast alles einmal probiert.

Er schrieb, daß die »Technik der Psychoanalyse im Laufe (ihrer) Entwicklung so bestimmt und so heikel geworden (ist) wie die irgendeiner anderen medizinischen Spezialität[8]«, und häufig verglich er eine Analyse mit einer chirurgischen Operation. Doch in der Praxis verhielt er sich im Hinblick auf Fragen der Technik keineswegs dogmatisch; er formulierte Richtlinien, an die künftige Analytiker sich nach seiner Erfahrung halten sollten. Vor allem anderen kam es ihm darauf an, daß seine Schüler die Fähigkeit des Verstehens entwickelten.

Freud konnte völlig unorthodox sein, und zwar in einer Weise, die seinen Nachfolgern in der Gegenwart kaum bewußt ist. Im großen und ganzen haben sie sich eher an die technischen Instruktionen seiner Schriften gehalten als an seine tatsächliche Praxis, die mitunter sehr willkürlich war. So war er beispielsweise kühn genug, trotz seiner offiziellen Empfehlungen, daß Analytiker keinen gesellschaftlichen Umgang mit ihren Patienten haben und die Patienten nicht über ihre Behandlung diskutieren sollten, Personen, die mit ihm im selben Haus lebten[9], und Ehepaare[10] zu analysieren. Gegen Ende der zwanziger Jahre hatte Freud fünf regelmäßige Patienten, von denen drei enge Verwandte waren (und einer ein Lieblingsschüler)[11]. In manchen Fällen hat er auch aktiv in das Leben eines Patienten eingegriffen, zum Beispiel, wenn er die Wahl eines bestimmten Ehepartners befürwortete. Gelegentlich hat er Patienten in Analyse Schriften von sich übersetzen lassen oder ihnen aufgegeben, Fallgeschichten zu lesen, die er veröffentlicht hatte. Das vielleicht außergewöhnlichste Beispiel dafür, daß Freud Sonderrechte für sich in Anspruch nahm, die er bei jedem anderen Analytiker wahrscheinlich scharf verurteilt hätte, war die Analyse seines jüngsten Kindes, seiner Tochter Anna, die in der letzten Phase des Ersten Weltkrieges begann. In Briefen sprach Freud sehr offen über diese Analyse, und für eine kleine Gruppe seines inneren Kreises wurde sie zu einem öffentlichen Geheimnis.[12] Freud hatte sicherlich gute Gründe dafür. Vergegenwärtigt man sich jedoch die Auseinandersetzungen späterer Jahre über die richtige psychoanalytische Technik, läßt einen die Selbstverständlichkeit, mit der Freud sein eigenes Kind analysierte, an dem Sinn von technischen Vorschriften und Ritualisierungen in der therapeutischen Praxis und Ausbildung zweifeln.

Selbst in jenen Tagen aber wurde es als eine ungewöhnliche Situation betrachtet, daß Freud Tausk zu Helene Deutsch schickte, als sie selbst noch in Analyse bei ihm war. Die von Freud genannten Gründe, aus denen er Tausk an sie verwiesen hatte, stellte sie niemals in Frage; sie nahm einfach an, Tausk würde zu keinem anderen gehen. Denn geringschätzig von seinen älteren Schülern zu sprechen war ein weiteres Mittel gewesen, das Freud benutzt hatte, um Helene zu gewinnen. Freud hat wiederholt Konflikte zwischen seinen Schülern hervorgerufen, wenn er einen auf Kosten eines anderen mit Lob bedachte. Aus Identifikation mit dem Meister sah auch Helene Deutsch auf jene Schüler herab, die zu Freud gekommen waren, als er praktisch keine Auswahl unter Bewerbern treffen konnte, und sie nahm an, auch Tausk, der den anderen so weit überlegen war, teilte die Einstellung Freuds.

Für sie war Tausk ein Patient, der Hilfe brauchte. Daß er von Freud kam, war völlig normal, da beinahe alle Patienten zuerst zu Freud gingen, der sie dann an andere Analytiker verwies. Freuds Vertrauen in Helene war so groß, daß er im selben Jahr noch ein Mitglied seiner Familie zu ihr schickte. Zu jener Zeit war ihr sicher nicht bewußt, daß Freud auf ihn eifersüchtig sein könne.

Aus welchen Motiven auch immer Freud Tausk zu Helene geschickt und aus welchen Motiven Tausk die Demütigung hingenommen hatte, das Arrangement erwies sich als nicht praktikabel. Helene lernte Tausks Ansicht über seinen Kampf mit Freud kennen. Von seiner starken Persönlichkeit beeindruckt, begann sie in ihrer eigenen Analyse bei Freud immer mehr über Tausk zu sprechen, so daß das Tausk-Problem ein störendes Element in Helenes Analyse bei Freud wurde. Ende März 1919 – Tausk war seit drei Monaten in Analyse – gebot Freud der inzestuös anmutenden Situation Einhalt.

Er erklärte Helene, Tausk gefährde ihre eigene Analyse und Tausk habe sie als seine Analytikerin nur mit der Absicht akzeptiert, durch sie mit Freud zu kommunizieren. Und Freud sah die Faszination, die Tausk auf Helene ausübte, als eine Bedrohung ihrer Analyse bei ihm an. Deshalb stellte er sie erneut vor eine Alternative, ebenso wie früher, als er von ihr erwartet hatte, sie solle die Klinik Wagner-Jaureggs verlassen. Freud konnte sich wie ein fordernder Liebhaber verhalten; er wollte sie ganz.

Er stellte sie vor die Wahl, die Analyse Tausks zu beenden oder ihre eigene Analyse bei Freud abzubrechen. Für Helene Deutsch war hier keine freie Entscheidung möglich, sie mußte es als eine Anweisung erleben. Mit ihren grenzenlos positiven Gefühlen für Freud informierte sie Tausk unverzüglich über Freuds Standpunkt. Tausks Behandlung wurde sofort abgebrochen. Ein derart plötzlicher Abschluß einer Analyse wurde damals noch nicht als so fragwürdig angesehen, wie es heute meist der Fall ist. Helene teilte Tausk die Meinung Freuds und ihre eigene Entscheidung mit – und sah Tausk als Patienten nicht wieder. Tausk hörte zu und nahm hin und hatte keinen Zweifel, von wem die Zurückweisung in Wirklichkeit ausgegangen war. Wenn Helene vielleicht auch zu verstehen gegeben haben mag, daß sie ihn wieder in Analyse nehmen könnte, wenn ihre eigene Analyse beendet sein würde – der Schlag von Freud wurde dadurch nicht milder; überdies wäre sie für Tausk wohl kaum noch als Analytikerin interessant gewesen, wenn sie nicht gleichzeitig selbst bei Freud in Analyse war.

Freud mag seinen Schritt, Tausk an Helene zu verweisen, als einen Kompromiß aufgefaßt haben. Nun, da er sich in seinen Augen als unpraktikabel erwiesen hatte, fühlte er sich berechtigt, seine Aufhebung zu verlangen. Das Verständnis der Übertragungsbeziehung zwischen Patient und Analytiker war damals weit weniger entwickelt als heute, was sich u. a. aus der Tatsache schließen läßt, daß Freud seine eigene Tochter analysierte. Heute wäre es jedermann von vornherein klar gewesen, daß die von Freud arrangierte Situation Tausks Präokkupation mit Freud, dem Analytiker seiner Analytikerin, nur verstärken konnte.

In Anbetracht der Vorgeschichte läßt sich dieses teuflische Arrangement noch in einem anderen Licht sehen. In einem gewissen Sinne hatte Freud, bewußt oder unbewußt, Tausk in ein Dreiecksverhältnis gedrängt, das dem mit Lou glich. Wiederum rivalisierten sie um eine Frau, die sie gleichzeitig als Brücke zwischen sich benutzten, aber diesmal war Freud in einer Position, in der er die Situation völlig beherrschen konnte. Durch Helene Deutsch hatte Freud seine Rache für Tausks Affäre mit Lou; er war jetzt der eindeutige Sieger. Doch bevor er ihn los wurde, wollte er alles über Tausk wissen. Der Befriedigung, Tausk auszuhorchen, konnte er nicht widerstehen, fühlte sich aber nur sicher, wenn er das aus einer gewissen Entfernung tun konnte.

Am 30. März 1919, kurz vor der Beendigung seiner Analyse, bat Tausk Freud in einem Brief, seinen ältesten Sohn Marius zu analysieren. Dieser Brief enthielt außerdem zwei Träume seines Sohnes, dem man, wie Tausk an Freud appellierte, helfen müßte, damit er nicht dasselbe

Schicksal wie sein Vater erleide. Die Gründe, schrieb Tausk weiter, die Freud bewogen hätten, ihn abzulehnen, könnten nicht auch für seinen Sohn gelten. Aber Freud überging diese Bitte um eine Ersatzanalyse; Tausk muß ihm lästiger gefallen sein denn je. Er war für Freud erledigt, gleichgültig, welche Schwierigkeiten diese Zurückweisung für ihn nach sich ziehen würde.

Überflüssig zu sagen, daß Freud neben Tausk andere Probleme im Kopf hatte. Im Januar 1919 hatte er einen neuen Verlag für psychoanalytische Schriften gegründet; seine Frau hatte sich eine schwere grippale Lungenentzündung zugezogen, und einer seiner einflußreichen Schüler in Ungarn war an Krebs erkrankt. Und schließlich traf die allgemeine wirtschaftliche Not Freud ebenso wie alle Wiener.

Doch seine Praxis hatte sich nach dem Krieg neu belebt. Im Januar 1919 behandelte er neun oder zehn Patienten am Tag. Am 16. Februar schrieb er an einen Schweizer Anhänger: »Unsere Gesamtlage ist ja recht elend und der einzelne bekommt sein Teil davon ab. Nur die Sache steht gut.«[13] Trotz aller Schwierigkeiten gelang es Freud in diesem Frühjahr, eine neue Abhandlung zu schreiben und eine alte umzuarbeiten: *Das Unheimliche.*

Diese Periode markiert einen Wendepunkt in der Geschichte der Psychoanalyse. Sie veränderte Freuds Leben ebenso wie jene Zeit, in der er aus seiner Isolierung herausgetreten war und seine Schule begründet hatte, unmittelbar bevor Tausk auftrat. Jetzt, auf dem Budapester Kongreß von 1918, wurde seinem Werk zum erstenmal von öffentlichen Würdenträgern in Mitteleuropa Ehre erwiesen.

Nach dem Ende des Krieges kamen Anhänger der Psychoanalyse aus dem Ausland, um sich in Wien ausbilden zu lassen. Hätte Tausk nur ein Jahr länger gelebt, dann wären seine finanziellen Probleme gelöst gewesen. Schon aus Freuds Korrespondenz geht das Ausmaß des Nachholbedarfs an psychoanalytischen Behandlungen hervor.

Der erste Ausländer kam im Herbst 1919 aus London. »Dann aber, vom Jahresende an, hatte seine Praxis einen Zulauf (von Ausländern), der nicht mehr abriß.«[14]
Freud war nun kein Gegenstand des Witzelns mehr; er war weltberühmt geworden.
Gleichzeitig mit diesem Erfolg seiner Sache hat Freud eine geheime Angst überwunden. Jones zufolge hatte »ihn das Thema des Todes – Todesfurcht und Todesangst – immer schon ... innerlich beschäftigt«[15]. Auf Grund eines zusammen mit Fliess ausgedachten numerologischen Unsinns, war er jahrelang fest überzeugt gewesen, er werde im Alter von einundsechzig oder zweiundsechzig Jahren, das heißt 1917 oder 1919, sterben. (Viele bedeutende Menschen haben sich vor einem frühen Tod gefürchtet.) Die Tatsache seines Weiterlebens bestärkte sein Gefühl der Unsterblichkeit. Mit Hilfe ausländischer Unterstützung hatte er nun die Mittel, Zeus zu sein. In Wirklichkeit aber konnte er nur noch mit einer begrenzten Anzahl von Jahren produktiver Arbeit rechnen.
Deshalb war Freud von nun an in Eile. In mehrfacher Hinsicht war ein Abschnitt seines Lebens beendet. Sein Verdruß über Leute, die seine Kreise störten, war groß. Tausk verlangte zuviel von ihm und war überdies zu leicht gekränkt. Seine Einstellung zu Freud war durch eine neurotische Abhängigkeit charakterisiert. Freud hielt es daher für besser, Tausk einfach loszuwerden, als Gefahr zu laufen – wie Freud es sah –, von ihm verschluckt zu werden. Jetzt, da aus der ganzen Welt neue Schüler zu ihm strömten, konnte er gut auf einen seiner frühen Anhänger wie Tausk verzichten.
Tausk versuchte jetzt, sein Privatleben zu ordnen. Die Unruhe der Kriegszeit hatte hier wenig Stetigkeit zugelassen. Nun hoffte er, wenn auch seine Beziehung zu Freud in einer Sackgasse geendet hatte, zumindest zusammen mit einer Frau ein gewisses Maß an Glück zu finden. Mit

Martha war inzwischen keine Versöhnung mehr möglich. Sie haßte die Psychoanalyse und lehnte seine Schriften ab; sie hatte sogar Gegenartikel geschrieben. Soweit wir wissen, hat er seine Schwierigkeiten mit Freud ihr gegenüber niemals erwähnt.

Kurz vor dem Ende des Krieges hatte Tausk in Belgrad mit einer schönen jungen serbischen Witwe, Kosa Lazarević, zusammengelebt. Er hatte sie zuerst auf der Straße im Gewahrsam zweier österreichischer Soldaten getroffen; offenbar war sie wegen Äußerungen gegen die österreichischen Besatzer denunziert worden. Tausk hatte sie auf serbisch angesprochen, woraufhin sie ihre Unschuld beteuerte. Als höherer Offizier schickte Tausk die Soldaten fort und übernahm die volle Verantwortung für Kosas Freilassung. Aus Dankbarkeit lud sie, die allein in einer großen Wohnung lebte, Tausk ein, bei ihr als Beschützer zu leben. Als ihre Dankbarkeit sich in Liebe verwandelte, wurde sie von ihren Landsleuten verachtet, da Tausk Offizier der feindlichen Armee war. Es gab aber so viele Fälle, in denen er Serbier gegen österreichische Autoritäten verteidigte, daß ihr schließlich niemand mehr die Liaison zum Vorwurf machte.

Kosa war großzügig und gutherzig, ein sehr menschlicher Charakter, und Tausk versprach ihr die Heirat. Obwohl sie zur serbischen Aristokratie gehörte, war sie völlig unintellektuell und konnte kaum lesen und schreiben. Dennoch war sie einflußreich und wohlhabend; unmittelbar nach dem Krieg arrangierte sie für Tausk eine Wahl zwischen einer Professur für Psychiatrie in Belgrad oder in Zagreb. Zunächst tendierte er zu Belgrad, weil er die Serben den Kroaten vorzog. Sobald er aber wieder in Wien war, machte er sich klar, wie unmöglich eine Heirat mit Kosa sei, trotz der schönen Zeit, die er in Belgrad mit ihr gehabt hatte. Außerdem hegte er die Hoffnung, in der österreichischen Hauptstadt Dozent zu werden.

Tausk und seine spätere Frau, Martha Frisch, 9. September 1898

Victor Tausk, Januar 1905

Jelka Tausk-Gans, 1899

Victor Tausk, August 1915

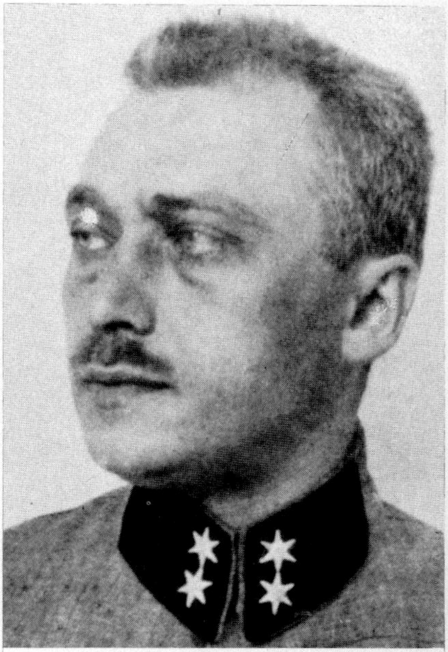

Oben links: Helene Deutsch im Alter von 16 Jahren (1900)

Oben rechts: Victor Tausk 1919, kurz bevor er die Analyse bei Helene Deutsch aufnahm

Unten rechts: Sigmund Freud im Alter von 70 Jahren (1926)

Sigmund Freud mit seinen Söhnen Ernst und Martin, August 1916

Victor Tausk mit seinen beiden Söhnen Hugo und Marius in Belgrad, 1918

Psychoanalytikerkongreß Weimar 1911. Freud steht auf einer Kiste inmitten seiner Anhänger. Links von ihm Carl Jung, davor sitzend Lou Andreas-Salomé.

Was immer die rationalen Gründe sein mochten, aus denen Tausk Bedenken trug, Kosa zu heiraten: darin, daß er zögerte, drückte sich wieder sein Widerstand dagegen aus, eine Frau von sich abhängig werden zu lassen. Er hatte das alles schon früher erlebt, nicht nur mit Martha. In Berlin hatte er ein Verhältnis mit Lea Rosen gehabt, einer Tänzerin, die in den Gerichtsakten als einer der Gründe für seine Scheidung von Martha aufgeführt ist. Seine Liebesbeziehung zu ihr war sehr glücklich gewesen. Lea wurde bald eine sehr berühmte Schauspielerin am Burgtheater in Wien und das, obwohl sie eine Jüdin und klein war, vom Äußeren her also keineswegs den gewaltigen weiblichen Rollen entsprach, wie sie damals populär waren. In den Jahren vor dem Krieg war sie zusammen mit Tausk häufig bei Helene und Felix Deutsch zu Gast. Tausks Beziehung zu ihr war zärtlich und leidenschaftlich, doch als die Heirat bevorstand, zog er sich zurück. Er hatte Angst, in ihrer Bewunderung werde sie ihn verzehren. Lea verfiel, nachdem Victor die Verlobung gelöst hatte, in eine tiefe Depression; lange Zeit schien dieser Bruch ihr Leben zerstört zu haben. Die Beziehung Tausks zu einer anderen Frau in seinem Leben, zu Dr. Ilse Zimmermann, verlief in fast genau derselben Weise. Nachdem Tausk sich nicht zu einer Heirat entschließen konnte, erlitt sie einen schweren Zusammenbruch.

Tausk war während des Krieges in Lublin noch ein weiteres Mal verlobt gewesen. In diesem Fall war er es gewesen, der hinterher in eine tiefe Depression geraten war. Seine Verlobte hatte sexuelle Beziehungen zu einem anderen Mann aufgenommen, der zudem ein Patient von ihm war. Tausk sprach in jener Zeit äußerst pessimistisch über das Leben und glaubte, niemandem mehr trauen zu können.

So oder so, Tausk schien unfähig zu sein, eine feste Beziehung zu einer Frau aufzubauen. Um die in der Kindheit liegenden Ursachen seiner Schwierigkeiten erkennen zu können, müßten wir sehr viel mehr über seine Beziehung zu seiner Mutter wissen; Freud hat uns gelehrt, daß die Formen von Liebe, deren ein Erwachsener fähig ist, in der Kindheit erlernt werden. Tausks Mutter war offenkundig eine selbstlose Frau. Durch eine überbehütende und übereinnehmende Haltung in der frühen Kindheit kann eine solche Mutter im heranwachsenden Kind unstillbare Bedürfnisse und Forderungen erwecken. Die Selbstaufopferung der Mutter kann zur Folge haben, daß ihr Sohn zu anderen Frauen keine anderen Beziehungen zu entwickeln vermag als die, die er als Kind zu seiner Mutter gehabt hat. Indem eine solche Mutter einerseits tiefe Schuldgefühle in ihrem Sohn erzeugt, ohne ihm aber andererseits einen greifbaren Anlaß zu geben, Wut und Haßgefühle ihr gegenüber zu äußern, kann dadurch sein späteres Verhältnis zu Frauen so vorbelastet sein, daß er sich von ihnen immer in einer gewissen Distanz halten muß. Vielleicht hatte Tausk auch – obwohl auch dies nur Spekulation sein kann – eine tiefe Bindung an seine Mutter, die er als ein Opfer seines Vaters sah; auch darin könnte eine Ursache für seine durch Qualen gekennzeichnete Beziehung zu Freud liegen.

Zeit seines bewußten Lebens konzentrierte sich ein Großteil von Tausks Liebe auf seine Schwester Jelka, die, wie sowohl ihm selbst als auch seinen Freunden deutlich war, eine zentrale Rolle für seine Beziehung zu Frauen spielte. Äußerlich war sie Victor sehr ähnlich, eine Schönheit mit goldblondem Haar. Intellektualität und weibliche Anziehungskraft verband sie in einer Weise, die Martha versagt geblieben war. Jelka hatte eine unglückliche Ehe mit einem Arzt in Jugoslawien hinter sich; sie hatte ihn verlassen und war nach Wien gegangen. Victor hatte sie ermutigt, sich scheiden zu lassen – ein für die im damaligen Jugoslawien herrschenden Familiensitten sehr anstößiger Schritt.

Nachdem Jelka sich mit Victors Hilfe aus ihrer unglücklichen Ehe befreit hatte, verliebte sie sich in einen seiner Freunde, in Ernst Gans, einen österreichischen Philologen. Gans unterrichtete Latein und Griechisch und lebte mit seinem Zwillingsbruder Camillo, einem Steuerberater, zusammen. Jelka heiratete Ernst und lebte mit den beiden Brüdern in einem Haushalt. Camillo war ein fröhlicher Charakter, der ein Gegengewicht gegen die ernste Wesensart seines Bruders bildete. Das Zusammenleben der drei war harmonisch und glücklich. Victor und seine Freundinnen waren häufig bei ihnen zu Besuch; Jelka war insbesondere Ilse Zimmermann zugetan. Vor Jelka brauchte Victor nicht zu fliehen; sein Verhältnis zu ihr war zärtlich und liebevoll. Vielleicht bemerkenswert: die meisten Frauen, die Victor näher kannte, waren so auffällig schwarzhaarig, wie Jelka auffallend blonde Haare hatte.

Nach seiner Rückkehr nach Wien wurde Tausk klar, daß er nicht in Jugoslawien leben und Kosa heiraten konnte. Aber nach seiner Zurückweisung durch Freud und dem Fehlschlag seiner Analyse bei Helene Deutsch wollte er doch wieder eine Frau in sein Leben nehmen – Hilde Loewi, eine Konzertpianistin, die sechzehn Jahre jünger war als er.[16] Nachdem er sie kennengelernt hatte, schrieb er Kosa, daß er sein Heiratsversprechen zurückziehe. Kosa sah ihn in sein eigenes Milieu zurückgekehrt und fand sich damit ab.

Tausk hatte Hilde zum erstenmal gesehen, als sie als Patientin zu ihm kam. In der Heirat eines Analytikers mit einer Patientin wurde damals der große Verstoß gegen die Regeln der analytischen Praxis gesehen. Merkwürdigerweise haben seither nur wenige Analytikerinnen einen ehemaligen Patienten geheiratet – wenn es überhaupt solche Fälle gegeben hat. Für den umgekehrten Fall, daß ein Analytiker eine Patientin geheiratet hat, gibt es indes eine Reihe wohlbekannter Beispiele.[17] (Vielleicht liegt diesem Sachverhalt dasselbe allgemeine Prinzip zugrunde, das auch in anderen Bereichen für Romanzen zwischen Lehrer und Schüler gilt, oder, noch umfassender gesagt: dieser Sachverhalt hat vielleicht keine anderen Gründe als die, aus denen Männer auch sonst jüngere Frauen heiraten.) Diese Fälle gab es aber erst in späteren Jahren. Wir können nur vermuten, in welchem Maße Freud sich im Jahre 1919 durch solche Heiraten verletzt gefühlt haben würde. Wahrscheinlich hätte er eine solche Heirat, selbst wenn sie zum Besten der beteiligten Personen gewesen wäre, aus Prinzip verurteilt, weil sie seiner Meinung nach der Psychoanalyse Schaden zugefügt hätte. Andererseits hat er in den zwanziger Jahren einen bekannten amerikanischen Analytiker zur Heirat mit einer ehemaligen Patientin ermutigt.[18]

Auch darüber, welchen Einfluß Tausks Kampf mit Freud und das abrupte Ende seiner Analyse bei Helene Deutsch auf seine Beziehung zu Hilde gehabt haben mögen, können wir nur Vermutungen anstellen. Er hat Hilde erst nach dem Abbruch seiner eigenen Analyse kennengelernt. Die gehobene Stimmung, in die ihn seine Liebe zu Hilde versetzte, war vielleicht eine Maske, hinter der er seinen Schmerz und seine Trauer verbarg; es ist ja nichts Ungewöhnliches, daß ein Patient nach einem solchen Schlag seine emotionalen Konflikte agiert. Hilde mag zu einem Teil als Ersatz für die verlorene Helene fungiert haben. Dies ist allerdings eine Erklärung, der Tausks Schwester Jelka nicht zugestimmt hat. Schließlich kann man in dieser Beziehung Tausks zu einer Patientin das Flackern seiner wachsenden Auflehnung gegen Freud sehen.

Tausks Widerstand gegen Freud hatte nur langsam Gestalt angenommen. Schon die bloße geographische Entfernung von Wien während des Krieges hatte das prekäre Gleichgewicht seiner Beziehung zu Freud entlastet. In der Ferne konnte er über Freud unbefangener urteilen; die

Bindung an seinen Lehrer lockerte sich, und er war zu größerer Selbständigkeit und Produktivität imstande. Bei der Rückkehr in das Zentrum der Welt Freuds jedoch erfuhr Tausk aufs neue, wie schwierig der Umgang mit Freud sein konnte, wenn man in derselben Stadt lebte — dies um so mehr, als seine Unabhängigkeit während des Krieges Tausk noch fordernder hatte werden lassen, als er vorher schon gewesen war. Die Zurückweisung durch Freud war so sehr persönlich motiviert, daß es schwierig war, sie mit irgendwelchen wissenschaftlichen Gründen zu rationalisieren.

Freud hatte die latente Rivalität Tausks seit Jahren gespürt. In seinem ersten Vortrag vor der Wiener Vereinigung hatte Tausk, als er sich an einer Stelle auf Plato und Aristoteles bezog, irrtümlich Aristoteles als Lehrer Platos bezeichnet, was Freud sofort aufgriff: »Plato ist kein Nachfolger des Aristoteles; er war der Ältere und ein Schüler des Sokrates.«[19] Hier lag der Kern des Widerstandes: Tausks Beziehung zu Freud begann unter dem Zeichen von Konkurrenz und Rivalität. (In Tausks Überzeugung, daß Freud darauf angewiesen war, ihm seine Ideen wegzunehmen, hat sich möglicherweise nichts anderes ausgedrückt als die Abwertung seines Lehrers.) Tausks leidenschaftliche Ergebenheit allein hätte Freud noch kein Unbehagen verursacht. Tausk war ein Kämpfer, wie Freud selber einer war. Wenn Tausk sich Frauen gegenüber auch liebenswürdig und verführerisch verhielt, mit Männern konnte er sehr sadistisch umgehen. Doch für Freud war Tausk weit weniger wichtig als umgekehrt. Für jeden Schüler Freuds bedeutete der Umgang mit dem Meister mehr als für Freud selbst.

Dennoch hatte auch Freuds Reaktion auf Tausk ihre neurotische Seite. Ebenso wie ein Sohn seinen Vater hassen kann, kann auch ein älterer Mann auf einen jüngeren eifersüchtig sein. Man sollte den Ödipuskomplex nicht ausschließlich aus der Sicht des Sohnes interpretieren. Wie reagiert umgekehrt der Vater auf den mörderischen Haß? Was hatte der Vater des Ödipus mit seinem Sohn eigentlich vor? Freud war, wie wir wissen, häufig mit Gedanken an seinen Tod beschäftigt; das hatte unter anderem die Folge, daß jeder Mann zu einer Bedrohung für ihn werden konnte. Von den Todeswünschen gegen seine eigenen Söhne hat er selbst berichtet; zweifellos hat er auch seine Schüler um ihre Jugend beneidet.[20] An Tausk sah Freud vor allem eine Gefahr für sich selbst; deshalb war er nicht imstande zu erkennen, daß Tausk in Not war und Hilfe brauchte. Freud war hier viel zu befangen, um klarsehen zu können.

Um 1919 hatte es schon mehrere Rebellionen von Schülern gegen die Autorität Freuds gegeben. Adler und Jung waren öffentlich von ihm abgefallen; er sprach von ihnen als von den »beiden Häretikern«[21]. Im Gegensatz zu seinem Glück mit angenommenen Töchtern, hatte Freud mit allen seinen »psychoanalytischen Söhnen« Schwierigkeiten. Die Arbeit mit einem so genialen Menschen konnte insbesondere für Männer sehr enttäuschend sein; ihre äußere Abhängigkeit mußte ihr Gefühl von Autonomie beeinträchtigen. Freud nahe zu sein, bedeutete eine außerordentliche Belastung für die Fähigkeit eines Mannes, seine eigene Passivität zu ertragen.

Doch in einem gewissen Sinne hat Freud den Widerstand seiner Schüler selbst provoziert. Indem er absolute Unterwerfung von ihnen verlangte, wozu sie vorübergehend in der Lage sein mochten, weckte er in ihnen das Bedürfnis, sich aufzulehnen. Freuds Schüler verlangten nach seiner Liebe, aber er gewährte sie nur, wenn sie sich als schöpferische Persönlichkeiten selbst aufgaben. Im Grunde aber hatte Freud dennoch keine Achtung für die Männer, die seine unterwürfigen Anhänger wurden. Obgleich er sie als Projektionsspiegel für seine Ideen wollte und brauchte, konnte er andererseits diejenigen nicht schätzen, die seine Ideen unverändert aufnahmen und verwendeten. Er suchte bei seinen Schülern zwar brillante Intelligenz und Unabhängigkeit – aber nicht zu viel davon. Insgeheim hat Freud also selbst jene Kämpfe gegen sich angestachelt, die seine Arbeit so erheblich gestört haben.

Durch den Akt des Widerstandes, durch Erklärung ihrer Unabhängigkeit, konnten die Schüler Freud gleich werden. Denn Freud war selbst ein großer Häretiker, und er zog Menschen an, die sein Bedürfnis nach Unabhängigkeit teilten. Jeder der von Freud abfallenden Schüler – vor allem diejenigen, die selbst Schulen gründeten – bewiesen gerade im Akt des Widerstandes eine tiefe Treue zu Freud.

Tausk war nicht willens, bloß einer der Apostel Freuds zu sein; und ohne eine Auflehnung gegen Freud wären seine schöpferischen Fähigkeiten verkümmert. In dem Maße, in dem Tausk ein Rivale für Freud war, stellte er auch eine Bedrohung für Freud dar, der um 1919 schon einige Erfahrung im Umgang mit – wie Freud es sah – anmaßenden Thronprätendenten hatte. In bezug auf Adler und Jung hatte er bemerkt: »Sie wollten eben auch einmal Papst werden.«[22] Zuweilen mag Tausk sich in einer ähnlichen Position gesehen haben wie Adler und Jung, worin Freud ihn allerdings niemals anerkannt hat. Tausk stand niemals in einem so engen persönlichen Verhältnis zu Freud wie Adler, Jung und Rank. Vielmehr hat sich von Anfang an eine intensive Feindseligkeit zwischen Freud und Tausk entwickelt, und Tausk starb, ehe diese Animosität in eine bedeutendere theoretische Kontroverse hätte übergehen können.

Jeder Mann muß, so glaubte Freud, in irgendeiner Weise seinen Vater töten, und ein Mann mit Fähigkeiten braucht Ersatzväter. Für Tausk stellte die Genialität Freuds ohne Zweifel ein Idealbild schöpferischer Fähigkeit dar. Wenn reif sein bedeutet, den Vater und seine Ersatzfiguren zu ersetzen, dann muß ein Sohn in einem bestimmten Bereich wagen, seine Vorbilder zu übertreffen. Tausk wollte von Freud loskommen. Er versuchte deshalb, zwischen den psychologischen Entdeckungen Freuds und der Person Freud zu unterscheiden, um sich sagen zu können, daß er sich mit der Psychoanalyse als einer Wissenschaft identifiziert habe, nicht aber mit der Person Freuds, auf die er nicht angewiesen sei.

In jener Zeit war es jedoch noch außerordentlich schwer, die Unterscheidung zwischen dem Werk Freuds und seiner Person wirklich zu treffen. Hingabe an die Psychoanalyse bedeutete Hingabe an Freud und umgekehrt. Welche Unterscheidung Tausk auch zwischen der Psychoanalyse und Freud selbst treffen mochte, sein Bemühen darum konnte bestenfalls teilweise erfolgreich sein, da es Psychoanalyse damals nur im Schatten Freuds gab. Und Freud, der erste Psychoanalytiker, war es auch, der Tausk verstieß, nachdem und obwohl er für die Psychoanalyse Bedeutendes geleistet hatte.

Wie schwierig es immer gewesen sein mag, den Bruch zu vollziehen, man muß sich fragen, ob Tausk ihn wirklich gewollt hat; denn ohne Zweifel hat Freud den Streit forciert. Wie bei anderen begabten Männern, entstanden die Schwierigkeiten Tausks zum Teil auf Grund der Diskrepanz zwischen seinem Ehrgeiz und seinen Fähigkeiten. Er mußte endlich herausfinden, ob er auch ohne Freud zu schöpferischer Arbeit imstande war; er mußte versuchen, auf seinen eigenen Füßen zu stehen. Daß er nicht wie Adler oder Jung eine neue Schule anführen wollte, mochte Tausk damit rationalisieren, daß ein öffentlicher Streit mit Freud – und die damit automatisch verbundene allgemeine Bekanntheit – ein zu billiger Ausweg sei; er wollte nicht durch die Publizität des Bruchs allein Ansehen und Ruhm gewinnen. Aber diese Überlegungen können bestenfalls einen Aspekt dessen erklären, worin sich ebensosehr Tausks Unfähigkeit ausdrückte, wirklich frei zu sein.

Denn all den kühnen und wilden Elementen in Tausks Leben – dem Haß auf seinen Vater, der Auseinandersetzung mit seinem Schwiegervater wie auch den Klagen über Martha, sie sei nicht unabhängig genug gewesen, um frei zu sein –, diesem ganzen lauten Verlangen nach Freiheit lagen tiefe passive Sehnsüchte zugrunde. Trotz kann ebenso ein Zeichen von Abhängigkeit sein wie Gehorsam. Eine der Aufgaben des Erwachsenwerdens ist es, die Beziehung zum eigenen Vater zu klären, die Identifikation mit ihm zu erreichen und sich damit von ihm zu lösen. Wenn das gelingt, ist gleichzeitig der Kampf um die Loslösung aus Abhängigkeit beendet. Gewöhnlich geschieht dies in der Adoleszenz. Manche gehen auf die Suche nach geeigneteren Ersatzvätern, die ihren außergewöhnlichen Fähigkeiten besser entsprechen, als der wirkliche Vater es vermochte; aber auch der Begabteste muß einmal aufhören, nach Menschen zu suchen, die er bewundern und denen er nacheifern kann. Denn warum haßt man seinen Vater? Weil man ihn zu sehr liebt und nicht alles von ihm erhält, was man sich wünscht.

In Tausk waren offenbar außerordentlich starke Wünsche nach Abhängigkeit wirksam. Zwar war es damals allgemein üblich, daß ein Sohn sich dem Urteil des Vaters unterwarf; dennoch fällt auf, mit welcher Ausführlichkeit Tausk in den wenigen erhalten gebliebenen Briefen an Freud aufzählt, wie viele Patienten er gerade behandelte und woran sie litten. Wenn Tausk sich dazu gezwungen gefühlt haben sollte, dann hätte er für diesen Zwang keinen anderen verantwortlich machen können als sich selbst. Aber gerade weil er im Grunde wußte, daß Freud ihn von sich fernhalten würde, konnte Tausk sich die ganzen Jahre hindurch so heftig an Freud anlehnen.

Freuds Stärke schützte Tausk vor den Konsequenzen seiner passiven Tendenzen, die sich in seinen Beziehungen zu Frauen unbarmherzig zeigten.

Offensichtlich wäre es für Tausk bei weitem besser gewesen, wenn er Freud verlassen hätte. Warum konnte er nicht anderswohin gehen, zum Beispiel wieder nach Berlin, und dort praktizieren? Bewegungen von einer psychoanalytischen Gesellschaft zu einer anderen waren damals durchaus üblich, gewöhnlich als Folge der Unzufriedenheit mit der psychoanalytischen Gruppe am einen oder anderen Ort. Oder warum ging Tausk nicht einfach als Psychiater nach Jugoslawien? Obwohl jede Alternative gewisse Schwierigkeiten mit sich gebracht hätte, macht das Vorhandensein dieser Möglichkeiten doch deutlich, wie stark die Abhängigkeitsbedürfnisse Tausks waren, die er auf Freud übertragen hatte.

Andererseits leben wir alle in gewisser Hinsicht in geschlossenen Systemen, und ein Außenstehender hat es gewöhnlich leicht, die Grenzen des kleinen Teiches zu überblicken, in denen ein anderer schwimmt. Ein heutiger Amerikaner, der zumindest die Illusion hat, ihm stünde eine Vielfalt von Lebenschancen offen, mag leicht unterschätzen, wie einfach man in Mitteleuropa vor fünfzig Jahren schachmatt gesetzt werden konnte. Für Tausk war die Psychiatrie das dritte Berufsfeld, das er betreten und das zweite, für das er sich einer gründlichen Ausbildung unterzogen hatte. Nachdem er dann um Freuds willen die herrschende Psychiatrie angegriffen hatte, sah er sich plötzlich in einer Situation, in der er Freud verlor – den großen Lehrer, unter dessen anregendem Einfluß er während der letzten zehn Jahre gearbeitet hatte. Man kann verstehen, daß ein solcher Mann zumindest zögerte, ein weiteres Mal von vorne anzufangen.

Dennoch waren Tausks große Verehrung und Achtung für Freud einem Manne seines Alters und von seinen Fähigkeiten unangemessen. Wenn Tausk sich nicht völlig von Freud lösen und von ihm weggehen konnte, so deshalb, weil er zu viele Zweifel an der unabhängigen Verwirklichung seiner Fähigkeiten hatte. Seine Beziehung zu Freud war symbiotisch geworden; ohne Freud konnte er nicht arbeiten. Der Umgang mit Freud inspirierte alle seine Schüler zur höchsten Entfaltung ihrer schöpferischen Fähigkeiten, versetzte sie aber gleichzeitig Freud gegenüber in eine infantile Situation. Es war kein Zufall, daß die Legende entstand, Tausk habe sich kastriert.

Vielleicht ist erst durch die Tatsache, daß Freud ihn endgültig beiseite stieß, Tausk wirklich klargeworden, in welchem Maße seine Bindung an Freud sein Unvermögen verdeckt hatte, sich zu unabhängiger Männlichkeit zu entwickeln. Allerdings war ihm immer bewußt gewesen, daß seine Probleme, eine stabile Beziehung zu einer Frau aufzubauen, ihren Grund in seiner Unfähigkeit hatten, die Abhängigkeit eines anderen Menschen zu ertragen. Seine Abhängigkeiten waren mit starken Ängsten verbunden; wenn er von so vielen verschiedenen Frauen fortlief, floh er in Wahrheit vor seiner eigenen inneren Passivität.

Tausk war ein Mann, der immer verliebt war. Wie Lou Andreas-Salomé schrieb, war er ein »Berserker mit einem zärtlichen Herz«. Sein Verhältnis zu den Frauen, die er geliebt hat[23] – die meisten waren Jüdinnen –, verlief jedesmal nach demselben Schema: jedesmal war er zunächst eine gewisse Zeit lang leidenschaftlich verliebt, um sich dann später in Angst zurückzuziehen. In solchen Beziehungen zu Frauen konnte er sein Bedürfnis nach Abhängigkeit und zugleich seinen Widerstand dagegen offen ausagieren. So verließ er eine Frau nach der anderen; zu einer Lösung von Freud indes war er nicht imstande. Obwohl Tausk ein »Ehekandidat« war, der sich nach einem friedlichen Familienleben sehnte, war er unfähig, seine Gefühle für einen geliebten Menschen dauerhaft zu bewahren.

Wir wissen nicht, was Freud von Tausks Problemen mit Frauen bekannt war. Als er Tausk zu Helene Deutsch in Analyse schickte, sprach er nur darüber, warum er Tausk nicht selbst analysieren konnte. Doch kann man sagen, daß Tausks unstete und freie Haltung gegenüber Frauen nicht gerade eine Empfehlung für den prüden Puritaner Freud gewesen wäre.[24] Tausks Libido war so rastlos auf der Suche, daß sie als ein ihrer inneren Natur nach nicht zu befriedigendes Verlangen nach Erfüllung erscheint. Vielleicht war seine Schwester Jelka das unbewußte Ziel dieser endlosen Suche. Doch das Ideal, nach dem er suchte, muß auch ein Bild in seinem Innern gewesen sein – ein Ideal, das unerreichbar war.
Ein Zeitgenosse Tausks, der vier Jahre jüngere Franz Kafka, kämpfte mit den gleichen Konflikten. Obgleich kein Don Juan wie Tausk, war es auch Kafka unmöglich, eine Frau zu heiraten; er zog sich in der gleichen Weise von Frauen zurück wie Tausk. Überdies konnte er sich nicht von seinem Vater lösen. Kafka sah in der Ehe »die Bürgschaft für die schärfste Selbstbefreiung und Unabhängigkeit«. Doch war es ihm ebenso unmöglich wie Tausk, sich wirklich auf eine Ehe einzulassen. »... von dem Augenblick an, in dem ich mich entschließe zu heiraten, (kann) ich nicht mehr schlafen, der Kopf glüht bei Tag und Nacht, es ist kein Leben mehr, ich schwanke verzweifelt herum ... Es ist der allgemeine Druck der Angst, der Schwäche, der Selbstmißachtung.« »Der Grundgedanke beider Heiratsversuche war ganz korrekt: einen Hausstand gründen, selbständig werden.«[25] Aber Kafka hatte Angst, seine Kinder könnten ihm gegenüber ebensolche Gefühle haben, wie er sie seinem Vater gegenüber gehabt hatte. Erwachsensein würde heißen, dem Vater gleich geworden zu sein, dem Vater, der immer noch der mächtige Riese aus Kafkas Kindheit war. Die ersehnte Befreiung mußte daher scheitern.

In bezug auf Kafka kann man sich ebenso wie in bezug auf Tausk fragen, welche Rolle die Bindung an ihre Mutter – worüber sie selbst sich kaum äußerten – gespielt haben mag; denn im Liebesleben beider Männer gab es einen Riß: sie konnten ihre volle männliche Potenz nur bewahren, solange sie keine endgültige Verpflichtung eingingen. Die Bindung an eine Frau kann die Ängste vor einem kastrierenden Mutterbild wieder aufleben lassen. Heirat kann das unbewußte Äquivalent der Kastration sein, da sie bedeutet, daß man seinen Penis jetzt nicht mehr frei benutzen kann: ein anderer hat ihn in Besitz genommen.

Obgleich Freud solche Schwierigkeiten mit Frauen nicht teilte, hat auch er – vielleicht zum Teil aus Gründen der Tradition des neunzehnten Jahrhunderts – nur selten über die Bindung an seine Mutter gesprochen, und seine allgemeinen Äußerungen über die Mutterbindung scheinen nicht sehr realistisch zu sein.[26] Er scheint niemals erkannt zu haben, wie abhängig er von seiner Mutter tatsächlich war. Sie war eine stattliche und selbständige Frau, das Gegenbild der Frau, die er heiratete, und das Urbild der Frauen, die in seinem späteren Leben Einfluß auf ihn hatten. Gerade bei dem Entdecker des Ödipuskomplexes mutete es merkwürdig an, daß seine Mutter die herrschende Figur in der Familie gewesen sein muß, während sein Vater freundlich und gütig gewesen zu sein scheint.

In Freuds Bewußtsein jedoch spielte – ebenso wie für Kafka und Tausk – der Vater eine ungewöhnlich große Rolle. Freud war vierzig Jahre alt, als sein Vater – achtzigjährig – starb. Er schrieb später, dieser Verlust habe für seine »Seele eine Umwälzung«[27] bedeutet und die Entdeckung der Wunscherfüllungstheorie des Träumens ermöglicht[28]. Mütter spielten von nun an eine geringe Rolle in Freuds Theorien, während er andererseits die Bedeutung der Vaterbindung deutlich herausarbeitete.

Der unmittelbare Anlaß für Tausks Selbstmord war ohne Zweifel seine Unfähigkeit, die Heirat mit Hilde Loewi wirklich zu vollziehen. Über die drei Monate zwischen dem Ende seiner Analyse und seinem Selbstmord wissen wir nur wenig. In dieser Zeit lernte er Hilde Loewi kennen, verliebte sich in sie und bereitete die Heirat mit ihr vor. Aber Liebe ist immer mit der Möglichkeit einer Regression verbunden. Freud hatte es abgelehnt, Tausk zu analysieren, und die Analyse bei Helene Deutsch wurde abgebrochen, bevor Tausk seine sich wiederholenden Probleme mit Frauen überwinden konnte.

Wir werden niemals genau wissen, was damals in Tausk vorging; wir können nur versuchen, einige der Hauptfäden zu bezeichnen, die sein Leben durchzogen. Wie Kafka es formulierte: »Das Leben ist mehr als ein Geduldspiel.«[29] Unmittelbar vor seiner beabsichtigten Heirat muß Tausk von derselben Angst und demselben Schrecken überfallen worden sein, die er schon mindestens zweimal erlebt hatte. Die Vorstellung einer Zukunft mit Hilde – ein Leben lang mit einer Frau zusammen zu sein – muß ihn in Panik versetzt haben. Einerseits liebte er Hilde zu sehr, um sie ebenso unglücklich zu machen, wie er Lea Rosen und Ilse Zimmermann, ganz zu schweigen von Martha, unglücklich gemacht hatte. Andererseits aber mag er gefürchtet haben, daß er wieder in solche Depressionen fallen könnte wie nach seiner Affäre in Lublin. Das Leben erschien in jedem Falle schmerzlicher als der Tod. Sterben kann unter gewissen Umständen weniger bedrohlich sein als weiterzuleben. Tausk wählte daher den Tod.

Wien 3. Juli 919

Lieber Herr Professor,

bitte stehen Sie meiner geliebten
Braut, dem Frl. Hilde Löwi
(II Körnergasse 2) dieser teuer-
sten Frau, die je in mein Leben
getreten ist, bei. Sie wird
nicht viel von Ihnen verlangen
weil sie selbst grosse Glücks-
möglichkeiten in sich hat.
aber sie neigt stark zu Zwangs-
symptomen und Identifikationen.
Sie ist edel, rein und gütig, es
lohnt die Mühe, ihr einen
guten Rat zu geben.

Ihnen danke ich für alles Gu-
das Sie mir gegeben. Es war
viel und hat die letzten 10 Jahre
meines Lebens ausgefüllt. Ihr
Werk ist echt und gross, ich

gehe aus dem Leben mit der
überzeugung, dass ich einer von
denen war, die den Eroberungs-
gang einer der grössten Menschen-
ideen miterlebt habe.
Ich habe keine Melancholie, mein
Selbstmord ist die gesündeste, an-
ständigste Tat meines verfehl-
ten Lebens. Ich klage niemand
an, mein Herz ist frei von Groll,
ich sterbe nur etwas früher,
als ich eines natürlichen Todes
gestorben wäre.
Ich grüsse die ps.a. Vereinigung,
ich wünsche ihr vom Herzen
jedes Gedeihen. Ich danke allen,
die mir in der Not beigestanden
haben. Wer weiss es, geht's sich
der auf Dienste Dank auszusprechen
hat. Leben Sie noch lange wohl,
rüstig, arbeitsträchtig. Ich grüsse
Sie herzlich. Ihr Tausk.
Sehen Sie sich manchmal auch meine
Söhne an, bitte sehr.

5. Größe der Leistung

Obwohl inzwischen fünfzig Jahre vergangen sind, können wir einige Stücke aus Tausks letztem Lebenstag zusammenfügen; der folgende Morgen war der Termin für die Einholung der standesamtlichen Ehegenehmigung. Der 2. Juli 1919 war ein Mittwoch. Dieser Tag hatte damals für Psychoanalytiker eine besondere emotionale Bedeutung, da die Mittwochabende den Sitzungen der Wiener Psychoanalytischen Vereinigung vorbehalten waren.[1] An diesem 2. Juli jedoch konnte Tausk die Aussicht, mit Freuds Gruppe zusammenzutreffen, nicht ertragen; er schrieb einen Brief an Freud, in dem er seine Abwesenheit begründete.

Wien, 2. Juli 1919

Hochverehrter Herr Professor,
ich bitte, mein Fernbleiben von der heutigen Sitzung zu entschuldigen. Ich bin mit der Lösung meiner entscheidenden Lebensangelegenheiten beschäftigt und will mich durch den Kontakt mit Ihnen nicht in Versuchung bringen lassen, Ihre Hilfe in Anspruch nehmen zu wollen. Ich werde wohl sehr bald wieder die Freiheit haben, mich Ihnen nähern zu können. Ich gedenke, dann mit einem Minimum von Neurose aufzutreten. Indessen bleibe ich mit herzlich ergebenen Grüßen Ihr dankschuldiger

Tausk.

Tausk wußte, daß er in einer Krise war; aus Furcht, er könnte Freud erneut um Hilfe bitten, wagte er nicht, zur Sitzung zu gehen. Er wollte nicht Gefahr laufen, ein weiteres Mal zurückgewiesen zu werden. Während der ganzen Jahre waren diese Mittwoch-Sitzungen der Schauplatz von Tausks Kämpfen mit Freud gewesen.

Den Nachmittag des 2. Juli verbrachte Tausk mit seinem siebzehnjährigen Sohn Marius, der aus Graz zu Besuch gekommen war und mit eigenen Schwierigkeiten zu kämpfen hatte. Obwohl Marius seinen Vater außerordentlich liebte und bewunderte, fiel ihm nur auf, daß sein Vater Sorgen hatte. Vater und Sohn aßen dann gemeinsam zu Abend. Marius wußte, daß sein Vater später noch ein Konzert besuchen werde, in dem Hilde Loewi als Begleiterin am Klavier auftrat.

Tausk verabschiedete sich von seinem Sohn mit einem Rat – er solle sein Leben nicht zu starren Prinzipien unterwerfen. Er bezog sich dabei offenbar auf Marthas Ablehnung jeglichen Alkoholgenusses. Tausk versuchte, Marius auf taktvolle Weise – ohne seinen heranwachsenden Sohn zu belasten – den strengen Verhaltensregeln seiner Mutter zu entziehen. Zweifellos hatte er seine eigenen Probleme im Sinn, wenn er Marius zur Unabhängigkeit ermutigte und ihm riet, andere nicht zu sehr nachzuahmen. Vielleicht war Tausks dringlicher Rat – wobei er wohl gedacht haben mag, daß er selbst im Alter seines Sohnes keine Eltern mehr gebraucht hatte – auch eine Rationalisierung seines Versagens als Vater. »Kümmere dich nicht um mich«, waren die letzten Worte an seinen Sohn.

An diesem Abend schrieb Tausk einen Brief an Nada, seine Lieblingsschwester in Jugoslawien, in dem er ihr für ein Paket mit Zigaretten (er rauchte sehr viel) und Schinken dankte. Außerdem schrieb er über seine bevorstehende Hochzeit. Der Brief klang ein wenig pessimistisch; sie erhielt ihn erst nach seinem Tod. Offenbar war er noch nicht entschlossen, sich zu töten. Sein Selbstmord war nicht lange geplant, aber wahrscheinlich in einem gewissen Sinne in ihm angelegt gewesen.

Wir wissen nicht, was am späteren Abend zwischen Tausk und Hilde Loewi vorgangen ist. Es ist wohl möglich, daß sie nichts getan hat, was ein Grund zur Verstörung hätte sein können. Tausk muß erkannt haben, daß seine Liebe zum Teil eine Flucht aus seiner mißlichen Lage war, ein Verhalten, das ihn niemals von seinen Schwierigkeiten befreien würde. Hilde war seine letzte Hoffnung, das letzte Band, das ihn noch am Leben festhielt. Er hatte sie benutzt, um sich von Freud zu befreien; doch in dieser Nacht machte er sich vermutlich klar, daß es keinen Ausweg für ihn gab. Er muß erkannt haben, daß er trotz seiner großen Sehnsucht nach Liebe Hilde nicht lieben konnte.

Seine Beziehung zu Freud hatte seine emotionale Energie aufgezehrt; er hatte keine Lösung seines Konfliktes mit ihm gefunden. Wie mehrfach zuvor war Tausk wieder in leidenschaftlicher Liebe entbrannt, die dann plötzlich und ganz verschwand. Am späten Abend dieses Mittwochs stand er seiner Verpflichtung gegenüber, zu heiraten. Bei Hilde Loewi war sein Wunsch, eine Liebesbeziehung möge gelingen, stärker als je zuvor, doch er wußte, es würde dasselbe geschehen wie früher. Und jetzt hatte er auch keine Verbindung mehr zu Freud.

In den frühen Morgenstunden des Donnerstag (3. Juli 1919) war Tausk entschlossen, sich zu töten. Er schrieb ein Testament, das seine Besitztümer peinlich genau aufzählte.[2] Diese Bestandsaufnahme war alles, womit er seine Unsterblichkeit begründen konnte. Außerdem schrieb er zwei Briefe, die er auf den Schreibtisch legte; der eine war an Hilde Loewi gerichtet, der andere an Freud. Beim Schreiben trank er Slibowitz, das jugoslawische Nationalgetränk. Anschließend band er sich eine Vorhangschnur um den Nacken, setzte seine Armeepistole an die rechte

Schläfe und drückte ab. Der Schuß riß ein Stück aus seinem Kopf, und durch den folgenden Fall wurde er überdies stranguliert.
Irgend jemand benachrichtigte Tausks Schwester Jelka, deren Mann nach Graz telegraphierte, daß Victor ernstlich krank sei. Obwohl Marius gerade erst wieder zu Hause angekommen war, brach Martha sofort mit den beiden Jungen auf. Eine Stunde später gab Ernst Gans ein zweites Telegramm auf, das die Nachricht von Victors Tod enthielt, aber aus irgendeinem Grunde verspätet ankam. Daher erfuhr Martha die Wahrheit erst, als sie bei Jelka in Wien anrief.
Ein paar Tage später suchte Marius Freud auf. Wenn jemand erklären konnte, was geschehen war, dann war es – so nahm Marius an – Freud. Wahrscheinlich am 5. Juli hatte er eine kurze Unterredung mit ihm. Freud empfing Marius zwischen Patienten, und der Junge sah, welches Privileg es war, bei Freud vorgelassen zu werden. Freud war ein wenig zurückhaltend, und die Begegnung spielte sich auf einer formellen und konventionellen Ebene ab. Marius war erst siebzehn, so daß Freud wahrscheinlich nicht erwogen hat, ausführlich über sein Verhältnis zu Tausk zu sprechen. Er sagte Marius jedoch, daß er einen Selbstmordbrief von seinem Vater erhalten habe, den er ihm, da er ihn augenblicklich nicht zur Hand habe, zukommen lassen wolle.
Die Beerdigung war für den 6. Juli auf dem Zentralfriedhof angesetzt. Es war niemand dort, der ein Wort über Tausk sprach, weder ein Priester noch ein Rabbiner – nur das Grab. Tausks Schwager Hugo, ein Bruder Marthas, war besonders bestürzt – er wollte den Sarg noch einmal geöffnet haben, er konnte nicht glauben, daß Victor tot war, der Mann, in dem er die Personifizierung des Lebens gesehen hatte.
Familien unter Streß pflegen sich nicht immer von ihrer

besten Seite zu zeigen. Ernst Gans wurde durch Marthas Rücksichtnahme auf Hilde in Wut versetzt. Martha hatte den ersten Platz bei der Beisetzung mit Hilde teilen wollen, aber Gans war der Meinung, in einer solchen Geste der Mutter von Victors Söhnen gegenüber der Frau, die kaum ein paar Monate mit Victor verlobt gewesen war, drücke sich eine ungenügende Achtung vor dem Toten aus. Ein solches Begräbnis für einen solchen Mann mußte alle Beteiligten aus der Fassung bringen und sie mit einem Gefühl der Leere zurücklassen. In den wenigen Tagen vor der Beerdigung hatte Hilde versucht, sich Tausks Söhnen gegenüber herzlich zu verhalten, aber ihre eigene Betäubtheit ließ all ihre Bemühungen gekünstelt erscheinen.
Marius kann sich heute nicht mehr genau erinnern, wie der Brief seines Vaters an Freud in seine Hände gelangte. Er ist noch einmal in Freuds Wohnung gewesen und glaubt, daß er ihm zusammen mit anderer Korrespondenz seines Vaters von Anna Freud übergeben worden ist. Es mag merkwürdig erscheinen, daß Freud diese Briefe an Marius zurückgegeben hat. Was hatte der Junge mit ihnen zu tun? Marius war damit in keiner Weise geholfen. Aber Freud wurde damit Victor Tausk endgültig los. Marius empfand Freuds Verhalten keineswegs als unpassend. Vielmehr bewahrte er den Selbstmordbrief beinahe fünfzig Jahre lang als einen kostbaren Besitz und als ein Zeichen für das gute Verhältnis seines Vaters zu Freud auf.

Wien, 3. Juli 1919

Lieber Herr Professor,
bitte stehen Sie meiner geliebten Braut, dem Frl. Hilde Loewi (II, Körnergasse 2), dieser teuersten Frau, die je in mein Leben getreten ist, bei. Sie wird nicht viel von Ihnen verlangen, weil sie selbst große Glücksmöglichkeiten in sich

hat, aber sie neigt stark zu Zwangssymptomen und Identifikationen. Sie ist edel, rein und gütig, es lohnt die Mühe, ihr einen guten Rat zu geben.
Ihnen danke ich für alles Gute, das Sie mir gegeben. Es war viel und hat die letzten zehn Jahre meines Lebens ausgefüllt. Ihr Werk ist echt und groß, ich gehe aus dem Leben mit der Überzeugung, daß ich einer von denen war, die den Eroberungsgang einer der größten Menschenideen miterlebt haben. Ich habe keine Melancholie, mein Selbstmord ist die gesündeste, anständigste Tat meines verfehlten Lebens. Ich klage niemand an, mein Herz ist frei von Groll, ich sterbe nur etwas früher, als ich eines natürlichen Todes gestorben wäre.
Ich grüße die ps. a. Vereinigung, ich wünsche ihr von Herzen jedes Gedeihen. Ich danke allen, die mir in der Not beigestanden haben. Jeder weiß es für sich, der auf diesen Dank Anspruch hat. Leben Sie noch lange wohl, rüstig, arbeitskräftig. Ich grüße Sie herzlich.

Ihr Tausk

Sehen Sie sich manchmal auch meine Söhne an, bitte sehr.

Der Entschluß, sich zu töten, gab Tausk innere Ruhe. Da alle seine aggressiven Tendenzen nach innen gerichtet waren, hatte er für andere nur noch Liebe übrig. Die Nähe des Todes versöhnte ihn, denn er hebt hervor, wieviel er Freud zu danken hat. Es kann kein Irrtum darüber bestehen, worauf dieser Brief hinausläuft. Er ist nicht wie der vorausgegangene Brief vom Mittwoch an den »Hochverehrten Herrn Professor« gerichtet, sondern beginnt: »Lieber Herr Professor.« Der Brief ist eine Liebeserklärung Tausks, jedoch ohne falsche Vertraulichkeit; er ist mit »Tausk« unterschrieben, da er für Freud niemals »Victor« gewesen war.

Tausks Selbstmord mag etwas Wildes an sich gehabt haben, doch was er zurückließ, war gelassen und heiter, Ausdruck der nach oben strebenden Seite seines Todes – seines Verlangens nach Unsterblichkeit. Mit diesem Brief errang er seinen Ruhm. Indes, die eilige Unterschrift stammt von einem Manne, der sein Bild entweichen sieht.

Doch in diesem Brief schwangen noch andere Untertöne mit. In einem gewissen Sinne ist er sogar aggressiv gegen Freud. In dem Kontext, in dem Tausk ihn schrieb, hatte er auch die folgende Bedeutung – »Du glaubst, ich will Dich töten, während ich Dich in Wirklichkeit liebe und bewundere.« Indem er überhaupt an Freud schreibt, verlagert Tausk die Verantwortung für das Unglück seines Lebens. Wolfgang, Tausks Alter ego in seinem Stück *Halbdunkel,* hatte über sich gesagt, »wenn ich ein böses Gewissen hatte, dann schrieb ich jemandem einen schönen Brief«[3]. Viele Jahre früher hatte Tausk schon einmal Selbstmordgedanken gehabt. Beinahe elf Jahre lang hatte er es fertiggebracht, diese quälende Vorstellung in die Hingabe an die Psychoanalyse zu verwandeln. Der Brief ist ungewöhnlich ruhig und normal. Doch über seine Motivation zum Selbstmord läßt Tausk Freud völlig im Dunkel.

Zum letzten Male benutzt Tausk eine Frau als Weg zu Freud. In seinem Brief ist Tausk ausschließlich um das Wohlergehen anderer besorgt. Er möchte, daß Freud – statt um ihn – sich um andere Menschen kümmert, und bittet ihn daher, Hilde Loewi zu helfen. Vielleicht hatte Tausk schon zuvor einmal Freud Gutes über sie berichtet; doch das ist sehr unwahrscheinlich, da er ihre Adresse angab, damit Freud Verbindung mit ihr aufnehmen konnte. Möglicherweise aber hat es danach niemals eine Begegnung zwischen Hilde und Freud gegeben. Die Verbindung zwischen Tausk und Freud wurde im Laufe der Jahre immer schwächer. Zuerst wurde sie durch Lou Andreas-Salomé hergestellt, dann durch Helene Deutsch und schließlich durch Hilde Loewi.

Vor Freud verbarg Tausk seine Motivation, ließ sie im Dunkel; in dem Testament, das er am frühen Morgen seines letzten Tages schrieb, offenbarte er jedoch zumindest seine bewußten Motive.

»Ich gehe aus meinem Leben, das ich seit meiner Kindheit systematisch abbaue und das jetzt, da ich einsehe, daß ich es nicht mehr mit Freude führen kann, seinen Sinn vollkommen verloren hat. Meine Begabung ist zu gering, um mir Halt zu geben. Die Erkenntnis, daß ich nicht freudig eine Ehe schließen kann, daß ich mich und meine geliebte Braut nur in Konflikten und Quälereien halten kann, ist das wahre bewußte Motiv meines Selbstmordes.

Lebt wohl, Mutter, Geschwister und Freunde. Lebt besser als ich, liebe Söhne. Vergesset mich alle bald. Ich habe Euch alle mit einer Lebensrolle getäuscht, der ich nicht gewachsen war.«

Man wird an Tausks Brief aus dem Jahre 1905 erinnert, in dem er über die Vorwürfe eines Freundes spricht, die besagt hatten, der Berufswechsel sei ein Fehler gewesen, Victor Tausk sei ein Mensch wie jeder andere. Tausk hatte so viele Opfer gebracht, um ein Genie zu werden, und doch war seine Begabung nicht groß genug gewesen, um den Wettkampf mit Freud zu bestehen.

Um Frieden zu gewinnen, mußte Tausk sich auslöschen. In seinem Testament hinterließ er die Anweisung, daß alle seine Schriften ungelesen verbrannt werden sollten. (Kafka hat dasselbe getan.) Hugo, Tausks jüngerer Sohn, brauchte einen ganzen Tag, um diese Forderung zu erfüllen.

Tausk benannte Camillo Gans als Vollstrecker seines Testaments. Den Psychoanalytiker Eduard Hitschmann ernannte er zum Vormund seiner Söhne. Hitschmann war ein angesehener Internist, der von seinem alten Freund

Paul Federn in die Psychoanalyse eingeführt worden war. Eine Zeitlang war er Freuds Hausarzt gewesen. Tausk bat Hitschmann, seinen Söhnen psychoanalytisch zu helfen, da sie beide mehr oder weniger neurotisch seien. Für sich und für die, die er liebte, hatte Tausk in der Psychoanalyse Rettung gesucht.

Als seine Schwester Nada mit gewissen Schwierigkeiten nicht fertig wurde, hatte er ihr zu einer analytischen Behandlung geraten, so wie er jetzt Hilde empfahl, Freuds Rat einzuholen. Psychoanalyse war für Tausk nicht nur eine Methode zur Behandlung psychischer Probleme, sondern die Vollendung des Erwachsenwerdens, die letzte Lösung der Menschheitsprobleme.[4]

Was läßt sich, abgesehen von dem, was Tausk als bewußte Motivation für seinen Selbstmord angab, aus seinem Leben insgesamt und der mißlichen Lage vor seinem Tod folgern? Wenn auch viele Ursachen in der schrecklichen inneren Einsamkeit zusammenfließen, die einem solchen Akt vorausgeht, müßte es doch möglich sein, einige der Voraussetzungen zu erhellen, die eine derart grausame Handlung auslösen.

Tausks innere Qualen und die Rolle, die Freud für ihn spielte, haben wir inzwischen zur Genüge kennengelernt. Tausks Leben war doppelt gescheitert, seine Ehe war ebenso mißlungen wie seine Karriere. Er war unfähig, eine dauerhafte heterosexuelle Beziehung aufzubauen, und seine Angst, das Leben einer weiteren Frau zu ruinieren, ließ ihn vor einem Leben mit Hilde zurückschrecken. »Niemand gibt sein Leben auf«, heißt es, »der nicht die Hoffnung auf Liebe aufgegeben hat.«[5]

Tausk war in eine solche Raserei geraten, daß er sich auf doppelte Weise umbrachte, durch Erschießen und Erhängen — ein doppelter Selbstmord, der den zwei Seiten seines zentralen Konfliktes entspricht. Außer seinem Versagen gegenüber Hilde war er von Freud enttäuscht. Wenn

Tausk, statt Hilde und Freud zu töten, sich selbst umbrachte, dann beginnen wir diesen seltsamen »Doppel«-tod zu verstehen.[6]

Einem Selbstmord, so hat uns die Psychoanalyse gelehrt, liegen Aggressionen zugrunde, die sich nicht nach außen wenden können. Wilhelm Stekel hat als erster erkannt, daß »niemand sich selbst tötet, der nicht einen anderen töten wollte oder zumindest einem anderen den Tod wünschte«[7]. Beim Selbstmord sind Mörder und Ermordeter ein und dieselbe Person. Man kann sich mit der gehaßten Person identifizieren und gleichzeitig für die haßerfüllten Wünsche büßen. Wie Freud in einer wenige Monate nach Tausks Tod entstandenen Abhandlung schreibt,

»... (findet) vielleicht niemand die psychische Energie, sich zu töten, der nicht erstens dabei ein Objekt mittötet, mit dem er sich identifiziert hat, und der nicht zweitens dadurch einen Todeswunsch gegen sich selbst wendet, welcher gegen eine andere Person gerichtet war«[8].

Wer tot ist, kann weder töten noch sterben. Selbstmord kann eine Möglichkeit sein, mit seinen Ängsten fertig zu werden, das Leben zu überwinden.[9]

Tausk hatte ohne Zweifel Angst vor seinem Willen zu leben, ein weiterer Grund, der ihn zu einer unwiderruflichen Handlung zwang. Wir wissen, daß viele Menschen ihre Selbstmordversuche überleben, nachdem ihre Gesten ein vorübergehendes selbstzerstörerisches Bedürfnis befriedigt haben. Die meisten Selbstmordversuche haben in der Tat eine manipulierende Absicht; sie zielen auf die Herrschaft über andere Menschen ab, weil dadurch bestimmte Wünsche befriedigt werden. In solchen Fällen »wird der Tod paradoxerweise gar nicht ernsthaft in Erwägung gezogen«[10]. Viele Selbstmordkanditaten wollen nicht wirklich sterben oder glauben nicht, daß sie infolge ihres Versuches sterben werden. Tatsächlich erweist sich, daß relativ »wenige Selbstmordversuche auf eine Weise ausgeführt werden, die mit Sicherheit zum Tode führt«[11]. Im Falle Tausks jedoch waren die Elemente: Aufmerksamkeit auf sich ziehen, Schauspielerin und der Schrei nach Hilfe, weniger wirksam als der ungeschwächte Drang zum Tode. Wie bei der Mehrzahl derjenigen, die wirklich Selbstmord begehen, glückte Tausks erster Versuch.

Zwischen den beiden Menschen, die Tausk tot sehen wollte, bestand insofern ein objektives Band, als Freud ihn in seinen Schwierigkeiten mit Frauen allein gelassen hatte. Freud hatte es abgelehnt, ihm durch eine Analyse zu helfen. Tausk wollte ein geliebter Sohn Freuds werden, aber Freud wies ihn ab. Tausk folgte keinem momentanen Selbstmordimpuls. Ein großer Teil seines Lebens war ganz in der Psychoanalyse aufgegangen. Ihm fehlte die Willensstärke, die grundlegende Selbstachtung, um dem Impuls zu widerstehen, sein Leben Freud vor die Füße zu werfen.

Tausk war zum drittenmal mit einem völligen Neubeginn konfrontiert. Aber er konnte die Psychoanalyse nicht aufgeben und dennoch produktiv sein. Ebensowenig konnte er bei der Psychoanalyse bleiben und seinem Anspruch, schöpferische Leistungen zu vollbringen, genügen. Durch seinen Tod konnte er sich mit Freud versöhnen und zugleich seine eigene Schuld bestätigen. Einerseits konnte er sich nur auf diese Weise von Freuds Lehren befreien; da er sich so stark mit ihm identifiziert hatte, konnte er durch seinen Selbstmord auch Freud töten. Andererseits konnte er, indem er nicht den »leichteren« Weg wählte, nämlich von Freud abzufallen und seine eigene Schule zu gründen, dieselbe Integrität beweisen wie sein Meister.

Im nachhinein ist es immer nur allzuleicht, Anzeichen dafür zu entdecken, warum das Leben eines Menschen zwangsläufig scheitern mußte. Betrachtet man jedoch die Wendepunkte in solch einem Leben, so erscheint niemals etwas so eindeutig festgelegt, wie es hinterher rekonstruierbar ist. Es ist schwer zu entscheiden, was richtiger ist, das Urteil der Rückschau oder das des aktuellen Augenblicks. Zwar hatte Tausk sein ganzes Leben hindurch mit schweren Konflikten zu kämpfen gehabt und war wiederholt in depressive Stimmungen und Gedanken an den Tod verfallen, doch hatte er andererseits die Liebe vieler Frauen, die Bewunderung von Kollegen und die Dankbarkeit von Patienten gewonnen. Seine gewaltigen und elementaren Leidenschaften kehrten sich daher erst am Ende seines Lebens entschieden gegen sich selbst.

Freuds Lehre zielte auf innere Befreiung; dennoch war Tausk zum Sklaven geworden. Wie hat Freud – im Alter von dreiundsechzig Jahren – auf den Tod seines bedeutenden Schülers reagiert?

Freuds Gedenkwort offenbart einen Aspekt seiner Reaktion. Obwohl es ursprünglich von einem »Herausgeberkomitee« unterzeichnet war, wurde es später in eine Sammlung von Freuds Arbeiten aufgenommen, die unter Freuds eigener Leitung zusammengestellt wurde, und wird heute unstreitig als von Freud selbst geschrieben angesehen.[12] Das Gedenkwort ist eine vorzügliche Zusammenfassung der Veränderungen in Tausks Leben sowie seines besonderen Beitrages zum psychoanalytischen Denken.

»Zu den glücklicherweise nicht zahlreichen Opfern, die der Krieg in den Reihen der Psychoanalytiker gefordert hat, muß man auch den ungewöhnlich begabten Wiener Nervenarzt rechnen, der – noch ehe der Frieden zum Abschluß gelangte – freiwillig aus dem Leben geschieden ist.

Dr. Tausk, der erst im zweiundvierzigsten Lebensjahre stand, gehörte seit mehr als einem Jahrzehnt dem engeren Kreis der Anhänger Freuds an. Ursprünglich Jurist, war Dr. Tausk bereits längere Zeit als Richter in Bosnien tätig, als er unter dem Eindruck schwerer persönlicher Erlebnisse seine Laufbahn aufgab und sich der Journalistik zuwandte, zu der ihn seine umfassende allgemeine Bildung besonders befähigte. Nachdem er längere Zeit in Berlin journalistisch tätig gewesen war, kam er in derselben Eigenschaft nach Wien, wo er die Psychoanalyse kennenlernte und bald beschloß, sich ihr ganz zuzuwenden. Bereits als gereifter Mann und Familienvater scheute er nicht vor den großen Schwierigkeiten und Opfern eines neuerlichen Berufswechsels zurück, der eine mehrjährige Unterbrechung in seinem Erwerbsleben bedeuten mußte. Sollte ihm das langwierige Studium der Medizin doch nur ein Mittel sein, um die Psychoanalyse praktisch ausüben zu können.

Kurz vor Ausbruch des Weltkrieges hatte Tausk das zweite Doktorat erworben und etablierte sich als Nervenarzt in Wien, wo er nach verhältnismäßig kurzer Zeit im Begriffe war, sich eine ansehnliche Praxis zu schaffen, in der er schöne Erfolge erzielte. Aus dieser Tätigkeit, die dem ehrgeizigen jungen Arzt volle Befriedigung und Existenzmöglichkeit verhieß, wurde er durch den Krieg plötzlich gewaltsam gerissen. Sofort zur aktiven Dienstleistung einberufen hat Dr. Tausk, der bald zum Oberarzt avancierte, auf den verschiedenen Kriegsschauplätzen im Norden und auf dem Balkan (zuletzt in Belgrad) seine ärztlichen Pflichten mit Aufopferung erfüllt und dafür auch offizielle Anerkennung geerntet. Es muß hier rühmend hervorgehoben werden, daß Dr. Tausk während des Krieges mit Einsetzung seiner ganzen Persönlichkeit und mit Zurücksetzung aller Rücksichten gegen die zahlreichen Mißbräuche offen aufgetreten ist, die leider so viele Ärzte stillschweigend geduldet oder sogar mitverschuldet haben.

Die mehrjährige aufreibende Felddienstleistung konnte an dem äußerst gewissenhaften Menschen nicht ohne schwere seelische Schädigung vorübergehen. Schon auf dem letzten psychoanalytischen Kongreß im September 1918 in Buda-

pest, der die Analytiker nach langen Jahren der Trennung wieder zusammenführte, zeigte der seit Jahren körperlich Leidende Zeichen besonderer Gereiztheit.
Als Dr. Tausk dann bald darauf, im Spätherbst vorigen Jahres, aus dem Militärdienst schied und nach Wien zurückkehrte, stand der innerlich Erschöpfte vor der schwierigen Aufgabe, sich zum drittenmal – diesmal unter den ungünstigsten äußeren und inneren Verhältnissen – eine neue Existenz zu gründen. Dazu kam, daß Dr. Tausk, der zwei herangewachsene Söhne hinterläßt, denen er ein fürsorglicher Vater war, vor einer neuen Eheschließung stand. Den vielfachen Anforderungen, welche die harte Wirklichkeit an den Leidenden stellte, war er nun nicht mehr gewachsen. Am Morgen des 3. Juli machte er seinem Leben ein Ende.
Dr. Tausk, der seit dem Herbst 1909 Mitglied der Wiener Psychoanalytischen Vereinigung war, ist den Lesern dieser Zeitschrift durch verschiedene Beiträge bekannt, die sich durch scharfe Beobachtung, treffendes Urteil und eine besondere Klarheit des Ausdrucks auszeichnen. In diesen Arbeiten kommt deutlich die philosophische Schulung, die der Autor glücklich mit den exakten Methoden der Naturwissenschaft zu verbinden wußte, zum Ausdruck. Sein Bedürfnis nach philosophischer Fundierung und erkenntnistheoretischer Klarheit zwang ihn, die so schwierigen Probleme in ihrer ganzen Tiefe und umfassenden Bedeutung zu erfassen, aber auch bewältigen zu wollen. In seinem ungestümen Forscherdrang ist er vielleicht manchmal in dieser Richtung zu weit gegangen; vielleicht war es auch noch nicht an der Zeit, der im Werden begriffenen Wissenschaft der Psychoanalyse eine allgemeinere Grundlage dieser Art zu geben. Die psychoanalytische Betrachtung philosophischer Probleme, für die Tausk eine besondere Begabung bewies, verspricht immer mehr fruchtbar zu werden; eine der letzten Arbeiten des Verstorbenen,

über die Psychoanalyse der Urteilsfunktion, die – bisher noch unveröffentlicht – auf dem letzten psychoanalytisch Kongreß in Budapest von ihm vorgetragen wurde, beweist diese Richtung seines Interesses.

Neben seiner philosophischen Begabung und Neigung zeigte Tausk auch ganz hervorragende medizinisch-psychologische Fähigkeiten und hatte auch auf diesem Gebiete schöne Leistungen aufzuweisen. Seine klinische Tätigkeit, der wir wertvolle Untersuchungen über verschiedene Psychosen (Melancholie, Schizophrenie) verdanken, berechtigte zu den schönsten Hoffnungen und gab ihm die Anwartschaft auf eine Dozentur, um die er in Bewerbung stand.

Ein ganz besonderes Verdienst um die Psychoanalyse hat sich Dr. Tausk, der über eine glänzende Rednergabe verfügte, durch die Abhaltung von Vortragskursen erworben, in denen er, mehrere Jahre hindurch, zahlreiche Zuhörer beiderlei Geschlechts in die Grundlagen und Probleme der Psychoanalyse einführte. Seine Zuhörer wußten die pädagogische Geschicklichkeit und Klarheit seiner Vorträge ebenso zu bewundern wie die Tiefe, mit der er einzelne Themata behandelte.

Alle, die den Verstorbenen näher kannten, schätzten seinen lauteren Charakter, seine Ehrlichkeit gegen sich und andere und seine vornehme Natur, die ein Bestreben nach dem Vollendeten und Edlen auszeichnete. Sein leidenschaftliches Temperament äußerte sich in scharfer, manchmal überscharfer Kritik, die sich aber mit einer glänzenden Darstellungsgabe verband. Diese persönlichen Eigenartigkeiten hatten für viele eine große Anziehung, mögen aber auch manche abgestoßen haben. Keiner jedoch konnte sich dem Eindruck entziehen, daß er einen bedeutenden Menschen vor sich habe.

Was ihm die Psychoanalyse – bis zum letzten Augenblick – bedeutet hat, davon zeugen hinterlassene Briefe, in denen er sich rückhaltlos zu ihr bekennt und die Hoffnung auf ihre Anerkennung in nicht allzu ferner Zeit ausspricht. Der allzu früh unserer Wissenschaft und dem Wiener Kreise Entrissene hat gewiß dazu beigetragen, daß dieses Ziel erreicht werde. In der Geschichte der Psychoanalyse und ihrer ersten Kämpfe ist ihm ein ehrenvolles Andenken sicher.«

Tausks Leben ist Freud zufolge äußeren Umständen zum Opfer gefallen. Obwohl Freud die Belastungen, unter denen Tausk lebte, genau bezeichnet, bringt er die Gefühle Tausks doch nicht in einen inneren Zusammenhang mit der Not des Krieges. Doch wie Freud wohl wußte, können reale Probleme überaus hilfreich sein, wenn man tief beunruhigt ist. Wenn er den Krieg für Tausks Tod verantwortlich machte, war Freud nicht bewußt heuchlerisch. Er wollte wirklich glauben, daß er selbst mit Tausks Ende nichts zu tun hatte. Vielleicht war er über den unerwarteten Tod Tausks bestürzt, wenn er sich auch nicht erlaubte, betrübt zu sein.

Da die entsprechenden Passagen noch nicht veröffentlicht sind, wissen wir nicht, was Freud seinen Schülern Abraham und Ferenczi über den Vorfall schrieb. In einem Brief an Pfister vom 13. Juli, zehn Tage nach Tausks Tod, findet sich ein Satz, der ganz mit dem Tenor des Gedenkworts übereinstimmt. »Dr. Tausk hat seinem Leben ein Ende gemacht. Eine große Begabung, aber ein vom Schicksal verfolgter Mensch, ein nachträgliches Opfer des Krieges; haben Sie ihn gekannt?«[13]

Am 15. Juli 1919 ging Freud mit seiner Schwägerin Minna in die Sommerferien. Seine Frau blieb zu Hause; Freud reiste immer mit Minna, die eine mehr geistige Gefährtin war. Erst am 1. August, beinahe einen Monat nach Tausks Tod, schrieb Freud an Lou Andreas-Salomé. Freud war bekanntlich einer der größten Briefschreiber der Welt. Während der Arbeit nahm er sich zwischendurch regelmäßig Zeit, um einen Stoß Briefe zu schreiben. Auf diese Weise hielt er Verbindung zu Anhängern in der ganzen Welt. (Über Jung zum Beispiel war Freud oft verärgert, weil Jung der Kunst des Briefeschreibens sich weniger häufig widmete.)

In seinem Brief an Lou über Tausk betrog Freud sich wieder selbst, indem er jegliche Verantwortung für Tausks Tod leugnete. Hätte er gewußt, welchen Anteil er an dem hatte, was mit Tausk geschehen war, hätte Freud wohl weder das Gedenkwort geschrieben, noch den Selbstmordbrief an Tausks Sohn zurückgegeben. Lou gegenüber konnte Freud seine Erleichterung darüber, daß Tausk endlich gegangen war, weit offener ausdrücken.

»Der arme Tausk, den Sie ja eine Zeitlang durch Ihre Freundschaft ausgezeichnet haben, hat seinem Leben am 3. Juli auf gründliche Weise ein Ende gemacht. Er kam aufgerieben aus den Greueln des Krieges zurück, sollte unter ungünstigsten Verhältnissen in Wien die durch die Einrückung verlorene Existenz wieder aufbauen, hatte den Versuch gemacht, eine neue Frau in sein Leben zu nehmen, sollte acht Tage später heiraten – entschloß sich aber anders. Seine Abschiedsbriefe an seine Braut, seine erste Frau und an mich sind alle gleich zärtlich, beteuern seine Klarheit, beschuldigen niemand als seine eigene Unzulänglichkeit und sein verfehltes Leben, geben also keinen Aufschluß über den letzten Akt. Im Brief an mich bekennt er sich zur unverbrüchlichen Treue gegen die Ps. A., dankt mir u. s. w. Wie es aber dahinter ausgesehen haben mag, ist nicht zu erraten. Er hat doch sein Lebtag mit dem Vatergespenst gekämpft. Ich gestehe, daß er mir nicht eigentlich fehlt; ich hielt ihn seit langem für unbrauchbar, ja für eine Zukunftsbedrohung. Ich hatte Gelegenheit, einige Blicke in den Unterbau zu tun, auf dem seine stolzen Sublimierungen ruhten, und ich hätte ihn längst fallen gelassen, wenn *Sie* ihn nicht in meinem Urteil so gehoben hätten. Natürlich war ich doch bereit, alles zu seiner Förderung zu tun, nur bin ich durch die Verschlechterung aller Verhältnisse in Wien zuletzt selbst recht ohnmächtig gewesen. Seine bedeutende Begabung habe ich nie verkannt; es war ihr aber versagt, sich in entsprechend wertvolle Leistungen umzusetzen.«

Freuds Brief erschiene wohl auch dann als verletzend, wenn wir der Tragödie Tausks nicht so genau nachgegangen wären. In der bisher publizierten Version dieses Briefes[14] fehlt die am meisten verletzende Passage. Selbstverständlich ist jeder Brief ein besonderes Kommunikationsmittel, für den Schreiber ebenso wie für den Empfänger. Es ist gut möglich, daß es zwischen Freud und Lou unausgesprochene Annahmen über Tausk gegeben hat. Und für Freud war es charakteristisch, sich über seine Gefühle wie auch über seine schlechtesten Eigenschaften ehrlich und mutig zu äußern – eben dies macht ihn für Kritik so offen. Er war stolz auf seine Integrität, auf die vollkommene Identität dessen, was er sagte, und dessen, was er glaubte.

Aber wie sehr auch immer man dazu tendieren mag, für Freud und gegen Tausk Partei zu ergreifen – dieser Brief an Lou erscheint inhuman. Vergleicht man ihn mit Tausks letztem Brief an Freud, erscheint es kaum glaublich, daß Freud solche Gedanken äußern könnte. Im Gegensatz zu seinem Gedenkwort mit all seinem öffentlichen Lob hatte Freud privat nur Mitleid für Tausk übrig. Freud, der der Selbsterkenntnis lebte, schien an dem, was für seine Arbeit »brauchbar« war, mehr zu liegen als an einem menschlichen Leben. Seine Hingabe an die Sache der Psychoanalyse sanktionierte diese Rücksichtslosigkeit.[15]

Als junger Mann vor der Begründung der Psychoanalyse war Freud angesichts einer menschlichen Tragödie nicht gefühllos; als Siebenundzwanzigjähriger schrieb er über den Selbstmord eines Freundes einen bemerkenswert mitfühlenden Brief an Martha.[16] Freud besaß alle psychologischen Voraussetzungen für einen großen Schriftsteller. Doch mit zunehmendem Alter und mit dem allmählichen Sieg des Wissenschaftlers in ihm über den Künstler verengte sich der Spielraum seiner Menschlichkeit. Die Psychoanalyse, schrieb er später, war »mir zum Lebensinhalt geworden«[17].

Freud hatte durchaus Grund, der Oberfläche von Tausks Selbstmordbrief zu mißtrauen, zu vermuten, daß mehr dahinterlag. Doch so weit wie möglich entzieht sich Freud in seinem Brief an Lou jeglicher Verantwortung; er sucht nur Bestätigung. Möglicherweise hat Freud die Verantwortung für den Selbstmord Tausks auf möglichst viele Personen verteilen wollen (wie ja auch Freuds Gedenkwort ursprünglich von einer »Redaktion« statt von ihm selbst unterzeichnet war). Es ist unwahrscheinlich, daß Freud den Brief an Hilde oder den angeblichen an Martha gesehen hat; denn durch diese Briefe hätte Freud von dem bewußten Motiv erfahren können, das Tausk in seinem Testament genannt hatte. Oder hat Freud diese Version der Handlung Tausks nicht anerkennen wollen?

Freuds Gedenkwort hatte die vielfältigen Gaben und Leistungen Tausks gerühmt. Wenn Freud die »philosophische« Begabung Tausks hervorhob, so machte er ein doppelsinniges Kompliment, denn er war ja gerade bestrebt, die Psychologie aus ihren metaphysischen Fesseln zu lösen und die Psychoanalyse auf einer empirischen Basis zu gründen. Er soll oft gesagt haben, daß er die Philosophie herzlich verabscheue. Obwohl er sich selbst zuweilen in abstrakten Höhen bewegte, konnte das Etikett »eine Spekulation« immer dazu dienen, eine neue Idee zu verdammen.[18]

Freuds Brief an Lou zeugt von einer gewissen Verwirrung; Tausks Tod erschien rätselhaft. Was konnte Freud meinen, wenn er sagte, Tausk sei eine »Zukunftsbedrohung«. Tausk stand nicht in der Reihe der Nachfolger, wie zum Beispiel Adler oder Jung. Trotz aller Brillanz hätte Tausk eine weit größere Rolle für die Psychoanalyse spielen müssen, als er es in Wirklichkeit tat, um irgendwelche Ängste zu begründen, er könnte nach dem Tode Freuds der Psychoanalyse schaden. Tausk war eher ein lästiger Mensch und eine persönliche Bedrohung für Freud als ein wirklicher Konkurrent auf dem Feld der Psychoanalyse.

Wenn Freud Tausk dennoch für »unbrauchbar« hielt, so zweifellos aus Gründen des Ruhmes für Freud und nicht aus Gründen der Wissenschaft.

Die Psychoanalyse war Freuds eigene Schöpfung, und er konnte versucht sein zu glauben, daß das, was für ihn persönlich »unbrauchbar« war, auch objektiv wertlos sei. Jeder, der einmal seine ganze Persönlichkeit in seiner Arbeit aufgehen ließ, wird Freuds Empfindlichkeit gegenüber Kritik in einem gewissen Grade teilen.

Das Verhältnis von Freud und Tausk hatte in der Tat etwas Unheimliches an sich. Denn gleichsam wie in Fortsetzung ihrer Verbindung begann Freud um die Zeit von Tausks Selbstmord das Konzept des Todestriebes zu formulieren. In dem Brief an Lou, in dem er über das Ende Tausks spricht, schreibt Freud am Schluß: »Ich habe mir jetzt als Altenteil das Thema des Todes ausgewählt, bin über eine merkwürdige Idee von den Trieben aus gestolpert ...« Freud war schon längere Zeit von der Psychoanalyse des Todes gefesselt gewesen, womit er ganz in einer bestimmten Tradition der deutschen Literatur stand. Aber das explizite Postulat eines Destruktionstriebes fiel zeitlich mit dem Selbstmord Tausks zusammen. Man kann sich fragen, ob Tausk etwas von Freud darüber gehört oder es vielleicht intuitiv erfaßt hatte. Wäre es denkbar, daß Tausk Freuds neueste, kaum erst sich entwickelnde Idee agiert hat? Oder war der Begriff des Todestriebes vielleicht nichts anderes als eine weitere Möglichkeit für Freud, jede Verantwortung für Tausks Selbstmord zu leugnen?[19]

Lou war über Freuds kalte Schilderung von Tausks Ende bestürzt. Ihre briefliche Antwort war ein Meisterstück feiner Diplomatie im Umgang mit Freud. Gleichzeitig drückt ihr Brief ihr andauerndes Verständnis für Tausks Charakter aus. Sie schob ihre Antwort bis zum 25. August auf, dem Jahrestag von Nietzsches Tod.
»Ihre Benachrichtigung kam mir vollkommen überraschend. Armer Tausk. Ich hatte ihn lieb. Glaubte, ihn zu kennen: und hätte doch nie, nie an Selbstmord gedacht (mir erscheint gelungener Freitod – also nicht Versuche und nicht Drohungen, – gewissermaßen eher als ein Gesundheitsausweis als das Entgegengesetzte). Freilich: ich ahne ja nicht, welches Mittel er wählte (Gift wäre für ihn, den Arzt, überaus leicht erhältlich gewesen), hat er eine Waffe gewählt, dann würde ich mir vorstellen können, daß dieser Tod der einer ungeheuren letzten Wollustbefriedigung war, nämlich der eines Gewalttätigen *und* eines Erduldenden zugleich. Denn hier steckte das Tauskproblem, seine Gefahr, die zugleich auch seinen Reiz ausmachte (unpsychoanalytisch hieße es etwa: Seelenberserker mit zartem Herzen). Was Sie schreiben: ›daß er Ihnen im Grunde nicht fehle!‹, erscheint mir nicht bloß verständlich, sondern ich selbst empfand ihn als eine gewisse ›Zukunftsbedrohung‹ für Sie wie für die Sache, die er doch mit solcher Hingerissenheit und Echtheit bewußt vertrat. Er wußte meine Bedenken gegen ihn; meinen Schreck, daß er sich auf Habilitation in Wien versteifte. Im März wollte er noch nach München kommen, wogegen ich war; den letzten Brief habe ich, wie schon viele frühere, nicht beantwortet, und er hatte Recht, vor Jahresfrist zu schreiben: ›man setzt sich nicht mit einem Unglücklichen an denselben Tisch: auch Du hast es ja nicht getan.‹ Nein, auch ich nicht.
Die wahrhaft Leidtragende, wie die wahrhaft Geliebte, ist in diesem Fall Jelka, seine Schwester. Ich möchte ihr

wohl schreiben, wüßte ich ihre Wiener Adresse, sowie den Namen ihres Mannes, der mir entfallen ist.«[20]

Im großen und ganzen stimmt Lou mit Freuds Interpretation von Tausks Charakter überein, aber sie verschiebt den Schwerpunkt der Rede über den Toten in Richtung auf Tausks Liebenswürdigkeit. Sie sagt, allerdings in Parenthese, daß »unpsychoanalytisch« gesprochen Tausk ein »Seelenberserker mit zartem Herzen« war – sie meint: Du, Freud, und die Psychoanalyse, Deine Wissenschaft, ihr mögt einige Etiketten für ihn haben, doch menschlich gesehen waren es gerade seine besten Eigenschaften, die ihn zum Opfer werden ließen. Die Welt der Erwachsenen kann unsere menschlichsten Eigenschaften verkrüppeln. Lou sieht nicht nur Tausks Kampf mit dem »Vatergespenst«, sondern auch seine zärtliche Liebe für Jelka. Tausk war ein Mensch, der seinen Gefühlen weniger vertrauen konnte als seinem Verstand. Wie Lou am Rand ihres Briefes in bezug auf Tausk schrieb, »bleibt selbst ein so *starker* Charakter Zwergohnmacht gegen den inneren Riesen der Maßlosigkeit«.

Offenbar hat Tausk im März 1919 – nach dem Abbruch seiner Analyse – bei Lou Beistand gesucht. Obwohl Lou ihr ungutes Gefühl darüber eingesteht, daß sie Tausk seinem Schicksal überlassen hat, und obwohl sie die Gewalt abschwächt, mit der Freud Tausk als Menschen fallenläßt, greift sie die Aussage Freuds auf, Tausk habe eine Bedrohung für die Zukunft der Psychoanalyse dargestellt. Sie nimmt Freuds Schmeichelei an, daß er sich nur auf Grund ihrer Freundschaft mit Tausk so lange mit ihm eingelassen habe. Was sie für Tausk empfand, war Zärtlichkeit, nicht Liebe. Sie gibt ihn so leicht auf, verteidigt ihn so wenig, daß man nur annehmen kann, sie habe Tausk tatsächlich nur im Hinblick auf ihr Verhältnis zu Freud benutzt; als Liebhaber hatte sie ihn als den zweitbesten genommen. Ihrem letzten Biographen zufolge hat

Lou bis zu ihrem Tod im Jahre 1937 (sie war praktizierende Psychoanalytikerin geworden) an Freud kein Wort mehr über Tausk geschrieben.

Freud hatte Lou nicht mitgeteilt, auf welche Weise Tausk sich umgebracht hatte. Mit Helene Deutsch sprach er überhaupt nicht über das Ereignis. Sie war auf dem Lande, als Tausk starb. Später äußerte sie Freud gegenüber, daß Tausk vielleicht noch am Leben sei, wenn sie ihn in Analyse behalten, ihn nicht weggeschickt hätte. Freud wich ihrer reuevollen Frage aus, indem er kühl sagte — »Aber Sie haben die richtige Wahl getroffen, Sie haben sich für sich selbst entschieden.« Mit anderen Worten, er gab ihr die Erlaubnis, sich nicht schuldig zu fühlen, nicht bekümmert zu sein. Andererseits hat er vielleicht versucht, sie vor zu starken Schuldgefühlen zu schützen.

Denn Helene Deutsch hatte für Tausks Tod zweifellos eine größere Rolle gespielt, als ihr damals bewußt war. Natürlich hatte sie nicht wissen können, mit welchen Absichten Freud sie möglicherweise Tausk gegenüber benutzte. Als Analytikerin hatte sie noch keine Erfahrung. Der tiefe Eindruck, den Tausks Selbstmord auf sie machte, gleicht in gewisser Weise der Narbe, die bei vielen Psychiatern nach einem Selbstmord im Anfang ihrer Ausbildung zurückbleibt. Doch weil Helene bei Freud in Analyse war, schien es ihr, die Verantwortung für den Selbstmord liege nicht bei ihr, sondern bei Freud. Ebenso wie Freud schob Helene alle Verantwortung, die es hier gab, Freud zu.

Im Rückblick erscheint es durchaus begreiflich, daß sie ihre eigene Rolle für unbedeutend gehalten, sich bloß als Mittlerin zwischen Tausk und Freud gesehen hat.[21] An der Oberfläche hat sich eine emotionale Bindung zwischen Patient und Analytiker, die sogenannte »Übertragung«, zwischen Tausk und Helene Deutsch kaum hergestellt.

Indes, mit der Geschichte seines Konfliktes mit Freud hatte Tausk versteckt um seine Analytikerin geworben. Der Bericht über seine Schwierigkeiten mit Freud war die verführerischste Kraft, über die Tausk verfügte. Sein Unmut gegenüber Freud stand in aufregendem Gegensatz zu Helenes Verehrung für den »Professor«; sie konnte ihr Interesse ganz auf diesen rebellischen Schüler richten, ohne sich selbst je einzugestehen, daß auch in ihr selbst eine kritische Einstellung gegen Freud schlummern könnte. Ihre eigenen negativen Impulse gegen Freud konnten isoliert und alle in der Person Tausk verkörpert werden. Indem Helene mit Tausks Äußerungen zu Freud ging, beging sie unbeabsichtigt einen Verrat an ihrem Patienten; sie zeigte sich als die gute Schülerin, die ganz anders war als der anmaßende und lästige Tausk. Es läßt sich sogar vermuten, daß sie Tausks Interesse an ihrem Analytiker wie auch Tausks Äußerungen über seine Rivalität mit ihm insgeheim ermutigt hat.

Es ist unmöglich, die Bedeutung der menschlichen Eitelkeit im Leben zu überschätzen. Tausk mag Helene als Person noch so gut gekannt haben, wenn er auf ihrer Couch lag und über seine mißliche Lage sprach, verwandelte sein Egoismus sie in eine Gestalt von großer emotionaler Bedeutung für ihn. Jeder von uns nährt ein enormes Maß an Selbstüberschätzung, das gewöhnlich latent und unter Kontrolle bleibt. Die Psychoanalyse als Therapie aktiviert solche unbewußten Gefühle, um dem Patienten zu ermöglichen, Distanz zu ihnen zu gewinnen. Doch in diesem Prozeß wird der geringste Analytiker für seinen Patienten zu einem Gott.

Die Psychoanalyse erhebt den Anspruch, im Vergleich mit anderen Behandlungsmethoden die am wenigsten manipulierende Therapieform zu sein; durch rationale Einsicht soll der Patient seine besten Möglichkeiten entwickeln. Doch die analytische Situation enthält sehr oft verborgene Elemente von Suggestion, die dem Analytiker ebenso entgehen können wie dem Patienten. So gewinnen die

Bemerkungen des Analytikers schon allein deshalb ein unverhältnismäßiges Gewicht, weil er im allgemeinen schweigt. Wie Freud Helenes grenzenlose Bewunderung als durch die Realität völlig gerechtfertigt ansah, so daß sie keiner Auflösung durch Deutungen bedurfte, so entging Helene völlig, wie sehr Tausk ihr durch das, worüber er sprach, schmeichelte, und sie erkannte nicht, wie ihr die ganze Situation für ihr Verhältnis zu Freud nützte.[22]
Freuds Denksystem gab ihm zu viele Entscheidungsmöglichkeiten und erlegte ihm zu wenig Beschränkungen auf, wenn sein eigenes Ich sich durchsetzte. Ein Psychotherapeut kann sich als einzige Kontrollmöglichkeit nur auf sein eigenes Verantwortungsgefühl verlassen.
In seinen letzten Lebensjahren, als Freud sich insgesamt pessimistischer über die therapeutischen Erfolge einer Analyse äußerte, schrieb er mit Bedauern: »Es mag sein, daß dieser Vorgang dem Dichter recht gibt, der uns mahnt, wenn einem Menschen Macht verliehen wird, falle es ihm schwer, sie nicht zu mißbrauchen.«[23]
Aus seiner Sicht hatte Freud Tausk nicht einfach abgewiesen, sondern zu jemand geschickt, in den er Vertrauen setzte. Er mochte sich sagen, daß er auf diese Weise den Fall überwachen konnte. Es war leicht, eine Rationalisierung dafür zu finden, daß er Tausk von sich fernhielt. Patienten sollten neurotisch sein, nicht Analytiker. Freuds Verhalten gegenüber Tausk war nicht bewußt sadistisch; die Grausamkeit war so in die Situation eingebaut, daß keiner der Beteiligten erkennen mußte, was eigentlich geschehen war. Der größte Fehler, den ein Arzt bei einem selbstmordgefährdeten oder depressiven Patienten begehen kann, ist, ihn wegzuschicken. Da weder Freud noch Helene Deutsch erkannten, wie schlecht es Tausk tatsächlich ging, mag es vorher keine Anzeichen dafür gegeben haben, daß Tausk sich töten wollte.
Doch die Analyse als solche hatte Schaden angerichtet.

Freud hätte als erster zugegeben, daß die Analyse, wenn sie nicht verletzen könnte, auch nicht die Kraft zur Heilung hätte. »Wenn ein Messer nicht schneidet, kann es auch nicht zur Heilung dienen.«[24] Eine Psychoanalyse soll im Patienten eine Regression bewirken; sie soll in konstruktiver Absicht Konflikte aktivieren und damit der Bearbeitung und Auflösung zugänglich machen.

Die klassische Analyse mit der Couch und dem neutralen Analytiker kann jedoch, versteckt oder offen, eine so starke Regression und Abhängigkeit des Patienten hervorrufen, daß der Patient nicht mehr mit seiner Situation fertig wird und auch der Analytiker keine Möglichkeit mehr hat, ihr zu begegnen. Das formale Arrangement der analytischen Situation kann zu der falschen Überzeugung führen, sie sei weniger abgeschlossen und intim, als sie tatsächlich ist. Die Unpersönlichkeit des außer Sicht und entfernt sitzenden Analytikers ermöglicht es manchem Patienten, sich rasch zu eröffnen. In den ersten Phasen einer Analyse ist ein Patient besonders verletzlich, und an einem solchen Punkt wurde Tausk abrupt entlassen.

Diese drei bedeutenden Menschen spielten mit menschlichem Dynamit. Nachdem Freud lange eine so große Nähe gestattet hatte, versuchte er plötzlich, sich zu distanzieren. Das konnte schon ein Grund sein, in Tausk eine mörderische Wut zu erregen. Wir können uns fragen, ob das in der Übertragungssituation für Tausk nicht bedeutete, daß der Vater ihn zurückgestoßen hatte, weil er für das Verhältnis des Vaters zur Mutter eine Störung darstellte: der Vater trennte ihn von der Mutter, um sie für sich allein zu haben.

Ebenso wie die hilfreiche Wirkung einer Analyse begrenzt ist, kann sie natürlich auch nur ein begrenztes Maß an Schaden anrichten. Doch Tausk hatte Grund zu seiner Wut, insbesondere zu der gegen sich selbst. Statt nach seiner Rückkehr aus dem Kriege selbst um den Wiederaufbau seiner Existenz zu kämpfen, hatte er sich an Freud, dessen abweisende Haltung ihm nicht entgangen sein konnte, um Hilfe gewandt. Er hatte auch guten Grund, gegen die Personen aus seiner Vergangenheit und ihre Repräsentanten in der Gegenwart, gegen Helene Deutsch und Freud, zu wüten. Sie haben zu seinem Ende beigetragen, weil sie zunächst alle seine Übertragungserwartungen mobilisiert hatten – denn jede Analyse erweckt infantile Wünsche in einem Patienten –, die Analyse dann aber abgebrochen hatten, ohne eine andere Lösung zu finden. Freud pflegte Lessing zu zitieren: »Wer über gewisse Dinge den Verstand nicht verliert, der hat keinen zu verlieren.«

Jeder im engeren Kreis der Psychoanalytiker war über Tausks Selbstmord erschüttert. Man könnte erwarten, daß nur die Hofschmeichler es mit Freud gehalten hätten. Doch wie wir gesehen haben, bedeutete damals die bloße Tatsache, Analytiker zu sein, daß man einer kleinen Minderheit angehörte, die sich in der Defensive befand und ständigen Angriffen ausgesetzt war. Daher war es nur natürlich, sich Freuds Ablehnung gegenüber der Außenwelt zu eigen zu machen. Die Bande, die die Psychoanalytiker zusammenhielten, waren so fest wie ihre Feindseligkeit gegen die nichtanalytische Welt. In einer solchen Situation wird es leicht, jeden zu hassen, der von einer so fest zusammenhaltenden Gruppe auch nur leicht abweicht, und alles, was nach einem Kompromiß mit dem Feind schmeckt, kann als Verrat an der Sache erscheinen.

Leider existiert nur ein einziger Brief aus dem Kreis um Freud, der einen Bericht über Tausks Ende enthält; er bestätigt weitgehend, was wir bereits rekonstruiert haben. Dieser Brief stammt von Paul Federn, der ihn noch am selben Tage, an dem Tausk tot aufgefunden wurde, an seine Frau Wilma schrieb. Sie war auf dem Lande, aber er meinte, ihr sofort schreiben zu müssen, obwohl er sie schon am Samstag der gleichen Woche besuchen würde.

Federn war ein Internist, der sich im Jahre 1903 Freuds

Gruppe angeschlossen hatte und damit einer der ersten Anhänger Freuds war. Er war auch einer von Tausks engsten Freunden. Sie hatten ihre Schwierigkeiten miteinander gehabt, vor allem wegen Tausks Liebelei mit Wilma, die sehr viel jünger als ihr Mann war. Aber Federn hatte große Bewunderung für Tausks Arbeit, zumal auch er daran interessiert war, die Einsichten der Psychoanalyse für die Behandlung von Psychosen fruchtbar zu machen. Federns Darstellung hat nicht nur deshalb Gewicht, weil er dem Geschehen so nahe war, sondern auch, weil er ein besonderes psychologisches Einfühlungsvermögen besaß.

Federn war ein geborener Idealist, der politisch links orientiert war. Seine Aufgabe sah er im Heilen, und er schrieb der Psychoanalyse die Kraft zu, die Menschheit zu befreien. »Man möchte wünschen, daß viele Dichter, Religionsstifter und andere bedeutende Männer sich einer Analyse unterzogen hätten; dann hätten sie große Dinge vollbringen können.«[25] Vor dem Ersten Weltkrieg unternahm Federn eine Reise nach New York, um einen wohlhabenden jungen Amerikaner wegen seines Stotterns zu behandeln; es handelte sich um Herbert H. Lehman, der später Gouverneur von New York und Senator wurde.

»Federn war ein Romantiker und Reformer, Freud ein Realist und Forscher.«[26] Da Freud wenig Möglichkeiten sah, die Menschheit zu verbessern, gab es verständlicherweise genug Spannungen zwischen den beiden Männern. Federn gab oft seinem Schmerz und seinem Verdruß darüber Ausdruck, daß Freud ihn nicht in Analyse genommen hatte.[27] Wie Tausk erhoffte er sich viel von Freud, obgleich er sich andererseits in diesem Kreis in seiner Unabhängigkeit eingeschränkt empfand.

Für die Analytikergeneration der zwanziger und dreißiger Jahre war Federn ein Patriarch, der heilige Petrus der Bewegung. Federn fühlte sich seinem Vater gegenüber als Verräter; daher war in seiner Beziehung zu Freud geradezu etwas Heiliges. Er war Freuds ergebener Apostel. Dazu gibt es viele Anekdoten. Einer zufolge hat sich Federn Jahre nach Freuds Tod einem Porträt von ihm genähert, indem er »Meister, Meister« vor sich hin sagte. Einer anderen zufolge hatte Federns Frau eine Maxime für ihre Kinder – »zuerst kommt Gott, dann Freud und dann euer Vater«. Eine Kränkung seines Freundes Tausk mußte schon sehr schwer sein, ehe er sich eine kritische Bemerkung über Freud erlaubt hätte.

»Die Sorgen drücken, weil es jetzt so ist, daß man wirklich oft nicht weiter kann. – Zu erzählen ist sehr viel. Das meiste lass' ich für Samstag zum mündlichen Bericht. – Das schlimmste muß ich Dir schreiben. Tausk hat sich heute erschossen. – Ich weiß noch nichts Näheres. Hitschmann hat zufällig ihn angerufen, da war gerade die Rettungsgesellschaft da. – Er war gestern nicht in der Sitzung. Gewiß war nur die Noth und die Unmöglichkeit, sich Geld zum Sattessen auszuleihen, der letzte Anstoß. – Das Motiv war die Abwendung Freuds. Es ist jammerschade um diesen überlegen begabten und großwollenden Menschen. – Mir ist sehr leid um ihn. Hätte ich gekonnt, hätte ich ihm sicher geholfen, obgleich er immer die Hand gestochen hat, die ihm zur Hilfe gereicht wurde. – Ich habe ihm innerlich verziehen gehabt, aber ich hatte ihn nicht mehr lieb, seit er mich damals so beschimpft hat, und ich bei jeder Gelegenheit – auch nach Budapest – nur Eitelkeit, Neid und Teilnahmslosigkeit fand, wenn ich ihm freundlich entgegenkam. – Hätte Freud ihm die Menschlichkeit gegeben, nicht nur Anerkennung und Unterstützung, so hätte er das Märtyrerdasein noch weiter getragen. Denn für einen Menschen von seiner Geistigkeit war dieses Brotsuchen ein Märtyrertum, wie es für Dich ist. – Aber *er* war *nicht* gut – so wenig Freud gut ist. Das heißt, Freud hat soviel Liebe für Menschen, daß er gut sein kann, aber im Alter ist er immer mehr hart geworden – und das ist bei Freud begreiflich, weil auch er ein Leben führen muß, das seiner Größe unwürdig ist. – Daß wir Tausk nicht halten konnten, ist eine Schande für uns. – Er hat sich allerdings überall und immer Feinde geschaffen, er hat zuletzt die psychischen Fälle direkt von sich fortgetrieben, offenbar um die Nutzlosigkeit der Methode zu demonstrieren, aus Rancune gegen Freud. – Die methodische Härte, die Freud lehrt, macht die Menschen hart und entfremdet sie den Mitmenschen, und wer nicht lieb haben kann, ist gegen Mißerfolg innerlich wehrlos. – Dr. Josef Frey ist auch solch ein Mensch, aber getragen vom Interesse der Allgemeinheit. Dazu konnte Tausk nicht emporsteigen. Und doch ist um den großen Geist und die künstlerische Kraft so schade. –«

In einem am 8. Juli geschriebenen Brief an seine Frau bezog sich Federn noch einmal auf Tausk: »Ich habe wahnsinnig zu tun, zum Teil auch, aber zum geringen Teil, weil ich einen Patienten von Tausk habe. Ich denke oft an ihn und traue mich nicht, seine Leute zu besuchen. Auch, weil ich nicht offen über alles reden kann.«

Anders als Lou Andreas-Salomé war Federn objektiv genug und immerhin so sehr Tausks Freund, daß er – zumindest in Briefen an seine Frau – nicht unbedingt Freuds Partei ergreifen mußte, obwohl er wußte, wie unmöglich sich Tausk zuweilen verhielt. Doch Freud war in einem solchen Maße Gott für Federn, daß er mit der Familie Tausk nicht offen sprechen konnte. Indes fragt sich, wie groß Tausks materielle Not tatsächlich war. Nahrung war knapp, aber Tausk hatte Freunde, die ihm helfen konnten; Jelka lebte in Wien, und sie konnte ihn am Leben erhalten – obwohl sie die Verbindung mit Hilde mißbilligte. Tausks Unglück war nicht nur eine Reaktion auf die Belastungen der äußeren Umstände. Sein Problem war eher seine innere Verzweiflung.

Aber Tausk war ein stolzer Mensch, und in seinem Alter

um Hilfe nachzusuchen, war eine Erniedrigung für ihn. Vielleicht ist der größte Feind der Menschheit nicht die Aggression, sondern das, was die Christen seit je »Stolz« nennen, und dem die Psychoanalytiker den Namen »Narzißmus« gegeben haben. Jede Erniedrigung verstärkte Tausks Selbstbezogenheit. Seiner Eigenliebe entsprach seine Selbstverachtung.

Federn wußte, wovon er sprach, wenn er sagte, daß Tausk immer die Hand stach, die ihm Hilfe reichte. Tausk hatte dasselbe über sich gesagt, als er die Ursache für seine Schwierigkeiten mit Martha darin erkannte, daß er keine Abhängigkeit ertragen konnte. Er konnte diejenigen, die ihm aufrichtig zu helfen versuchten, mit der größten Arroganz behandeln. Doch mag Tausks Rücksichtslosigkeit gegenüber Federn zum Teil durch Freuds eigene offenkundige Unzufriedenheit mit seinen frühesten Wiener Anhängern verstärkt worden sein.

Tausk war sicherlich kein Mensch, mit dem leicht auszukommen war. Als Schüler Freuds waren Tausk und Federn Rivalen. Ein Brief Tausks vom 3. Mai deutete an, daß er im Sommer möglicherweise nicht in Urlaub gehen könne, weil seine Praxis schlecht ging; so mag es schon sein, daß er aus Ärger über Freud Patienten fortgetrieben hat. Im Gegensatz zu Tausk war es Federn möglich, ein ergebener Jünger zu sein; er kannte seine Grenzen und wußte aus seinen Gaben das Beste zu machen. Tausk hingegen wollte mehr.

Auch auf die Gefahr hin, diese ganze Gruppe noch wilder erscheinen zu lassen, als sie tatsächlich war, möchte ich hier erwähnen, daß viele Jahre später auch Federn sich selbst erschoß. Er war zu diesem Zeitpunkt ein alter Mann von neunundsiebzig Jahren, seine Frau war schon gestorben, und er litt an Blasenkrebs. Deswegen hatte er kurze Zeit zuvor eine Operation über sich ergehen lassen, die ihren Zweck verfehlt, aber eine vorübergehende

Psychose ausgelöst hatte. Eine solche psychische Störung nach einer schweren Operation kommt häufiger vor, als allgemein bekannt ist; es kann sich dabei um einen organischen Prozeß handeln, aber auch um einen Kampf ums Weiterleben. Als seine Wunde heilte, verschwand auch Federns Psychose. Die Operation sollte jedoch wiederholt werden; Federn tötete sich an dem Morgen, an dem er in die Klinik gebracht werden sollte.

Federn konnte die Vorstellung eines weiteren Zusammenbruchs nach der Operation nicht aushalten. Er wollte psychischer und physischer Verkrüppelung entgehen. Daß Selbstmord grundsätzlich irrational oder unvernünftig sei, ist eine Fiktion, die sich auf die ärztliche Verpflichtung, Leben zu erhalten, gründet. Federn sorgte dafür, daß alle seine Patienten an andere Therapeuten überwiesen wurden, und erschoß sich dann – in seinem analytischen Stuhl sitzend – in den frühen Morgenstunden des 4. März 1950. Wie sein Freund Tausk starb Federn nach einem Mittwochabend. In dem Brief, den er seinen Söhnen hinterließ, benutzte er für sich selbst das romantische Bild eines Soldaten, eines »langdienenden Sergeanten in der psychoanalytischen Armee«. Und wie Tausk war auch Federn niemals zum Deserteur geworden.

Wie hat Freud solche Macht über diese Menschen gewinnen können? Wie Federn behauptet, war Freuds Abwendung das Motiv für den Selbstmord. Tausks Streit mit Freud mußte nur deshalb so geheim bleiben, damit Freud unangetastet mächtig erschien. Jede Organisation hat ihre Tabus, gewöhnlich recht banale; eine zweite Frage ist es jedoch, *warum* etwas als geheim behandelt wird. Wie andere Mitglieder dieser kleinen Gruppe glaubte auch Federn ohne weiteres, daß es zur Selbstvernichtung eines Mannes führen konnte, wenn Freud ihn fallenließ. Der Ausschluß aus der revolutionären Gemeinschaft war eine schlimmere Vernichtung als jeder physische Tod.

Freud war für sie alle der Analytiker, an den sie sich mit ihren Schwierigkeiten wandten. So half er auch Federn, als dessen Ehe in Schwierigkeiten geriet. Doch die Ehrfurcht, die diese Menschen vor Freud hatten, stand in keinem Verhältnis zu dem, was er tatsächlich für sie tat. Sie begrüßten jede neue Abhandlung genauso enthusiastisch wie ein neugeborenes Kind. Einen Wunsch von ihm machten sie zu einem Befehl. König Heinrich soll mit einem Seufzer signalisiert haben, Becket möge ausgelöscht werden; wenn Freud Tausk nicht mehr um sich sehen wollte, schien es daher völlig in Ordnung zu sein, wenn Tausk ihm gefällig war. Freud hatte eine so enorme Macht über sie, weil sie alle es so haben wollten.

Freud vertrieb zumindest einen weiteren Anhänger, der sehr ähnlich wie Tausk darauf reagierte. Herbert Silberer, der ebenfalls aus dem frühen Kreis um Freud stammte, fiel Anfang der zwanziger Jahre wegen seiner Schwierigkeiten mit Freud in Depressionen. Silberer fühlte sich durch Freuds Haltung ihm gegenüber verletzt und zurückgestoßen. Niemand wußte, warum Freud Silberer nicht mochte; Silberer war Freud ergeben und hatte bedeutende Arbeit geleistet, aber Freud war unfreundlich und abweisend zu ihm.[28] Freuds Abweisung war recht offen, obwohl die Schroffheit, mit der Silberer verstoßen wurde, wohl kaum bekannt war.

In einem Brief an Silberer (von dem Freuds offizieller Biograph, Ernest Jones, keinen Gebrauch machte) schrieb Freud:

17. April 1922

Sehr geehrter Herr!

Ich ersuche Sie, den beabsichtigten Besuch bei mir nicht zu machen. Infolge der Beobachtungen und Eindrücke der letzten Jahre ist mir keine Neigung zu persönlicher Aussprache mit Ihnen verblieben. Hochachtungsvoll

Freud

Neun Monate später brachte Silberer sich um.
Von Silberers Problemen ist sonst kaum etwas bekannt; doch von Tausk wissen wir, daß sein Leben sich um Freud drehte, wie eine Motte das Licht umschwirrt. Tausk zehrte sich auf im Kampf mit Freud. Seine Vernichtung durch Freud schien unausweichlich zu sein. In Tausks Zigeunererzählung *Husein Brko* aus dem Jahre 1906 erschlug ein Vater seinen Sohn.
Eine noch schlagendere literarische Parallele findet sich in einer Erzählung von Kafka, dessen Leiden der Not Tausks in so vielem glich. In seiner Kurzgeschichte *Das Urteil* »verurteilt« ein zorniger Vater seinen Sohn zum Tode durch Ertrinken; der Sohn fügt sich sofort, er stürzt aus dem Hause des Vaters und rennt zu einer Brücke, von der er in den Tod springt.
Freud hatte für diese ganze Gruppe eine unwiderstehliche Verführungskraft, und ein Teil seiner Macht war in der Natürlichkeit begründet, mit der er sie zur Wirkung brachte. Freud verabscheute blinde Leidenschaften, aber er erweckte sie, vor allem bei solchen Menschen, die nur geringe Abwehrmöglichkeiten hatten. Als er Tausk ermutigte, sich der psychoanalytischen Bewegung anzuschließen, war Freud recht aktiv um ihn bemüht gewesen. Für Tausk als Psychoanalytiker hatte er alles getan — er hatte seine medizinische Ausbildung finanziell unterstützt, ihn zum Herausgeber einer Zeitschrift gemacht, ihm Patienten geschickt. Aber Freud hat dies alles eher für die Sache getan, und als Tausk ihm lästig wurde, ließ er ihn einfach fallen. Freud übte seine Herrschaft ohne Anstrengung aus. Tausk mag sich wie eine Motte verhalten haben, aber Freud war tatsächlich eine Flamme.
Freud hatte seine Bestimmung; seine Arbeit bildete den Mittelpunkt seines Lebens, und alles, was darüber hinausging, interessierte ihn weniger. In gewisser Hinsicht zog Freud es vor, sich seiner Macht über seine Anhänger nicht

bewußt zu sein. Macht kann diejenigen, die sie ausüben, ebenso infantilisieren wie diejenigen, die sich ihr unterwerfen. Wenn einige seiner Anhänger auf der Strecke blieben, dann war das zwar sehr schlimm, aber er konnte sie nicht zu einer Last für sich werden lassen. Hätte Freud es gewollt, so hätte er Tausk sicherlich retten können, doch Tausk in Analyse zu nehmen, wäre eine zu große Anforderung und ein Opfer gewesen.

Die Hingabe an seine Sache rechtfertigte nicht nur die Vernachlässigung der Interessen einzelner, sie erlaubte ihm auch echte Demut im Hinblick auf seine eigene Person. Bis ans Ende seines Lebens glaubte Freud, die Entdeckung der Psychoanalyse sei glücklichen Umständen zu danken: er war ein einfacher Mann mit einem großen Thema. Es war keine falsche Bescheidenheit, die Freud veranlaßte, die Vorstellung zurückzuweisen, er sei ein großer Mann.

»Ich habe eine hohe Meinung von dem, was ich entdeckt habe, nicht aber vor mir selbst. Große Entdecker sind nicht notwendigerweise große Geister. Wer veränderte die Welt mehr als Kolumbus? Was war er? Ein Abenteurer. Er hatte freilich Charakter, aber er war nicht ein großer Mann. Sie sehen also, daß man große Dinge finden kann, ohne daß dies bedeutet, man sei wirklich groß.«[29]

Vielleicht war es eine innere Ahnung seiner menschlichen Schwächen, aus denen sein Triumph geschmiedet war, die Freud bei einer anderen Gelegenheit bemerken ließ:

»Mir kam immer vor, daß die Eigenmächtigkeit und das selbstverständliche Selbstvertrauen die unentbehrliche Bedingung dessen sei, was uns dann, wenn es zum Erfolg geführt hat, als Größe erscheint, und ich meine noch, man müsse Größe der Leistung von Größe der Persönlichkeit scheiden.«[30] Lou Andreas-Salomé schrieb in bezug auf Freud: »Menschlichem gegenüber, das uns irgendwo groß vorkommt, ist es doch mehr rührend als erkältend, daß es sich vielleicht erst an seinen Schwächen großwuchs.«[31]

6. Freie Assoziationen

Jeder von uns wird das Leben Tausks vom Hintergrund seiner eigenen Erfahrungen her verstehen; der Historiker sollte jedoch versuchen, Tausks Lebensgeschichte als einen Schlüssel zum Verständnis von Freuds Leben und Laufbahn zu verwenden. In dieser Absicht wollen wir zunächst untersuchen, wie Freuds Angst vor einem möglichen Plagiat, die in der Beziehung zu Tausk eine so große Rolle spielte, immer dann auftauchte, wenn er Schwierigkeiten mit seinen Schülern hatte. Im folgenden werden wir zu zeigen versuchen, in welchem Zusammenhang Freuds Glaube an Gedankenübertragung mit seiner Entdeckung der »freien Assoziation« in der Behandlungstechnik der Psychoanalyse steht. Schließlich wollen wir den Beitrag Tausks zur Psychotherapie untersuchen und mit Freuds eigener analytischen Praxis vergleichen.

Im Jahre 1911 hatte Freud seine berühmte Kontroverse mit Alfred Adler[1], der bis dahin einer seiner engsten Schüler gewesen war. Wenn Freud theoretische Differenzen als persönliche Beleidigungen auffassen konnte, so wurden hier umgekehrt persönliche Probleme zu theoretischen Fragen gemacht. In diesem Falle hielt Freud es für besser, eine Entscheidung zu erzwingen und seine Vereinigung zu spalten, als zuzulassen, daß sich Adlers Ansichten mit seinen eigenen vermischten.

Jedes Mitglied der Vereinigung mußte für die eine oder die andere Seite Partei ergreifen. Tausk kämpfte in jener Zeit loyal auf der Seite Freuds. Freud griff Adler heftig an; es wurde »Gericht« gehalten, und die Anklage lautete auf Ketzerei.[2] Wenn Freud Adlers Ansichten untersuchte, griff er die Konzepte heraus, auf deren Formulierung Adler Anspruch erhob, Freud stellte fest, was neu scheine, sei trivial, und das Übrige sei ohne einen entsprechenden Hinweis von ihm übernommen worden.[3]

Die Strafe war die Exkommunikation; Freud verstieß Adler und die mit ihm Sympathisierenden. Am Ende dieser Sitzungen, in denen auch einige Neutrale vertrieben worden waren, kochte Freud vor Wut über das, was er als den Verrat Adlers ansah. Freud hatte zwei Gesichter, das eine kühl und rational, das andere aufbrausend und überbesorgt. Für jeden abfallenden Schüler hatte Freud ein psychopathologisches Etikett zur Hand: Adler war ein böswilliger Parnoiker.[4]

Freud, der seinen Schülern riet, ihre schöpferischen Kräfte nicht zu verzetteln, kritisierte gleichzeitig Adler wegen eines zu eingeschränkten Blickwinkels. Dieser Vorwurf des Reduktionismus wird bis heute gegen alle »Abweichler« von der Psychoanalyse wiederholt. Das Thema des Plagiierens schwingt dabei immer mit. Freud gehörte das Ganze, Adler hatte einen Teil daraus genommen. Adler »schlug alle psychologischen Neuerwerbungen der Psychoanalyse in den Wind. Doch hat das von ihm Verworfene sich unter geändertem Namen die Aufnahme in sein geschlossenes System erzwungen ...«[5] In späteren Jahren sagte Freud oft, seine Schüler seien wie Hunde. Sie nähmen einen Knochen vom Tisch und kauten ihn allein in einer Ecke. Es sei aber *sein* Knochen.

Es fällt schwer, Vorläufern dankbar zu sein; das hatte Freud am eigenen Leibe erlebt, als er die Abhängigkeit von seinen Lehrern zu hassen begann; es war nur menschlich, wenn Adler sich genauso verhielt und Freud sich seinerseits über ihn ärgerte. Adler versuchte, seine Unzufriedenheit zu erklären, wenn er Freud fragte: »Glauben Sie denn, daß es ein so großes Vergnügen für mich ist, mein ganzes Leben lang in Ihrem Schatten zu stehen?«[6] Tausk empfand später das gleiche Unbehagen.

Wie Freud einerseits mit Vorgängern über Prioritäten stritt, so konnte er andererseits nicht ausstehen, was er Adlers »unbändige Prioritätssucht«[7] nannte. Wie später Tausk, erhob Adler Anspruch auf eigene Entdeckungen, die anzuerkennen Freud sich weigerte. Adler schrieb über diese Kontroverse an Lou Andreas-Salomé: »Meine Anschauungen mögen falsch sein! Müssen sie aber deshalb auch noch gestohlen werden?«[8]

Jede Gruppe hat ihre schwarzen Schafe, und unter Freuds Nachfolgern wird Adler als ein Beispiel für die Undankbarkeit eines Schülers angesehen. Es heißt, Freud sei ein schlechter Menschenkenner gewesen, er sei von denen verraten worden, denen er am meisten half. Für diejenigen, die in solchen Auseinandersetzungen für Freud Partei ergriffen haben, wird Adler jedoch noch von Jung übertroffen, der als eine besonders fragwürdige Gestalt erschien. Jungs opportunistische Zusammenarbeit mit den Nazis besiegelte nur die Ablehnung eines Mannes, den Freuds Schüler schon lange verabscheuten.

Auch hier kann die Geschichte Tausks wieder helfen, die menschlichen Motive hinter den großen Auseinandersetzungen in Freuds Leben verständlicher zu machen. In seinem Selbstmordbrief grüßte Tausk nicht die Wiener Gesellschaft, sondern die Psychoanalytische Vereinigung. Freud hatte im Jahre 1910 eine internationale Vereinigung der Psychoanalytiker gegründet; die Tatsache, daß Jung ihr Präsident wurde, hatte den Kampf mit Adler heraufbeschworen. Nachdem Freud von seinen Wiener Schülern so enttäuscht gewesen war, hatte er schließlich in dem

Schweizer Jung einen würdigen Nachfolger gefunden. Wittels schreibt: »Wir sahen sein (Freuds) Antlitz glänzen, wenn er von ihm (Jung) sprach: ›Dieser ist mein lieber Sohn, an dem ich Wohlgefallen habe.‹[9]« Freud fühlte sich in seiner Umgebung eingeengt und suchte ein ausgedehnteres Arbeitsfeld.

Jung war eine weit eindrucksvollere Persönlichkeit als Adler. Freud machte Adler zum Präsidenten der Wiener Gesellschaft, um die verletzten Gefühle seiner Wiener Anhänger zu besänftigen, statt dessen aber förderte er damit nur Adlers Unabhängigkeit. Adler war ein geselliger und ungezwungener Charakter, Jung hingegen verfügte über eine brillante Intelligenz. Freud lag sehr viel daran, Jung zu halten, der ein Vertreter der akademischen Psychiatrie war und von einer berühmten Universitätsklinik in der Schweiz kam. Jung repräsentierte in den Augen Freuds die große Welt der europäischen Wissenschaft.

Jung war »eine ästhetische Persönlichkeit, charmant und strahlend in ihrer Vitalität, unbestimmt und launenhaft in ihren Formulierungen ...«[10] Es läßt sich niemand vorstellen, der sich stärker von Freud hätte unterscheiden können. In einem Brief an Jung schrieb Freud, »ich habe immer gefunden, daß etwas an meiner Person, meinen Worten und Ideen die Menschen wie fremd abstößt, während Ihnen die Herzen offenstehen«[11].

Wie einige Jahre später Helene Deutsch ihre psychiatrische Position aufgab, um psychoanalytisch zu praktizieren und Freud zu gefallen, so verließ auch Jung seine Universitätsklinik. Jungs Treue zu Freud schien grenzenlos zu sein. Er war von großem Wuchs wie Tausk, viel größer als Freud; und in bezug auf seine Größe war Freud empfindlich. Auf einem berühmten Gruppenbild vom Analytikerkongreß 1911 beugt der neben Freud stehende Jung sich vor, während der Meister auf einer Kiste steht, um als Führer der Gruppe herauszuragen.[12]

Die Prioritätenfrage spielte auch in Freuds Bruch mit Jung eine Rolle. Es verstimmte Freud, daß in der Schweiz Artikel über Psychoanalyse erschienen, »ohne seinen Namen zu erwähnen«[13]. Er konnte es schwer ertragen, nicht gebührend berücksichtigt zu werden. Er behauptete, Jung habe nicht erwähnt, daß er – Freud – bestimmte Ideen zuerst formuliert hatte.[14] Jung erfuhr denselben Druck, den später Tausk zu spüren bekam. Ein Brief Freuds spielt auf Jungs Einwände an: »Über Ihren Vorwurf, ich mißbrauche die Analyse, um meine Schüler in infantiler Abhängigkeit zu halten, und sei darum für deren infantiles Benehmen gegen mich selbst verantwortlich ...«[15]

Jeder von beiden hielt sich für ein Genie, das vom anderen gehemmt werde. Jung wurde deshalb »völlig entbehrlich«[16] für Freud, und Freud brach die Beziehung ab (Tausk stand auch in diesem Falle fest auf der Seite Freuds). Freud schrieb ein Traktat gegen Adler und Jung, um sicherzustellen, daß niemand seine eigene Lehre mit ihren »Abweichungen« vermengte; in der *Neuen Folge der Vorlesungen* sagt er: »Es ist ein fast allgemeiner Charakter dieser ›Abfallsbewegungen‹, daß eine jede sich eines Stückes aus dem Motivenreichtum der Psychoanalyse bemächtigt und sich auf Grund dieser Besitzergreifung selbständig macht ...«[17] Freud wies so zurück, was ihm »als eine kühne Usurpation«[18] erschien.

Jung wäre zur weiteren Zusammenarbeit mit Freud bereit gewesen, aber, wie ein treuer Schüler über Freuds Manuskripte sagt: »Wenn er schrieb, strich er nie eine Zeile aus ... (er) vernichtete das Ganze und begann es nochmals zu schreiben ... Er haßte jedes Flickwerk, ob es dem Reich des Geistigen oder der Affekte angehörte.«[19] Jung, so sah es Freud, vereinfachte die Dinge zu sehr, war »verrückt«[20], und seine Arbeit war durch »Konfusion« verdorben. Obwohl er ebenso wie in seinem Streit mit Adler alles getan hatte, um Jung zu vertreiben, stellte es sich am

Ende Freud so dar, als hätten diese beiden Schüler, die andere Analytiker mit sich nahmen, »Sezessionen« von der Psychoanalyse angeführt.

Freuds Sorge, seine ursprünglichen Einsichten könnten in den theoretischen Tendenzen, die Adler und Jung vertraten, verlorengehen, war natürlich begründet. Freud hatte erkannt, daß die Sexualität sich in verschiedenen Phasen entwickelt und nicht erst mit der Pubertät beginnt; seine große Leistung liegt in dem Nachweis, daß in der frühen Kindheit erworbene Verhaltensmuster im Leben der Erwachsenen fortwirken.

Aus der Sicht Freuds gefährdeten Adler und Jung seine ganze Arbeit. Adler und Jung hätten den eigentlichen Kern seiner Arbeit verschoben. Damals war keineswegs abzusehen, daß Freuds Einsichten eines Tages breite Anerkennung finden würden – so daß die Konzepte von Adler und Jung vielleicht die Funktion eines notwendigen Korrektivs erfüllen könnten.

Psychoanalytisches Wissen war damals auf eine so kleine Gruppe beschränkt, daß Freud durchaus Grund zu der Befürchtung hatte, es werde verwässert, ehe es überhaupt weiter verbreitet sei. Die Organisation, der er vorstand, war noch nicht groß genug, um einen größeren Spielraum für Meinungsverschiedenheiten zuzulassen. Lenin sah sich vor der Revolution einer ähnlichen Situation gegenüber. Daher mußte Freud heftiger gegen Abtrünnige kämpfen als gegen die Außenwelt, damit die Psychoanalyse nicht in ein hoffnungsloses Durcheinander mit anderen Techniken und Theorien geriet. Wir brauchen nicht daran zu zweifeln, daß »Freud mit dem ganzen Feuer und der ganzen Kraft seines Wesens an die Aufgabe ging) Adler und Jung zu widerlegen). Er wurde nie müde, neue Beweisgründe gegen sie zu finden, war immer bereit, den Kampf wieder aufzunehmen, und veranlaßte seine Schüler, sich daran zu beteiligen.«[21]

Niemand wußte besser als Freud, wieviel er für seine Schüler bedeutete, und niemand störte sich mit mehr Recht daran, in welcher Form seine Arbeit, oft uneingestanden, der ihrigen zugrunde lag. Freuds Größe als Lehrer lag in seiner Fähigkeit, Ansprüche zu stellen, in seiner Erwartungshaltung allen seinen Schülern gegenüber. Wenn Freud sich auf die Loyalität eines Schülers verlassen konnte, tat er alles in seinen Kräften Stehende, um ihm zu helfen. Er konnte freundlich und großzügig sein, er gab Unterstützung und Ermutigung, und seine Inspiration ermöglichte jedem einzelnen in der Gruppe, seine früheren Möglichkeiten zu übertreffen. So war es kein Wunder, wenn seine Schüler ihren Verpflichtungen und Bindungen einen Sinn gaben, indem sie ihn idealisierten.

Abgesehen von den Schwierigkeiten, in die ein Schüler durch seine Beziehung zu Freud geraten konnte, besteht andererseits kein Zweifel daran, wie sehr Freud imstande war, in seinen Schülern neue Kräfte zu mobilisieren. Ein großer Lehrer kann Energien freisetzen, die es seinen Schülern erlauben, selbständig weiterzugehen. Als Vorbild spornte Freud den Ehrgeiz seiner Anhänger an, so daß sie ihr Bestes gaben.

Nachdem Freud zunächst mit großzügigem Entgegenkommen Adler und Jung in die Welt der Psychoanalyse eingeführt hatte, zog er sich schließlich in Bitterkeit und Enttäuschung zurück. Diese beiden früheren Anhänger begannen jene revolutionäre Tradition in der Psychoanalyse, die sich allen späteren Mitgliedern der Bewegung als Versuchung und als Schrecken darstellte. Federn wich der Rebellion auf die eine Weise aus, Tausk auf eine andere.

Im Laufe seiner harten Lebensarbeit als Arzt und als Schriftsteller befand sich Freud in zahlreichen menschlichen Verwicklungen, die mit Tausk war nur eine unter vielen. Einige Schüler Freuds fanden eine befriedigende

Lösung derselben Grundkonflikte, an denen Tausk zugrunde ging. All diese Auseinandersetzungen verlangten von Freud menschliche Größe. Wenn man sich mit diesen Kontroversen beschäftigt, übersieht man leicht einen wesentlichen Aspekt — Freuds schöpferische Kraft. Nur ein Mann von größter Originalität konnte so viele bedeutende Menschen anziehen, und wenn einige von ihnen in seiner Umgebung zerbrachen, wird Freuds Leben nur menschlich überzeugender und verliert nichts von seiner historischen Bedeutung.

Die Lebensgeschichte Tausks ermöglicht nicht nur ein neues Verständnis der bekannten öffentlichen Kontroversen in Freuds Laufbahn, sie führt uns auch zu einer Auseinandersetzung mit dem Werk Freuds. Viele Jahre lang war Freud von dem Problem der Telepathie gleichermaßen angezogen und zurückgestoßen. Nicht nur Freud selbst, auch seine engsten Schüler schrieben über außersprachliche Kommunikation. »Wenn ich zu Beginn einer wissenschaftlichen Laufbahn stünde«, schrieb Freud im Jahre 1921, »anstatt wie jetzt am Ende, würde ich mir vielleicht trotz aller Schwierigkeiten kein anderes Arbeitsgebiet wählen.«[22]

Diese nichtrationale Seite Freuds hat oft diejenigen verwirrt, die ihn nur als den kalten Wissenschaftler sehen möchten. Okkulten Phänomenen gegenüber konnte Freud außerordentlich leichtgläubig sein, er untersuchte sogar okkultistische Séancen. Zwar glaubte er nicht, man könne mit Toten sprechen oder könne wirklich prophetische Gaben besitzen, doch Gedankenübertragung hielt er für möglich. Wenn er über Telepathie schrieb, engte er das Problem stets auf die Übertragung von Gedanken ohne Beteiligung bewußter Prozesse ein.

Als Therapeut interessierte er sich für die Quelle empathischen Verstehens. Doch Freud war immer in Sorge, sein Glaube an die Möglichkeit von Gedankenübertragung könnte der Psychoanalyse in den Augen der wissenschaftlichen Welt schaden. Seinen Schülern riet er häufig, mit dieser Frage vorsichtig umzugehen, damit sie nicht in einen Mystizismus hineinstolperten. Eine seiner eigenen Abhandlungen über Telepathie wurde erst nach seinem Tode veröffentlicht.

Wiederholt versicherte Freud seine Unparteilichkeit in Fragen der Telepathie. Doch er behielt das Gefühl, daß ihm im Hinblick auf die Telepathie eine Entdeckung gelingen könnte, die mit der Einsicht in die Bedeutung des Traumlebens vergleichbar sei. »Sie haben die nämliche schnöde, hochmütige Behandlung von Seiten der offiziellen Wissenschaft erfahren.«[23] Freud liebte die Vorstellung, sich zu »einer Überzeugung zu bekennen, ohne auf die Resonanz der Umwelt Rücksicht zu nehmen«[24].

Freud hatte sich Tausk entzogen, weil dessen Gegenwart, wie er Helene Deutsch erklärte, einen »unheimlichen« Eindruck auf ihn machte; dieser Eindruck hing mit seinen Ängsten zusammen, Tausk stehle seine Ideen. Lou Andreas-Salomé berichtet von einem »langen Gespräch (im Vertrauen)« mit Freud »über die seltsamen Fälle der Gedankenübertragung, die ihn entschieden quälen«[25]. Als sie über Tausks Mangel an Unabhängigkeit sprach, hatte Lou gesagt: »Wie durch Gedankenübertragung wird ihn stets dasselbe beschäftigen wie Freud.«

Es ist wohl nur schwer möglich, das »unheimliche« Gefühl, das Freud in Gegenwart von Tausk bekam, von der Beunruhigung zu unterscheiden, die Freud von dem allgemeineren Problem der Gedankenübertragung bereitet wurde. Das Thema des Okkultismus brachte ihn »immer aus der Fassung«[26]. Zu seinem fünfzigsten Geburtstag hatten ihm seine Schüler eine Medaille geschenkt, deren Inschrift dieselbe war, die Freud sich vor Jahren als Inschrift für eine Büste von sich selbst vorgestellt hatte, die in seiner Phantasie im Hofe der Wiener Universität stehen sollte.[27] Jones berichtet: »Als Freud die Inschrift las, wurde er blaß, unruhig und fragte mit erstickter Stimme, wer diese Idee gehabt habe.«[28]

Freud konnte regelrecht abergläubisch sein. Er gestand seinen Glauben an die Magie von Zahlen ein.[29] Wir haben schon erwähnt, wie sehr ihn die Erwartung plagte, er werde an einem bestimmten Datum sterben. Doch Freud besaß auch die Selbstbeherrschung, eine psychologische Erklärung des Aberglaubens in Angriff zu nehmen, was allermindestens zum Verständnis seines eigenen Problems beitragen kann. Bei Leuten von »hoher Intelligenz«, schrieb Freud, ist Aberglaube »zum großen Teile Unheilserwartung, und wer anderen häufig Böses gewünscht, aber infolge der Erziehung zur Güte solche Wünsche ins Unbewußte verdrängt hat, dem wird es besonders nahe liegen, die Strafe für solches unbewußte Böse als ein ihm drohendes Unheil von außen zu erwarten«[30].

Man könnte diese Theorie Freuds auch einmal auf ihn selbst anwenden, um seine abergläubischen Neigungen und insbesondere seinen Glauben an Gedankenübertragung zu verstehen. Als aggressiver Mensch mit einem ungewöhnlich strengen Gewissen mochte er die Vorstellung haben, sein innerer Zorn müsse auf irgendeine Weise bestraft werden. Wenn Freud erwartet hatte, seine feindseligen Wünsche würden durch einen realen Schicksalsschlag vergolten werden, wäre das natürlich eine Überschätzung der Macht seiner Wünsche und der Bedeutung der inneren Realität überhaupt. Da Freud zudem der Meinung war, daß telepathische Mitteilungen (Gedankenübertragungen) vorwiegend den Tod oder die Möglichkeit des Todes weissagten, läßt sich sein Glaube an die Telepathie mit Hilfe seiner eigenen Theorie über den Aberglauben erklären.

Freuds Überzeugungen im Hinblick auf die Telepathie, und die Natur seines Aberglaubens, seine Angst, andere könnten seine Ideen stehlen, seine Schwierigkeiten, sich an seine Quellen zu erinnern, sowie seine allgemeine Überschätzung der psychischen Realität – all dies gehört zusammen. Von hier aus ist es nur noch ein kleiner Schritt zum Verständnis, wie sich in Freuds Entdeckungen seine eigene Persönlichkeit reflektiert. Der Anfang der Psychoanalyse wie auch ihr spezifischer Beitrag zur Geistesgeschichte wird durch die Entdeckung Freuds markiert, daß die Probleme seiner Patienten aus inneren, unbewußten Quellen entspringen und nicht einfach aus äußeren Schwierigkeiten des Alltags. Es scheint dem Wesen eines Mannes, der die Macht seiner Phantasien so überbetonte, ganz besonders zu entsprechen, daß er die Bedeutung der psychischen Dimension im Leben herausarbeitete.

Auch die Technik der freien Assoziation offenbart sehr viel von Freuds Persönlichkeit. Er hörte in den Analysestunden den Gedanken seiner Patienten zu, wobei er die Methode erfand, sich außerhalb ihrer Sicht hinter die berühmte analytische Couch zu setzen. Im Lichte seiner eigenen Interessen und Ängste erscheint dieses Arrangement außerordentlich vorteilhaft für Freud. Niemand erfuhr von seinen Gedanken, ehe er sie selbst in seinen Deutungen offenbarte. Der Analytiker half dem Patienten »durch Mitteilung von Erwartungsvorstellungen«[31]. In der Zwischenzeit hörte Freud die Gedanken des Patienten, jedes einzelne Stück im Fluß der Assoziationen.

Freud hatte herausgefunden, daß zwischen zwei scheinbar zufällig zusammen auftauchenden Gedankengängen eine verborgene innere Verbindung bestehen muß. Wenn Freud auch manchmal dem Mystizismus nahe gewesen sein mag, am Ende behielt der Wissenschaftler die Oberhand. Freud weigerte sich, die Möglichkeit des Zufalls im psychischen Leben anzuerkennen. Hinter jeder Fehlhandlung, jedem Traum oder Symptom mußte, davon war er überzeugt, eine innere Ursache liegen, und er ging daran, sie rational zu erklären.

Neben Freuds Interesse am Magischen war in ihm ein weit mächtigeres Streben nach Rationalität wirksam. Freud vertraute auf die Wirkung der Sprache in der psychotherapeutischen Behandlung. Das Irrationale war für ihn so bedrohlich, daß er sich Erfahrungen versagen mußte, in denen andere Menschen normalerweise Entlastung finden. Musik irritierte ihn außerordentlich, und es kam kaum vor, daß er einmal Alkohol anrührte; er schrieb über seine Unfähigkeit, so etwas wie das Gefühl der »Vergänglichkeit« oder das »ozeanische Gefühl« zu verstehen.

Intellektuelle Kontrolle bedeutete so viel für Freud, daß er zuweilen sogar die reale Möglichkeit der Intuition leugnete.

»(Es gibt) keine andere Quelle der Welterkenntnis als die intellektuelle Bearbeitung sorgfältig überprüfter Beobachtungen, also was man Forschung heißt, daneben keine Kenntnis aus Offenbarung, Intuition oder Divination ... Intuition und Divination darf man beruhigt zu den Illusionen rechnen, den Erfüllungen von Wunschregungen.«[32]

Die vielgerühmte Rolle der Intuition in der Psychologie war in Freuds Augen nichts anderes als eine Form von Hokuspokus; sofern er sie überhaupt in Betracht zog, war Intuition eher das Ergebnis rationaler Selbstkontrolle als Ausdruck einer besonderen emotionalen Fähigkeit. »Der sogenannten Intuition traue ich ... wenig zu; was ich von ihr gesehen habe, schien mir eher der Erfolg einer gewissen Unparteilichkeit des Intellekts.«[33] Intuition zu leugnen und gleichzeitig Telepathie anzuerkennen, scheint sich völlig zu widersprechen. Doch wenn Freud zuweilen das Rationale so sehr betonen mußte, dann nur deshalb, weil das Irrationale in ihm so stark war.

Die Geschichte von Freuds Konflikt mit Tausk hat einiges Licht auf die in Freuds Person begründeten Ursachen seiner Entdeckungen geworfen und seine Kontroversen mit Schülern und Vorgängern verständlicher gemacht. Eine weitere Erhellung der Meinungsverschiedenheiten zwischen Freud und Tausk kann einerseits deutlich machen, wie Freud sich als Therapeut verhielt, und zum anderen Tausks spezifischen Beitrag zur Psychotherapie kennzeichnen.

Wenn Freud auch in seinem Gedenkwort die klinische Erfahrung Tausks kaum gewürdigt hat, lag die wesentliche Leistung Tausks doch auf dem Gebiet der Psychiatrie und nicht auf dem der philosophischen Untermauerung der Psychoanalyse. Wie früher schon erwähnt, hatte Tausk im Gegensatz zu anderen Psychoanalytikern seiner Zeit Erfahrung mit hospitalisierten Patienten. Vor Tausk war es Jung und nach Tausks Tod Harry Stack Sullivan, die die Einsichten der Psychoanalyse in der Behandlung von Psychosen anzuwenden versuchten. Zu seiner Zeit jedoch und unter den ergebenen Anhängern Freuds war es Tausk, der den Weg für ein Verständnis der Psychosen mit Hilfe der Freudschen Ideen bahnte. Innerhalb der Schule Freuds legten die Beiträge Tausks die Grundlage für spätere Forscher; den Arbeiten Tausks sind insbesondere Bruno Bettelheim und Erik Erikson verpflichtet.

Die Frage der Grenze zwischen Psychose (dem Arbeitsfeld der klassischen Psychiater) und Neurose (dem Feld der Psychoanalyse) ist auch heute noch keineswegs entschieden. Ein Therapeut wird einen Fall um so eher als einen »neurotischen« klassifizieren, je mehr er an seiner Dynamik oder Behandlung interessiert ist. Die Diagnose einer Psychose hat auch heute noch Implikationen, die die Hoffnung auf einen Erfolg der Therapie dämpfen. Rein technisch ließe sich sagen, eine Psychose sei die Folge der Unfähigkeit des Patienten, mit seiner Neurose fertig zu werden. Der Unterschied zwischen Neurose und Psychose ist etwa so zu charakterisieren: entweder ich besitze eine Leidenschaft, oder die Leidenschaft hat mich in Besitz genommen.

Ein Neurotiker hat Schwierigkeiten, seine innere Welt zu verstehen, während es einem Psychotiker schwerfällt, die äußere Realität zu erkennen. Ein Schizophrener zum Beispiel, der kaum menschliche Bindungen hat, findet sich in seiner Einsamkeit so nahe am Tode, daß er gezwungen ist, sich seine eigene Welt zu schaffen. Der Psychotiker zieht sich nicht nur von der Außenwelt zurück, sondern kämpft auch darum, durch Wahnvorstellungen und Halluzinationen wieder in Kontakt mit ihr zu kommen.

Zur Zeit Tausks war »Psychose« keineswegs eine subtile Diagnose, sondern bedeutete nichts anderes, als daß der Patient verrückt war. Den Psychiatern, die mit solchen schweren Störungen zu tun hatten, fehlte ein klares Verständnis dessen, was sie eigentlich behandelten. Die Psychiatrie war damals noch eine relativ junge Wissenschaft und ausschließlich organisch orientiert.

»Die Persönlichkeit des psychisch kranken Menschen war kein Thema von besonderem Interesse; man glaubte auch nicht, daß psychotische Manifestationen ein Ausdruck der Persönlichkeit sein könnten ... Die Symptomatologie der Psychosen wurde als eine Folge von Störungen in den Hirnfunktionen und Hirnzellen angesehen, dem Effekt vergleichbar, der entsteht, wenn man sich versehentlich auf die Tastatur eines Klaviers setzt und dadurch einen sinnlosen Lärm erzeugt.«[34]

Die Psychoanalyse stellte zumindest klar, daß eine Psychose keineswegs ein »sinnloses Konglomerat von Symptomen ohne Bezug zur Persönlichkeit ist«[35].

Da die damaligen Psychiater der Behandlung keine so große Bedeutung zumaßen, wie es heute üblich ist, waren sie mehr mit dem Problem des Gewahrsams für Psychotiker beschäftigt. Man mußte die Welt vor ihnen und sie vor der Welt schützen. Zwar hatten die Psychiater keinerlei psychologische Erklärungen für die Leiden ihrer Patienten, aber sie lieferten glänzende Beschreibungen psychiatrischer Syndrome. Das Verständnis für die Bedeutung der Symptome, das die Psychoanalyse vermittelte, ließ den Umgang mit den Psychose-Kranken langsam menschlicher werden. Bei den früheren Analytikern war das wissenschaftliche Interesse an der Psychologie dieser Fälle allerdings oft mit geringen Bemühungen um Behandlungsmöglichkeiten verbunden.

Alles hing von der Persönlichkeit des Psychiaters ab. In gewissem Sinne »wußten« jene alten Psychiater nicht genug, um zu erkennen, daß sie eigentlich gar nicht hätten erreichen können, was sie in manchen Fällen tatsächlich fertigbrachten. Wagner-Jauregg zum Beispiel hatte eine tiefe, beruhigende Stimme, von der eine große Wirkung ausging. Wenn er in Äußerlichkeiten auch grob sein konnte, um seine Patienten sorgte er sich. Manchmal gelang es diesen Psychiatern, ihren Patienten mit symptomatischen Behandlungen zu helfen, obwohl sie nicht hätten erklären können, warum sie in solchen Fällen Erfolg hatten.

Freuds eigene Einstellung zu den Psychosen ist eine schwer entwirrbare Sache, da er wie andere erst spät zwischen Neurose und Psychose unterschied. Im Jahre 1904 schrieb er zum Beispiel: »In Wirklichkeit habe ich meine therapeutische Methode nur an schweren und schwersten Fällen ausarbeiten und versuchen können; mein Material waren zuerst nur Kranke, die alles erfolglos versucht und durch Jahre in Australien geweilt hatten ... Die psychoanalytische Therapie ist an dauernd existenzunfähigen Kranken und für solche geschaffen worden, und ihr Triumph ist es, daß sie eine befriedigende Anzahl von solchen dauernd existenzfähig macht.«[36]

Doch fielen die Psychosen bei Freud nicht in die Kategorie der »schwersten Fälle«. Die Patienten, die er behandelte, waren entweder nicht so krank oder aber sehr viel kränker, als er annahm. Freud glaubte jedoch, daß durch geeignete Verbesserungen der analytischen Technik sich in der Zukunft auch psychotische Prozesse behandeln ließen.

In jenen frühen Tagen aber lag Freud nicht viel an einer Unterscheidung zwischen Neurose und Psychose; sie waren nicht »durch eine scharfe Grenze getrennt, so wenig wie Gesundheit und Neurose«[37]. Freud sucht das Anwendungsgebiet der Psychoanalyse zu erweitern, wo immer es möglich war. Sofern er doch zwischen Neurose und Psychose unterschied, sah er die Schwierigkeit bei der Behandlung eines Psychotikers in dessen Gleichgültigkeit gegenüber dem Therapeuten. Auf Grund seiner übermäßigen Selbstbezogenheit, seines Narzißmus, sei der Psychotiker nicht zu einer Übertragung imstande.

Das eigentlich Heilende lag nach Freuds Überzeugung in der Fähigkeit eines Menschen, über sich hinauszugehen, das heißt Distanz zu seinen eigenen Gefühlen zu gewinnen. Ohne eine solche »Ich-Spaltung« läßt sich kein therapeutisches Bündnis zwischen Patient und Analytiker herstellen. Noch 1937 war Freud der Ansicht, daß für psychotische Patienten eine psychologische Behandlung nicht in Frage komme[38], eben weil sie zu jener Kooperation nicht in der Lage seien. Zwar hatte er ganz andere Gründe, aber Freud hatte sich damit doch die Ansicht der klassischen Psychiatrie zu eigen gemacht, daß Psychotiker keiner Behandlung zugänglich seien.

Doch die entscheidende Frage bleibt – welche Störungen müssen als neurotisch und welche als psychotisch angesehen werden? Zur Zeit Tausks faßte Freud die Dementia praecox, die heute zur Schizophrenie gezählt wird, als eine »narzißtische Neurose«[39] auf. Indem er diese Krankheit als eine »neurotische Störung« bezeichnete, unterstrich Freud die Überzeugung, daß die Psychoanalyse diese Fälle eines Tages verstehen und behandeln könne. Solange er sich nicht zu einer Klärung des Unterschiedes zwischen Neurose und Psychose gezwungen sah, arbeitete Freud so, als sei »die Anwendbarkeit des Verfahrens auf eine uneingeschränkte Anzahl von Kranken gesichert«[40]. Die frühen Analytiker hielten bei jedermann eine Analyse für angebracht. Erst in den zwanziger Jahren faßte Freud die »narzißtischen Neurosen« unter den Oberbegriff der Psychose zusammen. Mit anderen Worten, zur Zeit Tausks benutzte Freud den Begriff der Neurose als einen riesigen Behälter, in den auch die Fälle geworfen wurden, die später von den üblichen Neurosen deutlich unterschieden wurden.

Diese Abschweifung in die Geschichte der psychoanalytischen Terminologie sollte zeigen, daß Freud vor allem als Wissenschaftler an den Psychosen interessiert war, nicht aber als Therapeut. Er sagte: »Nun scheint das analytische Studium der Psychosen durch die therapeutische Aussichtslosigkeit einer solchen Bemühung ausgeschlossen.«[41] Doch interessierte ihn, was andere über die Psychosen hatten herausfinden können.

Es ist bekannt, daß Freud selbst über sehr wenig psychiatrische Erfahrung verfügte. Sein eigenes Arbeitsgebiet vor der Begründung der Psychoanalyse war die Neurologie gewesen. Zwar ist er auch als Neurologe und gelegentlich auch in seiner privaten psychoanalytischen Praxis Fällen von Psychosen begegnet, aber er hat immer versucht, ihnen aus dem Weg zu gehen. Ohne Zweifel hat er sich niemals in irgendeiner Hinsicht mit der akademischen Psychiatrie identifiziert. Einem Schweizer Schüler, der zwischen Psychiatrie und Psychoanalyse zu vermitteln versuchte, schrieb Freud im Jahre 1911: »(Ich) halte Ihre Erwartung wirklich für ketzerisch.«[42]

Im Zusammenhang mit der Erörterung primärprozeßhaften Denkens in der *Traumdeutung* hatte Freud Abwehrmechanismen beschrieben, die sowohl im Traum als auch in der Psychose zutage treten, und er hatte die Theorie entwickelt, daß der Traum eine beim Gesunden zu findende Form psychotischer Erfahrung sei. Aber über diesen Versuch hinaus, ein theoretisches Verständnis der Psychose zu gewinnen, hatte Freud kein Interesse an klinischen Manifestationen von Psychosen. Lou Andreas-Salomé berichtet, daß Tausk zufolge Freuds »Bruchstückarbeit dem individuellen Überblick nicht förderlich sei«[43]. Wenn ein Fall nicht zu den klassischen – den wahnhaften oder hysterischen – Neurosen gehörte, mußte es für Freud schwierig werden, eine Diagnose zu stellen.

Es hat Fälle gegeben, die Freud als Neurotiker ansah und psychoanalytisch behandelte, bei denen aber, wie sich später herausstellte, unter einer neurotischen Oberfläche sehr viel ernstere psychotische Störungen verborgen waren. Freud hatte die Schwere ihrer Krankheit nicht erkannt. In manchen Fällen hatte die Heilung eines neurotischen Symptoms die Folge, daß bei dem Patienten eine Psychose offen ausbrach.[44] Wie Freud einmal einem beunruhigten Schüler schrieb: »Sie haben das Unglück gehabt, einer latenten Paranoia zu begegnen, und die Heilung der Neurose hat einer ernsteren Krankheit den Weg freigemacht. Das kann jedem von uns gelegentlich passieren, es gibt keinen Schutz davor.«[45]

Psychosen zu diagnostizieren, das gilt heute noch genauso wie damals, kann eine sehr schwierige Angelegenheit sein. Wie andere hat sich auch Tausk daran versucht. Doch Freud wollte mit dem ganzen Problem der Psychose nichts zu tun haben. Ihn interessierten feinere psychische Leiden. Denn wer sechsmal in der Woche nach einem Weg mitten durch eine geschäftige Stadt pünktlich zur Analyse erscheinen kann, muß noch recht guten Kontakt mit der Realität haben. Freud hat eine Krankengeschichte eines Psychotikers geschrieben; er hat diesen Mann aber niemals als Patient selbst behandelt, sondern beschrieb seine Krankheit auf Grund einer autobiographischen Darstellung.[46]

Freud reagierte auf Psychosen ebenso mit Abwehr, wie die meisten Menschen es tun. Er wollte ihnen fernbleiben, sie meiden. Zu seiner Zeit waren die Psychosen noch unverständlicher, als sie es heute sind. Es ist oft vermutet worden, es handle sich hier um chemische oder biologische Prozesse, die einen psychischen Ausdruck finden. Freud waren die Psychose-Kranken sogar so unverständlich, daß sie ihm als »unheimlich« erschienen.[47] Er hatte deshalb nur relativ wenig Erfahrung mit selbstmordgefährdeten Patienten, für die eine Analyse ein zu großes Risisko bedeutet hätte. Freuds Abwendung von psychischen Krankheiten dieser Art würde bei einem heutigen Therapeuten unverständlich erscheinen.

Freud war kein romantischer Arzt mit dem Drang zum Heilen; er war kein Menschenfreund. Er sprach von seiner »Enttäuschung in den Menschen«[48]. Je älter Freud wurde, desto stärker wurde seine »Gleichgültigkeit gegen die Welt«. »Im tiefsten Innern bin ich ja doch überzeugt, daß meine lieben Mitmenschen – mit einzelnen Ausnahmen – Gesindel sind.«[49] »... im großen und ganzen habe ich wenig ›Gutes‹ bei den Menschen gefunden. Nach meiner Erfahrung sind die meisten von ihnen Gesindel.«[50] »Ich habe eigentlich nie etwas Gemeines und Boshaftes getan und spüre auch keine Versuchung dazu ...« Aber »die Anderen (sind) brutal und unverläßlich«[51].

Freud sah sich als einen Forscher und Entdecker – nicht als einen Heilenden. In seinen Jugendjahren habe er keine besondere Vorliebe für die Tätigkeit des Arztes verspürt, und ihm fehle es »an der richtigen ärztlichen Disposition«; »Therapeut bin ich wider Willen geworden.«[52] Freuds große Leistung war der Aufbau einer Wissenschaft, an der andere weiterarbeiten konnten.

Psychoanalyse war für Freud vor allem als ein Feld wissenschaftlicher Forschung wichtig, weniger als ein therapeutisch wirksames Instrument. Natürlich konnten ihm seine Patienten menschlich sehr viel bedeuten, und er hat seine Behandlung gelegentlich sehr aktiv gestaltet. Besonders in seinen früheren Jahren konnte Freud bei seinen therapeutischen Bemühungen aus sich herausgehen. Viele Patienten haben von Freuds Wärme und Menschlichkeit gesprochen, von der herzlichen Beziehung, die er zu ihnen hatte, und von seinem Interesse an ihnen.

Doch bei seinen Analysen fürchtete Freud immer, der wissenschaftliche Anteil seiner Arbeit werde von den therapeutischen Interessen verdrängt. Als er älter wurde, kamen ihm immer mehr Zweifel an den Heilungen, die er früher vollbracht zu haben glaubte; er löste sich immer weiter aus menschlichen Beziehungen und widmete sich immer mehr der reinen Forschung. Als er sich von der Medizin abwandte, warnte Freud wiederholt vor der Gefahr, die Psychoanalyse in eine »bloße Magd der Psychiatrie« zu verwandeln. Freud hatte eine besondere Profession von Psychoanalytikern vor Augen, die sich dem Streben nach wissenschaftlicher Erkenntnis ergeben hatten. Probleme wie die Erleichterung von Leiden, Prävention und Heilung würden sich von selbst lösen, vorausgesetzt, wir hätten ausreichende Kenntnisse über die psychologischen Zusammenhänge erworben.

Indem er die Psychose-Kranken von der psychoanalytischen Behandlung ausschloß, rechnete Freud sie mit Delinquenten, Süchtigen und Perversen zusammen zu einer Gruppe, die einer Analyse nicht »wert« waren. Wie er einmal schrieb, »sind leider nur wenige Patienten die Mühe wert, die wir auf sie verwenden, so daß wir keine therapeutische Haltung einnehmen können, sondern froh sein müssen, an jedem Falle etwas gelernt zu haben«[53]. Oder: »(Es wäre) unökonomisch, solchen Aufwand (an Psychoanalyse) an völlig wertlose Individuen, die nebenbei auch neurotisch sind, zu vergeuden.«[54] Intellektuell unerschrokken und erpicht darauf, Entdeckungen zu machen, wollte

Freud nicht zum Moralisieren gezwungen sein. Wenn Patienten sich selbst finden sollten, ohne daß ihnen gesagt werden mußte, wie sie zu leben hätten, dann mußte Freud annehmen, daß sie bereits ein Selbst besaßen.

Freuds Vorliebe galt den Starken, nicht den Schwachen. Der Wahrhaftigkeit des Patienten mußte die Ehrlichkeit des Analytikers entsprechen. Freuds Behandlungsmethode setzte voraus, daß die Patienten über eine beträchtliche geistige Selbstdisziplin und über die Fähigkeit verfügten, die neu gewonnenen Einsichten in ihre Persönlichkeit zu integrieren. 1907 machte er einer Patientin am Ende einer dreimonatigen Analyse das Kompliment: »Am meisten hat mir gefallen, daß Sie, sobald Sie etwas verstanden hatten, sich dieses Wissen auch nutzbar machen konnten.«[55] Psychoanalyse hieß, Probleme zu zerlegen; die Patienten, so wurde angenommen, seien selbständig genug, um am besten zu wissen, wie die Dinge neu zusammenzusetzen seien. Wie Freud einmal schrieb: »Wir pflegen unserer Psychoanalyse ... vorzuwerfen ... daß sie eigentlich das Optimum ihrer Bedingungen dort antrifft, wo man sie nicht braucht, beim Gesunden.«[56]

Freud forderte von den Menschen, sie sollten erwachsen werden; er wollte das Beste aus ihnen machen. Seine Therapie beruhte auf der Überzeugung, daß die Menschen sich verändern, über sich selbst hinauswachsen können. Freud sagte: »nein« – zu Unredlichkeit, Unwissenheit, Dummheit, Symptomen, Selbsttäuschungen, Leiden, aber auch zu Schwäche, Abhängigkeit, Unterstützung, Toleranz und zum Jasagen.

Die schmerzlichsten emotionalen Konflikte können gerade dann entstehen, wenn jemand nicht imstande ist, Einsichten, die er gewonnen hat, sich auch zunutze zu machen. Ein Analytiker handelt unmenschlich, wenn er auf die Wirkungen der Rationalität wartet, während seine Patienten schrecklich leiden. Ein Therapeut muß mehr sein als bloß ein Wissenschaftler. In vielen Fällen geht es weniger um neues Material aus der Tiefe, als um die Stützung eines schwachen Ichs. Als einer der ersten in Freuds Kreis erkannte Tausk die Bedeutung, die das, was heute »Ich-Psychologie« genannt wird, sowohl für die Neurosen als auch für die Psychosen hat. Lou Andreas-Salomé zufolge ist »Tausks Neurosenbegriff ... der Freudsche, doch betont Tausk als beim Ausbruch der Neurose unumgänglich notwendig den ›Versager‹ im Ichgebiet, im sozialen Gebiet ...«[57].

Tausk war viel eher als Freud bereit, mit Psychotikern umzugehen und von ihnen zu lernen. Als Therapeut war er weniger streng; menschliche Schwäche ließ er eher gelten, und er konnte sich eher mit einem Patienten identifizieren und sich um ihn kümmern. Während Freuds Streben darauf zielte, die Menschen besser zu machen, als sie waren, indem er ihnen half, sich selbst zu verstehen, neigte Tausk mehr dazu, den Menschen zu helfen, sich selbst zu akzeptieren. Gegenüber einem Fall männlicher Homosexualität brachte Tausk größeres Verständnis auf, als es Freud möglich gewesen wäre. Tausk sah, daß dieser Patient nur so schwache Möglichkeiten zu heterosexuellem Verhalten hatte, daß man ihm helfen mußte, sein abweichendes Verhalten zu akzeptieren und sich von Schuldgefühlen zu befreien.[58]

Freud hätte gegen seine Aversion gegenüber einem solchen Menschen ankämpfen müssen. Zwar war Freud für seine Zeit tolerant, und er wollte auch die Ursachen der Perversion verstehen, aber es war einfacher, einen solchen Menschen zu verurteilen als ihm zu helfen. In bezug auf einen Fall männlicher Homosexualität bemerkte Freud: »Wenn alle Stricke reißen, muß man solche Menschen ... mit etwas Geld über den Ozean schicken, sagen wir, nach Südamerika, um sie dort ihr Schicksal suchen und finden zu lassen.« Im Hinblick auf einen anderen Fall drückte er einen ähnlichen Abscheu aus: der Patient sei »offenkundig ein Schurke, der Ihrer Mühe nicht wert ist«. Freud verglich diesen Fall mit einem anderen, der »offenkundig ein wertvoller Mensch ist, und verdient, behandelt zu werden . . .«[59].

Neben all seinem Moralismus konnte Freud zuweilen außerordentlich sachlich sein. Masturbatorische Phantasien beim Geschlechtsverkehr waren durchaus in Ordnung, wenn sie die heterosexuelle Potenz förderten. Die weibliche Homosexualität kümmerte Freud wenig; im Falle einer unter Depressionen leidenden Frau mittleren Alters hielt Freud es für ein gutes Ergebnis ihrer Analyse, daß sie zu einer aktiven Lesbierin wurde. Tugendbolde waren Freud zuwider, und bei einem Menschen, den er als »wertvoll« betrachtete, nahm er vieles hin, was ihn sonst verletzt hätte. Freud unterschied zwischen Gesundheit und Wert eines Menschen – »Es gibt ›gesunde‹ Menschen, die überhaupt nichts wert sind, und ›ungesunde‹ neurotische Menschen, die sehr wertvolle Individuen sind.«[60]

Tausk war Repräsentant eines sich erweiternden therapeutischen Interesses. Wie Adler und Jung und alle späteren Dissidenten innerhalb der klassischen Psychoanalyse (zum Beispiel Otto Rank und Sandor Ferenczi) war auch Tausk daran interessiert, den therapeutischen Anwendungsbereich der Psychoanalyse auszudehnen. Eine analytische Behandlung von anderen Störungen als den klassischen Neurosen ist erst mit der Entwicklung der Ich-Psychologie möglich geworden. Freud hatte zunächst die Ansicht vertreten, daß die Macht verdrängter Energien »durch das Bewußtmachen nur geschwächt werden kann«[61]. Aber das Aufheben von Verdrängungen und Verleugnungen setzt voraus, daß das Ich des Patienten fähig ist, neue Einsichten zu integrieren. Andernfalls kann es sein, daß die Psychoanalyse dem Patienten nur seine Abwehrformen nimmt und ihn kränker als vorher zurückläßt.

Tausk und sein Freund Federn hatten mehr Zugang zu psychotischen Krankheitsbildern, und anstatt Psychose-Kranke als narzißtisch – als zu sehr auf sich selbst bezogen – zu klassifizieren, sah Tausk die Ursache ihres Leidens in mangelnder Ichstärke. Er glaubte, wenn es dem Therapeuten gelinge, das Ich des Kranken zu stärken, werde dessen Fähigkeit zur Unterscheidung zwischen seinem Selbst und der Außenwelt zurückkehren: die Grenzen des Ichs könnten sich dann erweitern, und der Patient werde wieder in den Stand gesetzt, zwischen seinen inneren Empfindungen und den Vorgängen in der Außenwelt zu unterscheiden. Der Begriff der Ich-Grenzen, der ursprünglich von Tausk formuliert wurde[62], sollte deutlich machen, daß der Schizophrenie Ichdefekte zugrunde lagen.

Dieser Anschauung zufolge waren die Fähigkeiten des Psychotikers zu integrativen Leistungen schwach. Der Therapeut mußte dem Ich des Psychotikers zu Hilfe kommen, ihm helfen, seine unkontrollierten Triebenergien zu beherrschen. Weder Tausk noch Federn hätten die praktischen Schwierigkeiten einer solchen Behandlung geleugnet. Wenn man die Teilnahme eines unter einem schwachen Ich leidenden Psychotikers an der Außenwelt weckt, kann man ihn dadurch zwingen, sich noch weiter zurückzuziehen, weil seine begrenzten Fähigkeiten sich noch weiter erschöpfen können. Um diese Patienten einer Behandlung zugänglich zu machen, müsse, so glaubte Tausk, die analytische Methode verändert werden. Denn es gab keinen theoretischen Grund, Psychosen aus dem Anwendungsbereich der Psychoanalyse auszuschließen, was ebenso für die anderen Fälle galt, die Freud einer Behandlung für »unwert« erachtete. Nach Tausks Tod lag es bei Federn, diese Ideen im Kreise Freuds weiterzuentwickeln.[63]

Die Ich-Psychologie begann mit Tausks und Federns Behandlung psychotischer Störungen. Später wuchs bei anderen Analytikern, zum Beispiel bei Anna Freud, ein Interesse an der Behandlung von Kindern; diese Gruppe leistete bemerkenswerte Beiträge zur Entwicklung der Ich-Psychologie. Durch Erik H. Erikson, ursprünglich ein Schüler Anna Freuds, ist der Begriff der »Ich-Identität« berühmt geworden. In einem neuen Buch hat Erikson an Federns Begriff der »Ich-Grenzen« erinnert, der in der Wiener Gruppe Ende der zwanziger Jahre, als er dort in Ausbildung war, »viel diskutiert« worden sei.[64] Doch wie Federn privat zugab, stammte der Begriff der Ich-Grenzen in Wirklichkeit von Victor Tausk. (Man kann sich nur fragen, ob sich in Federns Widerwillen, in seinen späteren Jahren Tausks Leistung anzuerkennen, nicht zum Teil seine Bestürzung über die Umstände von Tausks unzeitigem Tod reflektiert hat.) Auch der Begriff der »Identität« ist zuerst von Tausk in die psychoanalytische Literatur eingeführt worden: in seiner Arbeit über den *›Beeinflussungsapparat‹*[65].

Obwohl Freud die therapeutische Arbeit mit psychotischen Patienten für vergeblich hielt, hat er von Federn nicht verlangt, mit der Behandlung solcher Fälle aufzuhören; Freud wollte nur selbst nichts damit zu tun haben. Federns Formulierungen zu Fragen der Psychose fand er ebenso unverständlich wie früher die entsprechenden Anschauungen von Tausk. Trotzdem hat er Federn immer Patienten geschickt und niemals versucht, ihn aus seinem Kreis zu vertreiben.

Federn konnte seinen Kollegen gegenüber recht aggressiv sein, aber als Mensch war er warmherzig und liebenswürdig, manchmal sogar ein bißchen albern. Er war für seine Versprecher berühmt und besaß eine bewegliche Persönlichkeit, die den Patienten auch averbale Unterstützung geben konnte. Nach einem alten Wiener Sprichwort kann nur ein guter Mensch ein guter Arzt sein. Federn »kämpfte, um dem Patienten zu helfen, härter und gegen größere

Hindernisse als Freud, in dem der Wissenschaftler immer stärker war als der heilende Arzt«[66]. Doch in der Therapie ist, wie Tausk einmal sagte, »die wissenschaftliche Methode nicht immer der beste Weg zur Erhellung einer Persönlichkeit; für diesen Zweck ist die Kunst oft besser geeignet«[67].

Einen Patienten, dessen »sympathischen Eindruck« Federn hervorhob, hielt Freud für ein »vollkommenes Schwein«[68]. Gegen die »Widerstände«, die Patienten gegen die Behandlung entwickelten, war Freud sehr empfindlich, und bei der Beschreibung einer therapeutischen Begegnung griff Freud wiederholt auf Schlachtbilder zurück. In einer Analyse gab es für ihn einen Übergeordneten und einen Untergeordneten; der Patient »unterwarf« sich einer Analyse. Freud warnte immer wieder vor der Gefahr eines zu großen therapeutischen Eifers auf seiten des Analytikers.

Da er das Mütterliche in sich nicht gut akzeptieren konnte, erschien es Freud am wichtigsten, daß einem Analytiker bewußt sein müsse, was er tue. Solange er im Interesse des Patienten handelte und nicht um persönlicher Befriedigung willen, ließ Freud eine recht erhebliche Aktivität des Analytikers zu. Wenn ein Analytiker mehr aus sich herausgeht, setzt er den Patienten notwendigerweise der Gefahr größerer Enttäuschung und größeren Verlustes aus. Die Neutralität des Analytikers mag die Spontaneität hemmen, aber die damit verbundene Distanz kann den Patienten auch vor dem Sadismus des Analytikers schützen. Natürlich kann, wie wir inzwischen gelernt haben, auch die Passivität des Analytikers aggressiven Charakter haben. Freud war jedenfalls Gegner einer suggestiven Therapie, er war gegen Täuschung und Zwang: »... der Kranke soll nicht zur Ähnlichkeit mit uns, sondern zur Befreiung und Vollendung seines eigenen Wesens erzogen werden«[69].

Nach Tausks Tod wurde Federn innerhalb der Wiener Psychoanalytischen Vereinigung zum Repräsentanten der therapeutischen Richtung, die sich von derjenigen Freuds am stärksten unterschied. Um aber nicht in die Position eines Jung oder Adler oder gar eines Tausk zu geraten, mußte er einen Preis zahlen. Er hielt seine Begriffe mehrdeutig und unklar, damit die Abweichung von den Begriffen Freuds nicht zu offenkundig wurde – vor allem nicht für ihn selbst. Das brachte Federn, der zu dieser Zeit in weit geringerem Maße Wissenschaftler war als später, in einen Konflikt, der sein Schreiben beeinträchtigte; erst lange nach Freuds Tod gewannen seine Begriffe Klarheit.

Wir wissen heute, daß die Schwierigkeiten bei der Behandlung von Psychose-Kranken nicht, wie Freud annahm, von ihrer Unfähigkeit zur »Übertragung« von Gefühlen herrühren. Manchmal läßt sich eine therapeutisch wirksame Beziehung zu ihnen deshalb nicht aufbauen, weil sie die Beziehung zum Therapeuten zu schnell und zu intensiv eingehen. Schizophrene reagieren zum Beispiel äußerst empfindlich darauf, ob sie anerkannt werden oder nicht; häufig sind es ihre feindseligen und erregten Gefühle, die eine Behandlung erschweren. Selbst die liebende Nachsicht des Therapeuten kann unerwünschte Folgen haben: sie kann Schuldgefühle im Patienten erwecken und dazu führen, daß er sich noch weiter zurückzieht.

Es war Tausks großer Ehrgeiz, einen Weg zum Verständnis und zur Therapie jener rätselhaften Störungen zu finden, die Psychosen genannt werden. Freuds mangelndes Interesse an den Psychosen erlaubte es Tausk, in der Welt Freuds zu bleiben. Mit einer größeren theoretischen Distanz als Federn ging Tausk an die Erforschung der schweren psychischen Krankheiten heran. Wenn wir sehen, wie die Psychiater heute noch in diesem Gebiet herumtappen, wie sie klassifizieren, wo ihnen immer noch das Verständnis fehlt, wird die Größe von Tausks Ehrgeiz deutlich.

Am 30. Dezember 1914 hielt Tausk vor der Wiener Vereinigung einen Vortrag über die Melancholie. In der anschließenden Diskussion über Tausks Vortrag hat Freud seine Ansichten über Probleme des manisch-depressiven Irreseins zum erstenmal öffentlich dargelegt. (Anders als die Schizophrenen pflegt die zweite Gruppe von Psychotikern, die Manisch-Depressiven, nicht im Wahnsinn zu enden.) Kurz danach, im Februar 1915, schrieb Freud den ersten Entwurf seiner klassischen Abhandlung: *Trauer und Melancholie.* Doch er veröffentlichte sie erst zwei Jahre später. Der Krieg verzögerte die Publikation zahlreicher psychoanalytischer Schriften, in diesem Falle aber lag die Ursache bei Freud selbst, der seine Abhandlung noch länger überdenken wollte.

Tausk hat, wie wir gesehen haben, ganz anders gearbeitet. In einer im Januar 1916 in Lublin veröffentlichten Arbeit über die Kriegspsychosen nahm Tausk eine vollständige Übersicht der Anschauungen Freuds über die Melancholie auf. Wiederholt bezog er sich auf »mündliche Bemerkungen« Freuds. An einer Stelle erwähnte er »eine noch nicht publizierte Vermutung Freuds (über die ich mit seiner besonderen Erlaubnis hier verfüge ...)«[70]. Man kann verstehen, warum Freud diesem Mann gegenüber vorsichtig sein mußte; er hatte nicht nur selbst Ideen, sondern war auch schnell dabei, begriffliche Konstruktionen Freuds mit seinem eigenen klinischen Material auszufüllen.

Schöpferische Arbeit war für Tausk eine innere Notwendigkeit; an einer Stelle seiner Arbeit bemerkte er, »nun wäre es ein leichtes, sich ... den Ruhm der Entdeckung einer neuen Psychose zu schaffen ...«[71]

Aber Tausk selbst schadete seiner Veröffentlichung – der historische Bedeutung zukommt, da Tausk gleichzeitig mit Freud über Melancholie arbeitete –, weil er ein zu großes

Gewicht auf seine Konkurrenz mit Freud legte. Tausk war nicht in der Lage, seine eigene Originalität einfach hinzunehmen. Er verdarb seine Darstellung, weil er auf zu viele Einzelheiten der Anschauungen Freuds einging, und er belastete sein Argument mit Verweisen auf Bemerkungen Freuds. Am Ende seiner Abhandlung fügte Tausk eine Fußnote ein, in der er einen Psychiater kritisierte, weil er etwas geschrieben habe, ohne Freud zu erwähnen.

Als Freuds Abhandlung schließlich im Jahre 1917 erschien, ein Jahr nach derjenigen Tausks, hatte Freud die Arbeit Tausks überhaupt nicht zitiert oder auf sie hingewiesen; Freuds Schüler haben sie folglich ignoriert. Natürlich hatte Freud jahrelang über das Problem nachgedacht. Da er auch andere zeitgenössische Autoren zitierte, hätte Tausk als einer der wenigen Psychoanalytiker, die damals über dieses Problem arbeiteten, redlicherweise ebenfalls erwähnt werden müssen. Die Frage der Fußnoten wurde in jenem Kreis nicht schulmeisterlich genau gehandhabt, und Freud wußte das. »Wir wußten diese Publikation (die Freudschen) samt allen Anmerkungen auswendig ...«[72] Zwar hat Freud in dieser Abhandlung über Melancholie Tausk zitiert, aber nicht die richtige Stelle — nicht Tausks Arbeit über Melancholie[73].

Die Arbeit, die Tausk den größten wissenschaftlichen Ruhm brachte, war die Untersuchung über den *›Beeinflussungsapparat‹ in der Schizophrenie.* Tausk las die Arbeit am 6. Januar 1918 vor der Wiener Vereinigung; ein weiterer Abend, der 30. Januar 1918, war ihrer Diskussion gewidmet, und ein Jahr später erschien sie im Druck.

In dieser Arbeit entwickelte Tausk den Begriff der Projektion in einem klinisch psychiatrischen Kontext. Freud hatte die These aufgestellt, daß in der Psychose eine Regression auf die Stufe des primären Narzißmus erfolgt, auf die früheste Phase der kindlichen Entwicklung, in der das Kind noch nicht zwischen seinem Körper und der

Außenwelt unterscheiden kann. Tausk zeigte, auf welche Weise in schizophrenen Symptomen die frühesten Phasen einer beginnenden Beziehung zur Außenwelt repräsentiert sein können. Gefühle der inneren Fremdheit werden in die Außenwelt projiziert. Veränderungen in der eigenen Persönlichkeit werden als Veränderungen in der Außenwelt erlebt.

Tausk interpretierte die häufig wiederkehrende paranoide Wahnvorstellung Schizophrener, sie würden von Maschinen beeinflußt, als eine externalisierte Repräsentanz ihres eigenen Körpers: der Beeinflussungsapparat ist eine Projektion des Körpers des Patienten, eine Abwehr, die eine Regression auf die Stufe des primären Narzißmus verhindern soll. »Sind ja doch die Maschinen — so Tausk —, die der Witz der Menschen geschaffen hat, nach dem Vorbild des menschlichen Körpers geschaffen, eine unbewußte Projektion der eigenen leiblichen Konstruktion[74].«

In bezug auf dieses Problem gab Freud zu, daß Tausk ihm voraus war. In einer im Frühjahr 1915 geschriebenen Abhandlung stützte Freud sich auf Fallmaterial von Tausk (wie Tausk später gebührend bemerkte). Freud erwähnte kurz: »Herr Dr. Victor Tausk hat mir einige seiner Beobachtungen bei beginnender Schizophrenie zur Verfügung gestellt ...«[75] Tausk hingegen gab sich in seiner eigenen Abhandlung, die erst 1919 veröffentlicht wurde, übergroße Mühe, seine Verpflichtungen gegen andere anzuerkennen. So erwähnt er Freuds frühere Arbeit über die Schizophrenie und bezieht sich zweimal auf Freuds Kommentare zu seinem Vortrag vor der Wiener Vereinigung. Ebenfalls zweimal, um die Verknüpfungen noch enger zu machen, zitiert er Bemerkungen, die Helene Deutsch in jener Diskussion gemacht hatte.

Merkwürdigerweise hat auch Kafka, der so viele andere Züge mit Tausk gemeinsam hatte, über die Maschine als Projektion des menschlichen Körpers geschrieben. Seine

Erzählung *In der Strafkolonie* beschreibt denselben Mechanismus, auf den Tausk in seiner psychiatrischen Arbeit gestoßen war. In Kafkas Erzählung kontrolliert eine Maschine die Gedanken und Gefühle ihres Opfers, indem sie ihre Zacken in seinen Körper treibt; am Ende stecken Körper und Maschine ineinander.[76]

Tausk ging in seinen Schriften zu vielen verschiedenartigen Interessen nach, als daß er die großen, in ihn gesetzten Hoffnungen hätte erfüllen können. Den Rat Freuds an seine Schüler, man müsse sich auf ein einziges Thema konzentrieren, hatte er in den Wind geschlagen. Außer seinen Forschungen über die manisch-depressiven und schizophrenen Psychosen hat Tausk Beiträge zur Ich-Psychologie, zur künstlerischen Kreativität, zur philosophischen Untermauerung der Psychoanalyse sowie zum Verhältnis von Recht und Psychiatrie geleistet. Mit seiner Arbeit über den *›Beeinflussungsapparat‹* hat Tausk Pionierarbeit für das psychologische Verständnis schizophrener Wahnvorstellungen vollbracht, und auf dieser Abhandlung haben andere weiter aufgebaut – zum Beispiel Bruno Bettelheim in seiner Arbeit mit schwer gestörten Kindern[77]. Tausk aber starb so früh, daß sein Werk fragmentiert blieb.

Später

Obwohl seine psychiatrische Arbeit in der Fachwelt Anerkennung fand, ist die Erinnerung an Tausk in der breiteren Öffentlichkeit durch seinen Selbstmord beinahe vollständig ausgelöscht worden. Nach seinem Tode im Jahre 1919 kam Kosa Lazarević – mit der er während des Krieges in Belgrad zusammengelebt hatte – nach Wien, um seine Schwester Jelka aufzusuchen; Kosa reiste danach jedes Jahr nach Wien, um das Grab zu pflegen.

Die beiden Söhne Tausks hatten wenig mit der Psychoanalyse zu tun. Marius, der vorgehabt hatte, Psychiater zu werden, studierte Medizin, entschloß sich dann aber, nicht als Arzt zu praktizieren; 1926 war er Gast bei einer Sitzung der Wiener Vereinigung, wo Federn den Sohn seines toten Freundes herzlich begrüßte. Victor Hugo, der jüngere Sohn, wurde zwischen September 1923 und Februar 1924 von Hitschmann unentgeltlich in Analyse genommen; die Behandlung schloß mit einem Besuch am Grab seines Vaters ab – ein Versuch, seine Seele von einer quälenden Erinnerung zu befreien. Trotz der Trennung der Eltern und des traumatischen Todes des Vaters – nach Freuds Ansicht das wichtigste Ereignis im Leben eines Menschen – hatten beide Söhne keine besonderen Schwierigkeiten in ihrem Leben.

In den beiden Jahrzehnten zwischen Tausks Tod und dem

Tode Freuds im Jahre 1939 kam der Name Tausk nur gelegentlich zur Sprache. Freud hat Tausk noch einmal zitiert und ihn in Unterhaltungen manchmal beiläufig erwähnt; im Grunde aber (mit Ausnahme seiner Arbeit über den »Beeinflussungsapparat«) war Tausk, sein Leben und seine Konflikte, von der Erdoberfläche verschwunden.
1934 erschien plötzlich ein Aufsatz von Tausk. Auf irgendeine Weise war er der von Tausk selbst angeordneten Vernichtung aller seiner Schriften entgangen. Möglicherweise hätte Tausk diesen Aufsatz niemals erscheinen lassen. Denn in einer Fußnote am Ende dieser Arbeit hat er den eigentlichen Kern seines Konfliktes mit Freud offenbart. Die ganze Geschichte war so unbekannt, daß die Herausgeber nicht wußten, worauf die Fußnote anspielte. Es handelte sich bei der abgedruckten Arbeit um einen kurzen Aufsatz über einen Mann namens »B«, der in seinem Verhältnis zu einem verehrten Meister, Ibsen, gehemmt ist. Tausk interpretiert die Situation in der zu seiner Zeit gebräuchlichen psychoanalytischen Terminologie. Doch er gibt damit gleichzeitig eine bündige Zusammenfassung seines eigenen Konfliktes mit Freud.
»Das Verhältnis des Herrn B. zu Ibsen, das Verhältnis eines produktiven Mannes zu einem für ihn vorbildlichen Meister, ist dem Vaterkomplex nachgebildet ... im gewöhnlichen Leben der mit ihren Meistern rivalisierenden Produktiven wird der ... Haß aus der Sohnes-Einstellung geliefert. Daher stehen die Konflikte zwischen Meistern und Schülern, die nach Selbständigkeit streben, den schlimmsten Konflikten zwischen Vätern und Söhnen gar nicht nach.«[1]
Vier Jahre später, im Jahre 1938, hatte die alte Garde um Freud Anlaß, noch einmal an Tausk zu denken. Die Nazis vertrieben Freud und seine Schüler aus Wien, und die Analytiker, die sich in großer finanzieller Not befanden, hatten gehört, daß Tausks Sohn Marius sich in Holland

als Endokrinologe und Pharmakologe wohl etabliert hatte; Federn nahm Verbindung mit ihm auf, um zu erfahren, ob die Darlehen, die sein Vater erhalten hatte, jetzt zurückgezahlt werden konnten. Wie früher erwähnt, hatten Hitschmann, Jekels, Steiner und Federn Tausk während seines Medizinstudiums finanziell geholfen. Sowie er von der Schuld erfuhr, zahlte Marius die Summe zurück.

Federn hatte Marius auch gesagt, Freud selbst gehöre ebenfalls zu den Gläubigern seines Vaters; Marius schrieb deshalb an Freud und fragte, wie hoch die Schuld ihm gegenüber sei. Freud verhielt sich als Gentleman. Seit 1923 litt er an Kiefer-Krebs und war nur ein Jahr von seinem eigenen Tod entfernt, aber dieser jetzt zweiundachtzigjährige und zurückgezogen lebende Mann war unverändert stark geblieben; mit seiner ganzen Würde und Korrektheit schrieb Freud zurück, er könne sich nicht erinnern, wieviel er Marius' Vater geliehen hatte; es könne jedenfalls nicht viel gewesen sein und habe keine Bedeutung mehr.

1938, der Zweite Weltkrieg näherte sich, war ein schreckliches Jahr für Europa. Ein jüngerer Bruder Tausks, Mirko, fiel im Januar in Spanien. Als die Nazis in Wien eindrangen, fühlten sich Jelka, ihr Mann Ernst und dessen Bruder Camillo wie in einer Falle gefangen. Sie hatten kein Geld, um ins Ausland zu gehen, ihre Gesundheit wurde immer schlechter, und sie fühlten sich plötzlich alt. Jelka schrieb einen Abschiedsbrief an ihre alte Mutter in Jugoslawien – »Wir sind so glücklich gewesen und wollen nicht unglücklich sein.« Wie so viele andere in jener Zeit begingen alle drei Selbstmord. Victors Mutter hat sich von diesem Schlag nicht mehr erholt, sie starb noch im selben Jahr.

Anhang

Zeittafel

1856 Sigmund Freud wird in Freiberg, Mähren, geboren.
1879, 12. März: Victor Tausk wird in Zsilina, Slowakei, geboren.
1897 Tausk beginnt an der Universität Wien Jura zu studieren.
1900 Freud veröffentlicht *Die Traumdeutung*.
1900 Tausk heiratet Martha Frisch; sie gehen nach Jugoslawien.
1902 Tausk erwirbt seinen juristischen Doktorgrad. Tausks erster Sohn, Marius, wird geboren.
1903 Tausks zweiter Sohn, Victor Hugo, wird geboren.
1905 Victor und Martha trennen sich und gehen nach Wien; *Husein Brko* und *Halbdunkel*.
1906 Tausk geht nach Berlin und arbeitet als Journalist.
1907 Tausk verbringt 25 Tage in einem Sanatorium. Tausk lernt in Berlin Lea Rosen kennen.
1908, Oktober: Tausk kehrt nach Wien zurück. Er und Martha lassen sich offiziell scheiden. Tausk beginnt an der Universität Wien Medizin zu studieren.
1909, Oktober: Tausk beginnt an den Sitzungen der Wiener Psychoanalytischen Vereinigung teilzunehmen.
1909, 24. November: Tausk hält seinen ersten Vortrag vor Freuds Gruppe: *Erkenntnistheorie und Psychoanalyse*.

1911 Alfred Adler tritt aus der Wiener Psychoanalytischen Vereinigung aus.

1912 Tausk veröffentlicht eine Abhandlung: *Die Onanie.* Helene Deutsch beginnt an der Klinik Wagner-Jaureggs in Wien zu arbeiten.

1912/1913 Lou Andreas-Salomé geht nach Wien; sie und Tausk haben eine Liebesbeziehung.

1913 Streit zwischen Freud und Jung.
Tausk veröffentlicht zwei Abhandlungen: *Zur Psychologie der Kindersexualität* und *Entwertung des Verdrängungsmotivs durch Rekompense.*

1914, Juni: Tausk schließt sein Medizinstudium ab.

1915, August: Tausk wird als Armeepsychiater eingezogen.

1915 Tausk veröffentlicht eine Abhandlung: *Zur Psychologie des alkoholischen Beschäftigungsdelirs.*

1916, 25. März: Tausks Vater stirbt.

1916 Tausk veröffentlicht eine Abhandlung: *Diagnostische Erörterungen auf Grund der Zustandsbilder der sogenannten Kriegspsychosen.*

1916, Dezember: Tausk wird von Lublin nach Belgrad versetzt.
Tausk lebt mit Kosa Lazarević zusammen.

1917 Tausk hält einen Vortrag: *Zur Psychologie des Deserteurs.*

1918, September: Auf dem Psychoanalytischen Kongreß in Budapest hält Tausk einen Vortrag: *Zur Psychoanalyse der Urteilsfunktion.*

1918, 4. November: Tausk kehrt nach Wien zurück und nimmt seine psychoanalytische Praxis wieder auf.

1918, Dezember: Freud lehnt es ab, Tausk zu analysieren, und schickt ihn zu Helene Deutsch (die ihrerseits bei Freud in Analyse ist).

1919, Januar: Tausk beginnt die Analyse bei Helene Deutsch.

1919, März: Tausks Analyse wird auf Initiative Freuds beendet.

1919, Frühjahr: Tausk verlobt sich mit Hilde Loewi.

1919, 3. Juli: Tausk begeht Selbstmord.

1919 Freuds Gedenkwort für Tausk erscheint zusammen mit Tausks Abhandlung: *Über die Entstehung des »Beeinflussungsapparates« in der Schizophrenie.*

Anmerkungen

Einleitung

[1] Deutsche Ausgabe: *Politik und Gesellschaft bei Sigmund Freud*, Frankfurt/Main 1971

[2] Inzwischen sind die ehemaligen Ordinationsräume Freuds von der Psychoanalytischen Vereinigung erworben worden, und Anna Freud hat die ursprüngliche Einrichtung des Wartezimmers gestiftet. (Anm. d. Ü.)

[3] In den USA umfaßt der Begriff Psychiatrie auch Psychoanalyse und Psychotherapie. (Anm. d. Ü.)

1. Der Kampf der menschlichen Kreatur

[1] Lou Andreas-Salomé, *In der Schule bei Freud — Tagebuch eines Jahres — 1912/1913*, Zürich 1958

[2] Zum Beispiel Interview mit Dr. Edward Kronold, 19. September 1966

[3] Dieses gegenstandslose Gerücht taucht auf in H. F. Peters, *My Sister, my Spouse*, New York 1962, S. 281

[4] Freuds Gedenkwort wird hier vollständig wiedergegeben, Kapitel V, S. 139 f.

[5] Sigmund Freud, *Victor Tausk, Gedenkwort*, Gesammelte Werke in 18 Bänden, London 1940—1952, Bd. XII, London 1940, S. 316 bis 318 (nachfolgend wird diese Ausgabe mit G. W. bezeichnet)

[6] Es gibt nur wenige schriftliche Äußerungen über Tausk, aber sie lassen sich zum Sprechen bringen. Ich hätte das zugängliche Material nicht durchgesehen, wenn ich nicht erwartet hätte, vielfache Zeugnisse für die Bedeutung Tausks zu finden. Immer wieder einmal hat einer der frühen Psychoanalytiker über eine Ansicht Tausks oder über eine Diskussion mit ihm geschrieben. Da-

bei hat jeder Autor als selbstverständlich vorausgesetzt, daß Tausks Name oder seine Ansichten Gewicht hatten. Vgl. Herman Nunberg in *Minutes of the Vienna Psychoanalytic Society,* hrsg. von H. Nunberg und E. Federn, New York 1962, I. S. XXII f. Vgl. auch Edoardo Weiss, *The Structure and Dynamics of the Human Mind,* New York 1960, S. XVI. Gelegentlich werden Tausk besondere Fähigkeiten zu klinischer Beobachtung zugeschrieben. Vgl. Edoardo Weiss, *Emotional Memories and Acting Out,* in ›*Psychoanalytic Quarterly*‹ VI (1942), S. 485. Sandor Ferenczi schrieb über Tausk als »einen Analytiker, dessen zu frühen Tod wir alle beklagen«, *Further Contributions to the Theory and Technique of Psychoanalysis,* London 1926, S. 369. Otto Rank sprach von der »Wertvollen Arbeit Tausks, der vorzeitig starb«, *Das Trauma Geburt,* Wien 1924. Und wenigstens ein Psychiater fühlte sich »zu einem nicht geringen Grade durch Tausks Enthusiasmus und seine glänzende Darstellung der Freudschen Theorie zur Psychoanalyse hingezogen«: Dorian Feigenbaum, in ›*Psychoanalytic Quarterly*‹, 1933, S. 519. In den Lebenserinnerungen von Zeitgenossen wird wiederholt deutlich, welches Maß an Vertrauen Freud in Tausk setzte. Gegen den Widerstand Wilhelm Stekels machte Freud Tausk zum Redakteur für die Rezensionen, die in der wichtigsten psychoanalytischen Zeitschrift erscheinen sollten. Tausk und Stekel waren Feinde, und in späteren Jahren teilte Freud Tausks Urteil über Stekel. Vgl. Stekel, *Autobiography,* New York 1950, S. 142 f. Ernest Jones, *Das Leben und Werk von Sigmund Freud,* Bern / Stuttgart, 1960—1962, II, S. 136, Joseph Wortis, *Fragment of an Analysis with Freud,* New York 1963, S. 163. Aus der offiziellen Freud-Biographie von Jones lassen sich einige weitere Informationen entnehmen. Jones schreibt, daß nach Adlers Austritt aus der Wiener Psychoanalytischen Vereinigung im Jahre 1911 Freud »dann noch viel Ärger mit Stekel, Sadger und Tausk hatte, die geblieben waren«. Im Hinblick auf die »Verleumdungen, giftigen Bemerkungen, kleinlichen Prioritätsstreitigkeiten« zählt Jones Tausk zu denjenigen, die »Freud am meisten zu schaffen machten«. Im Zusammenhang der Erörterung von Freuds »femininer Seite und der Weise, in der Freuds Abhängigkeitsgefühl ihn zu einer Überschätzung mancher seiner Schüler führen konnten, sieht Jones diese Tendenz »bei Adler und Jung ... und auch in gewisser Hinsicht bei Ferenczi, Silberer und Tausk zutage treten«. Jones, a. a. O., II, S. 110, 159, 491. Freud hat einmal einen sehr wichtigen Fall an Tausk überwiesen. Vgl. Edward Glover, *David Eder,* hrsg. v. H. G. Hobmann, London 1945, S. 98. In den *Psychoanalytic Pioneers,* hrsg. v. Franz Alexander, Martin Grotjahn und Samuel Eisenstein, New York 1966, S. 235—239, finden sich fünf Seiten über Tausk, die sich auf Lous *Tagebuch In der*

Schule bei Freud und Freuds Gedenkwort für Tausk stützen. Einige flüchtige Hinweise auf Tausk finden sich in Vincent Brome, *Freud and His Early Circle*, London 1967 und *Reich Speaks of Freud*, hrsg. v. Mary Higgins und Chester Raphael, New York 1967

7 Freud zitiert einen Bericht Tausks über seine weltliche jüdische Erziehung. Vgl. *Zur Psychopathologie des Alltagslebens*, G. W., Bd. IV, London 1941, S. 102 f.

8 Da Martha Christin war – obwohl ihr Vater Jude war –, ließ sich Tausk vor der Heirat taufen. Trotzdem bekannte er sich immer zum Judentum, und nur wenige wußten von seiner formalen Konversion.

9 1. März 1906

10 14. März 1906

11 20. März 1906

12 27. September 1907

13 29. September 1907

14 30. September 1907

15 10. November 1907

16 19. November 1907

17 29. November 1907

18 Sigmund Freud, *Selbstdarstellung*, G. W., Bd. XIV, London 1940, S. 82

19 Zitiert in Ernest Jones, *Das Leben und Werk von Sigmund Freud*, II, a. a. O., S. 92

20 Sigmund Freud, *Zur Geschichte der psychoanalytischen Bewegung*, G. W., Bd. X, London 1946, S. 64

21 *Der Wolfsmann vom Wolfsmann. Erinnerungen, Berichte, Diagnosen. Mit der Krankengeschichte von Sigmund Freud*. Frankfurt/Main 1972

22 31. August 1909

23 Vgl. die Schriften über die psychoanalytische Technik in G. W., Bd. VIII, London 1943, und Bd. X, London 1946. In den *Vorlesungen zur Einführung in die Psychoanalyse* schrieb Freud, »die Psychoanalyse sei ein Verfahren, wie man nervös Kranke ärztlich behandelt«, G. W., Bd. XI, London 1940, S. 7. Andererseits schrieb Freud 1913 im Geleitwort zu Oskar Pfisters *Die psychoanalytische Methode:* »Die Ausübung der Psychoanalyse fordert viel weniger ärztliche Schulung als psychologische Vorbildung und freien menschlichen Blick.« G. W., Bd. X, London 1946, S. 450.

24 Zum Beispiel Dr. Sandor Rado und Dr. Therese Benedek.

25 Fritz Wittels, *Sigmund Freud, der Mann, die Lehre, die Schule*, New York 1924, S. 119 f.

26 Ludwig Binswanger, *Erinnerungen an Sigmund Freud*, Bern 1956, S. 14 f.

27 Heinz Hartmann, *Reminiscences* (Columbia Oral History Project), S. 4

28 Lou hat möglicherweise ihre unmittelbaren Eindrücke aus jenem Jahr in Wien geändert, indem sie an manchen Eintragungen im Lichte späterer Ereignisse Änderungen vorgenommen hat. Es ist auch vermutet worden, ihr Nachlaßverwalter habe eigene Emendationen vorgenommen. Rudolph Binion, *Frau Lou*, Princeton 1968, S. 465

29 Freud hat einen kurzen Aufsatz über die Begegnung geschrieben: *Vergänglichkeit*, G. W., Bd. X, London 1946, S. 358 ff.

30 Lou Andreas-Salomé, a. a. O., S. 143

31 Sigmund Freud, *Nachschrift 1935 zur »Selbstdarstellung«*, G. W., Bd. XVI, London 1950, S. 32. 1912 war auch ein kritisches Jahr für Freuds Entzweiung mit Jung.

2. *Zeus*

1 Sigmund Freud, *Vorlesungen zur Einführung in die Psychoanalyse*. G. W., Bd. XI, London 1940, S. 295

2 Sigmund Freud, *Briefe*, Frankfurt/Main 1968, S. 208 f. Über Freuds Beziehung zum Judentum vgl. *Politik und Gesellschaft bei Sigmund Freud*, a. a. O., S. 175—200

3 Sigmund Freud, *Schlußwort der Onaniediskussion*, G. W., Bd. VIII, London 1943, S. 339 f.

4 Interview mit der Frau Alexander Freuds, 12. März 1946

5 Sigmund Freud, *Briefe*, a. a. O., S. 50, 58

6 Sigmund Freud, *Aus den Anfängen der Psychoanalyse*, London 1950, S. 242

7 Sinn der Operation sollte sein, durch eine Kräftigung des Lebenstriebes den Todestrieb zu überwinden.

8 Ernest Jones, *Das Leben und Werk von Sigmund Freud*, a. a. O., III, S. 123

9 a. a. O., S. 453

10 Sigmund Freud, *Eine Kindheitserinnerung des Leonardo da Vinci*, G. W., Bd. VIII, London 1943, S. 171

11 Interviews mit Dr. Esti Freud, 30. April 1966 und 27. August 1966

12 Herman Nunberg, *Minutes of the Vienna Psychoanalytic Society*, a. a. O., II, S. 413

13 Interviews mit Dr. Esti Freud

14 Interviews mit Oliver Freud

15 In bezug auf sexuelle Lust zeigten die frühen Analytiker oft eine beinahe lächerliche Strenge. James J. Putnam z. B. hat den Sitz am Fahrrad seiner Tochter so befestigt, daß sie möglichst wenig stimuliert wurde.

Interview mit Dr. Molly Putnam, 22. September 1966

16 Interview mit Dr. Esti Freud

17 Benjamin Spock ist auch in Deutschland durch sein hier in 3 Bänden der Ullstein-Taschenbücher erschienenes Werk *Säuglings- und Kinderpflege* bekannt geworden.

18 Zitiert in Ernest Jones, *Das Leben und Werk von Sigmund Freud*, gekürzte Ausgabe, Frankfurt/Main 1969, S. 661

19 Sigmund Freud, *Zur Einführung des Narzißmus*, G. W., Bd. X, London 1946, S. 155 f. Vgl. auch den Brief von Max Schur an Jones vom 30. September 1955 (Jones Archiv)

20 Lou Andreas-Salomé, a. a. O., S. 27 f.

21 a. a. O., S. 45

22 Herman Nunberg, *Minutes of the Vienna Analytic Society*, II, a. a. O., S. 467

23 Fritz Wittles, Sigmund Freud, *Der Mann, die Lehre, die Schule*, a. a. O., S. 118

In den zwanziger Jahren war Freud von einer Arbeit eines seiner Schüler begeistert. Beifällig sagte er dazu: »Es ist, als habe ein Maler ein Porträt von mir anfertigt, und wenn ich es betrachte, dann ist es besser als das Original.« Die Arbeit hatte einige Freudsche Konzepte systematisiert, ohne irgendwelche neuen Formulierungen vorzuschlagen. Es handelt sich um Robert Waelder, *Review of Freuds Hemmung, Symptom und Angst*, veröffentlicht in ›*International Journal of Psychoanalysis*‹, X (1929), S. 103 bis 111

24 Lou Andreas-Salomé, a. a. O., S. 21

25 a. a. O., S. 191

26 a. a. O., S. 37, 43

27 Rudolph Binion, *Frau Lou*, a. a. O., S. 401

28 Lou Andreas-Salomé, a. a. O., S. 45

29 a. a. O., S. 45

30 Fritz Wittels, a. a. O., S. 134

31 Hanns Sachs, *Freud, Meister und Freund*, London 1945, S. 65

32 Sigmund Freud, *Selbstdarstellung*, G. W., Bd. XIV, London 1940, S. 36

33 Sigmund Freud, Briefe, a. a. O., S. 320. Weiteres über den Nutzen solcher Einseitigkeit s. mein *Politik und Gesellschaft bei Sigmund Freud*, a. a. O., S. 85—99

34 Lou Andreas-Salomé, a. a. O., S. 98

35 a. a. O., S. 120

36 a. a. O., S. 98

37 a. a. O., S. 98

38 a. a. O., S. 119

39 a. a. O., S. 85

40 a. a. O., S. 188. Die Vergangenheit im letzten Satz läßt einen fragen, ob sie ihn später geschrieben hat.

41 a. a. O., S. 187

42 a. a. O., S. 188

43 a. a. O., S. 189. Der Begriff »Raubtier« stammt aus Freuds Abhandlung *Zur Einführung des Narzißmus:* »Der Reiz des Kindes beruht zum guten Teil auf dessen Narzißmus, seiner Selbstgenügsamkeit und Unzulänglichkeit, ebenso der Reiz gewisser Tiere, die sich um uns nicht zu kümmern scheinen, wie der Katzen und großen Raubtiere ...«, G. W., Bd. X, London 1946, S. 155

3. Prioritätsstreitigkeiten

1 30. September 1915

2 13. Mai 1916

3 *Zur Psychologie des Deserteurs, ›Internationale Zeitschrift für Psychoanalyse‹*, Bd. 4 (1916), S. 193—204, 229—240

4 Sigmund Freud, Lou Andreas-Salomé, *Briefwechsel*, Frankfurt/Main 1966, S. 30

5 Sigmund Freud, *Ratschläge für den Arzt bei der psychoanalytischen Behandlung*, G. W., Bd. VIII, London 1943, S. 382

6 Herman Nunberg, *Minutes of the Vienna Psychoanalytic Society*, a. a. O., I, S. XXII
1926, auf dem Kongreß in Bad Homburg, wurde Nunbergs Vorschlag schließlich zur Regel erhoben.

7 In einem Aufsatz über *Didactic Analysis* forderte Hanns Sachs, daß »die Analyse etwas dem Noviziat der Kirche Entsprechendes braucht«. *Ten Years of the Berlin Psychoanalytic Institute*, Wien 1930, S. 45

8 Brief von Anna Freud an Jones, 7. März 1955 (Jones Archiv)

9 Lou Andreas-Salomé, a. a. O., S. 191

10 Interview mit Dr. Robert Jokl, 28. Dezember 1965

11 Interview mit Dr. Herman Nunberg, 1. April 1966

12 Man kann sich nur fragen, ob Freud irgendeine Ähnlichkeit zwischen Lou und Helene sah. Für Helene war Lou zweifellos eine erfolgreiche Rivalin.

13 So kam es vor, daß er zu einer ihrer Patienten sagte: »Hat Dr. Deutsch Ihnen weisgemacht, daß Sie ein Kind von Ihrem Vater haben wollen?«

14 Um die Gesetzwidrigkeit ihrer Position zu verbergen, schrieb Wagner-Jauregg in dem mit dem 12. November 1918 datierten Zeugnis, sie sei »beinahe« Oberarzt gewesen.

15 Dr. Richard Wagner spricht aus diesem Grunde als von seiner »persönlichen Sezession« von der Wiener Vereinigung. Interview, 17. Dezember 1965

16 Interview mit Dr. Helene Deutsch, 7. Februar 1966

17 Interview mit Dr. Philip Sarasin, 30. November 1966

[18] Zitiert in A. E. Hotchner, *Papa Hemingway,* Frankfurt/Main 1967, S. 68

[19] Sigmund Freud, *Zur Geschichte der psychoanalytischen Bewegung,* G. W., Bd. X, London 1946, S. 60

[20] Etwas später — im Frühjahr 1919 — nahm Freud einen Mann in Analyse, der sich noch weniger ausgezeichnet hatte als Helene Deutsch, nämlich Robert Jokl, den er allerdings nur zweieinhalb Monate behielt. Er hatte im voraus erklärt, er werde Jokl zu einem anderen Analytiker schicken, sobald er entscheiden könne, wer der beste für ihn sei. Freud hatte damals bereits eine Reihe besser zahlender Ausländer, die Anspruch auf seine Zeit erhoben — die Behandlung ansässiger Wiener konnte er sich nur für kurze Zeiträume leisten.

[21] Sigmund Freud, *Ratschläge für den Arzt bei der psychoanalytischen Behandlung,* G. W., Bd. VIII, London 1943, S. 384

[22] In einer Buchbesprechung, die nicht lange nach Tausks Tod erschien, hat Jones Tausk einen »Paraphrenen (genannt), der kein anderes Ende nehmen konnte«. »Paraphrenie« wurde von Freud (und seinen Schülern) eine Zeitlang anstelle der bekannteren Begriffe der Schizophrenie oder der Dementia praecox gebraucht. *Book review of Wittels' Freud,* ›*International Journal of Psychoanalysis*‹, Bd. 5, 1924. S. 481—486
Ferner hat Jones einem Mitglied gegenüber geäußert, Tausk habe sich eine Schizophrenie »geholt«. Psychosen waren für die Psychoanalytiker in den frühen zwanziger Jahren noch rätselhafter, als sie es heute sind. Daher konnte Jones die Schizophrenie als eine Krankheit ansehen, die man sich genauso holen kann wie eine gewöhnliche Erkältung. Interview mit Prof. L. S. Penrose, 31. August 1965

[23] Ernest Jones, *Das Leben und Werk von Sigmund Freud,* a. a. O., II, S. 501

[24] Sigmund Freud — Karl Abraham, *Briefe,* Frankfurt/Main 1965, S. 321

[25] Zitiert in Jessie Taft, *Otto Rank,* New York 1958, S. 107

[26] Schon im Jahre 1913 hatte Tausk sich bei seinem Freund Edoardo Weiss beklagt, daß Freud seine Originalität herabsetze und seine Arbeit hemme, indem er seine — Tausks — Entdeckung seinem — Freuds — eigenem im Entstehen begriffenen System einverleibe. Weiss zweifelte damals, ob Tausk Grund zu seiner Beschwerde habe, weil nach seiner Erfahrung Tausk selbst etwas von dem Zug hatte, den er Freud zuschrieb. Weiss glaubte nämlich, eine Arbeit von ihm sei von Tausk vorzeitig ausgeschlachtet worden. Er war überzeugt, daß Tausk die Dinge manchmal durcheinanderbrachte und sich einbildete, er habe dieses oder jenes bereits gesagt. Deshalb hielt Weiss es für gefährlich, mit Tausk über noch nicht veröffentlichte Gedanken zu sprechen. Andererseits

machte Weiss in den dreißiger Jahren selbst die Erfahrung, daß Freud eine seiner Quellen vergaß — in diesem Falle einen Aufsatz von Weiss.
Interview mit Dr. Edoardo Weiss, 5. April 1965.

27 *Entwertung des Verdrängungsmotivs durch Rekompeuse,* ›*Internationale Zeitschrift für Psychoanalyse*‹, 1913.

28 Sigmund Freud, *Selbstdarstellung*, G. W., Bd. XIV, London 1940, S. 38 f.

29 Brief von Albert Hirst an Ernest Jones, 6. November 1953; Brief von Hirst an Anna Freud, 19. Oktober 1953; Brief von Jones an Hirst, 10. November 1953 (Jones Archiv)

30 In Richard Pfennig, *Wilhelm Fliess und seine Nachentdecker,* Berlin 1906, S. 26. Ernest Jones beklagt sich ebenfalls darüber, daß Freud eine Idee von ihm — Jones — an einen Patienten, Jekels, weitergegeben hatte; Jekels schrieb eine Abhandlung über diese Idee und stach Jones damit aus. Vgl. Jones, *Das Leben und Werk von Sigmund Freud,* a. a. O., III, S. 228 f.

31 Richard Pfennig, *Wilhelm Fliess und seine Nachentdecker,* a. a. O., S. 30
Fliess veranlaßte einen Freud, Swoboda und Weininger öffentlich des »Diebstahls« zu bezichtigen; dabei veröffentlichte er ohne Erlaubnis Freuds Briefe über diese Frage. Swoboda verklagte Fließ wegen Verleumdung und unerlaubter Veröffentlichung privater Briefe. Karl Kraus griff den Fall auf. Swoboda, dessen Rechtsanwalt in den deutschen Gesetzen über Verleumdung und auch im Verfahrensrecht unbewandert war, verlor den Fall.
Vgl. Brief von Bernfeld an Jones, 26. Mai 1952 (Jones Archiv); und Brief von Freud an Karl Kraus, *Briefe,* a. a. O., S. 265 f.

32 Albert Moll (1862—1939) führte die Lehre von der Hypnose und die Psychotherapie in Deutschland ein, bemühte sich um die wissenschaftliche Erforschung des Okkultismus, dessen unwissenschaftliche Methoden er ebenso wie die Kurpfuscherei bekämpfte, und widmete sich der Sexualforschung. (Anm. d. Ü.)

33 Herman Nunberg, *Minutes of the Vienna Psychoanalytic Society,* a. a. O., II, S. 48 f.

34 Sigmund Freud, *Vorlesungen zur Einführung in die Psychoanalyse,* G. W., Bd. XI, London 1940, S. 265

35 E. A. Bennet, *The Freud-Janet Controversy,* ›*British Medical Journal*‹, 1965, S. 52 f.
Mit William McDougall war Freud in eine ähnliche Kontroverse verwickelt. 1936 sagte McDougall in bezug auf eine seiner Ideen, daß Freud »fortfährt, sie als seine eigenen darzustellen, indem er sie beinahe unentwirrbar mit seinen eigenen verbindet... Nun bin ich sicher, daß Professor Freud meine Theorie nicht mit der Absicht gestohlen hat, sondern glaube vielmehr,

daß ihm das gar nicht bewußt ist... daß es sich um den verzeihlichen Irrtum des unbewußten Plagiierens handelt«.
Zitiert in David Shakow und David Rapaport, *The Influence of Freud on American Psychology*, New York 1964, S. 118

36 Sigmund Freud, *Vorlesungen zur Einführung in die Psychoanalyse*, G. W., Bd. XI, London 1940, S. 294; *Eine Schwierigkeit der Psychoanalyse*, G. W., Bd. XII, London 1940, S. 8

37 Zitiert in Ernst Jones, *Das Leben und Werk von Sigmund Freud*, a. a. O., III, S. 160

38 Interview mit Dr. Helene Deutsch, 11. Juni 1966

39 Sigmund Freud, *Die endliche und die unendliche Analyse*, G. W., Bd. XVI, London 1950, S. 90 f.

40 Zitiert in Ernst Kris, *Freud in the History of Science*, ›*The Listener*‹, Bd. 55 (1956), S. 631. Zu weiteren Gründen, aus denen Freud Nietzsche nicht las, vgl. mein *Politik und Gesellschaft bei Sigmund Freud*, a. a. O., S. 93—94

4. *Mehr als ein Geduldspiel*

1 Interviews mit Prof. Mark Brunswick, 25. Januar 1966, 22. November 1967 und Dr. Philip Sarasin.

2 Sigmund Freud, *Aus der Geschichte einer infantilen Neurose*, G. W., Bd. XI, London 1940
Später kam der »Wolfsmann« ein drittes Mal zu Freud, der ihn diesmal nicht selbst behandelte, sondern zu Dr. Ruth Mack Brunswick schickte. Da der »Wolfsmann« Helenes Stunde erhalten hatte und Ruth Brunswick eine ihrer Rivalinnen war, war Helene darüber verstimmt, daß Freud den Patienten nicht an sie überwiesen hatte.

3 Für diesen Punkt bin ich Dr. Alan Tyson verpflichtet.

4 Sigmund Freud, *Zur Psychopathologie des Alltagslebens*, G. W., Bd. IV, London 1941, S. 173

5 Sigmund Freud, *Neue Folge der Vorlesungen zur Einführung in die Psychoanalyse*, G. W., Bd. XI, London 1940, S. 144; *Die »kulturelle« Sexualmoral und die moderne Nervosität*, G. W., Bd. VII, London 1941, S. 158, 162; *Einige psychische Folgen des anatomischen Geschlechtunterschieds*, G. W., Bd. XIV, London 1940, S. 29

6 Sigmund Freud, *Das Unbehagen in der Kultur*, G. W., Bd. XIV, London 1940, S. 463

7 Siegfried Bernfeld, *On Psychoanalytic Training*, ›*The Psychoanalytic Quarterly*‹, Bd. 31, Nr. 4 (1962), S. 463

8 Sigmund Freud, *Kurzer Abriß der Psychoanalyse*, G. W., Bd. XIII, London 1940, S. 419

9 Zum Beispiel Eva Rosenfeld.

10 Zum Beispiel James und Alix Strachey.

11 Ruth Brunswick und ihren Mann Mark sowie Marks Bruder David Brunswick.

12 Kata Levy zufolge, deren eigene Analyse bei Freud um die Zeit des Budapester Kongresses begann, war Anna damals schon bei ihrem Vater in Analyse. Als Oliver Freud 1921 zu Besuch nach Hause kam, war seine Schwester noch in Analyse bei ihrem Vater. Ferner haben die Frau von Eduard Hitschmann, Dr. Anny Katan, Dr. Edith Jackson, Dr. Herman Nunberg, Dr. Irmarita Putnam und Dr. Sandor Rado bestätigt, daß Freud Anna analysiert hat.

13 Ludwig Binswanger, *Erinnerungen an Sigmund Freud*, a. a. O., S. 80

14 Ernest Jones, *Das Leben und Werk von Sigmund Freud*, a. a. O., III, S. 16

15 a. a. O., S. 59

16 Auf der Bühne trat sie als Hilde »Loewe« auf.

17 Zum Beispiel waren Reichs erste Frau, Bernfelds letzte Frau, Rados dritte Frau und eine Frau Fenichels alle ehemalige Patientinnen ihrer Männer.

18 Dr. H. W. Frink, New York

19 Herman Nunberg, *Minutes of the Vienna Psychoanalytic Society*, a. a. O., II, S. 335

20 Sigmund Freud, *Traum und Telepathie*, G. W., Bd. XIII, London 1940, S. 166

21 Sigmund Freud, *Selbstdarstellung*, G. W., Bd. XIV, London 1940, S. 79

22 Ludwig Binswanger, *Erinnerungen an Sigmund Freud*, a. a. O., S. 20

23 Außer zu den schon erwähnten Frauen hatte Tausk Liebesbeziehungen zu Luci von Jacobi, Else Jerusalem und Sonja Drublowicz.

24 An Frankl-Hochwarts Klinik hatte Tausk die Genitalien einer Frau nach der Entfernung ihrer Eierstöcke mit einem elektrischen Stab stimuliert, um herauszufinden, ob sie ihre sexuelle Empfindlichkeit behielten.

25 Franz Kafka, *Brief an den Vater*, München 1960, S. 56, 55

26 »Nur das Verhältnis zum Sohn bringt der Mutter uneingeschränkte Befriedigung; es ist überhaupt die vollkommenste, am ehesten ambivalenzfreie aller menschlichen Beziehungen.«
Sigmund Freud, *Neue Folge der Vorlesungen*, G. W., Bd. XV, London 1940, S. 143

27 Zitiert in Ernest Jones, *Das Leben und Werk von Sigmund Freud*, a. a. O., III, S. 35

28 Möglicherweise läßt sich dieser Verlust mit dem Nachlassen der sexuellen Aktivität Freuds in Zusammenhang bringen. Vgl. Kap. II, S. 51

Wie Freud selbst über einen anderen Mann schrieb, war er »einerseits der ausgesprochenste Rebell, der sich manifest in allen Stücken von den Wünschen und Idealen des Vaters weg entwickelt hatte, andererseits in tiefer Schicht noch immer der unterwürfigste Sohn, der nach dem Tode des Vaters sich in zärtlichem Schuldbewußtsein den Genuß des Weibes versagte«.
Sigmund Freud, *Über einige neurotische Mechanismen bei Eifersucht, Paranoia und Homosexualität,* G. W., Bd. XIII, London 1940, S. 201

29 Franz Kafka, *Brief an den Vater,* a. a. O., S. 61

5. Größe der Leistung

1 Die psychoanalytische Gesellschaft von Boston hält noch heute an der Tradition der Mittwochabend-Sitzungen fest.

2 Tausks Bücher waren der wertvollste Bestandteil seines Nachlasses. Seine Lebensversicherung wurde von der Nachkriegsinflation aufgezehrt.

3 Aus dem Englischen rückübersetzt.

4 Der Leser sollte nicht annehmen, daß Tausks Ansicht heute nicht mehr vertreten würde. Ein zeitgenössischer Analytiker schreibt (1965), daß »durch die richtige Anwendung der Psychoanalyse eine neue Kultur aufgebaut sowie die Mittel für das Überleben des Okzidents bereitgestellt werden könnten«. Kurt Eissler, *Medical Orthodoxy and the Future of Psychoanalysis,* New York 1965, S. 237

5 Ein Ausspruch Sadgers. Vgl. *On Suicide,* hrsg. von Paul Friedman, New York 1967, S. 22

6 Mela Pappenheim, einer Kollegin Tausks, zufolge war die Art des Selbstmords, die Tausk wählte, von ihrem Professor für forensische Medizin als die sicherste dargestellt worden. So hat Tausk in gewissem Sinne einfach getan, was er gelernt hatte.

7 a. a. O.

8 Sigmund Freud, *Über die Psychose eines Falles von weiblicher Homosexualität,* G. W., Bd. XII, London 1940, S. 290

9 »Was wir Selbstmord nennen, ist für das Individuum ein Versuch, ins Leben auszubrechen oder sein Leben zu retten. Er kann dazu dienen, etwas weit Schrecklicheres zu verhindern, z. B. einen Mord zu vermeiden oder dem Verrücktwerden zu entgehen.«
Karl Menninger, *Discussion, ›International Journal of Psychiatry‹,* Bd. 2, Nr. 2 (1966), S. 196

10 Peter Sifneos, *Manipulative Suicide, ›The Psychiatric Quarterly‹,* (Juli 1966), S. 4 (Nachdruck)

11 Edwin Stengel, *Enquiries into Attempted Suicide*, ›*Proceedings of the Royal Society of Medicine*‹, Bd. 45 (1952), S. 618

12 Sigmund Freud, *Victor Tausk*, (Gedenkwort) G. W., Bd. XII, London 1940, S. 316–318
Ich bin hier einem Brief von James Strachey an mich (28. Januar 1967) verpflichtet.

13 *Sigmund Freud – Oskar Pfister Briefe*, Frankfurt/Main 1963, S. 73

14 Sigmund Freud, Lou Andreas-Salomé, *Briefwechsel*, Frankfurt/Main 1966, S. 108 f. Ungekürzt in Rudolf Binion, *Frau Lou*, a. a. O., S. 402 f.

15 Möglicherweise hat Hanns Sachs sich auf den Selbstmord Tausks bezogen, als er schrieb: »Ich sah ihn (Freud), als er die Nachricht von dem Selbstmord eines Mannes erhielt, mit dem er jahrelang auf freundschaftlichem Fuß gestanden hatte; er war seltsam unberührt von dem tragischen Ereignis.«
Hanns Sachs, *Freud: Meister und Freund*, a. a. O., S. 136

16 Sigmund Freud, *Briefe*, Frankfurt/Main 1960, S. 65–72

17 Sigmund Freud, *Meine Berührung mit Josef Popper-Lykeus*, G. W., Bd. XVI, London 1950, S. 265

18 Zu Freuds Ambivalenz gegenüber Philosophie und Gesellschaftstheorie vgl. mein *Politik und Gesellschaft bei Sigmund Freud*, a. a. O., S. 110–118

19 Im September 1919 schickt Freud ein Manuskript von *Jenseits des Lustprinzips*, das er im März begonnen hatte, an Freunde.

20 Sigmund Freud, Lou Andreas-Salomé, *Briefwechsel*, a. a. O., S. 109 f.

21 Ruth Mack Brunswick, die in den zwanziger Jahren den »Wolfsmann«, Freuds früheren Patienten, in Analyse hatte, schrieb, sie sei bloß ein Verbindungsglied zwischen dem Patienten und Freud gewesen.
Ein Nachtrag zu Freuds Geschichte einer infantilen Neurose, ›*Internationale Zeitschrift für Psychoanalyse*‹, 1929.

22 Freud gab später zu, daß er die negativen Übertragungen seiner Patienten zunächst nur widerstrebend analysiert hatte. Vgl. Sigmund Freud, *Die endliche und die unendliche Analyse*, G. W., Bd. XVI, London 1950, S. 65 ff.

23 a. a. O., S. 95

24 Sigmund Freud, *Vorlesungen zur Einführung in die Psychoanalyse*, G. W., Bd. XI, London 1940, S. 482

25 Herman Nunberg, *Minutes of the Vienna Psychoanalytic Society*, a. a. O., II, S. 29

26 Edoardo Weiss, *Structure and Dynamics of the Human Mind*, a. a. O., S. XVIII

27 Im Falle von Wilhelm Reich, einem der vielversprechendsten Analytiker einer späteren Generation, »war es Freuds Weigerung,

Reich selbst zu analysieren, die zu dem schweren Bruch führte ... Reich empfand die Zurückweisung als unerträglich. Er reagierte darauf mit einer tiefen Depression.«
(Ilse Ollendorf Reich, *Wilhelm Reich,* New York 1969, S. 14)

28 Interviews mit Dr. Robert Jokl

29 Zitiert in Ernest Jones, *Das Leben und Werk von Sigmund Freud,* a. a. O., II, S. 485

30 Sigmund Freud, *Briefe,* a. a. O., S. 302

31 Lou Andreas-Salomé, *In der Schule bei Freud,* a. a. O., S. 183

6. *Freie Assoziationen*

1 Alfred Adler (1870—1937), österreichischer Arzt und Tiefenpsychologe, Schüler Freuds von 1902 bis zum Bruch mit der psychoanalytischen Schule 1911. Adler ist der Begründer der Individualpsychologie. Er sah einen Hauptantrieb des Menschen im Streben nach Geltung, womit oft durch Konflikte mit der Umwelt bedingte Minderwertigkeitserlebnisse kompensiert werden sollen.

2 Interviews mit Richard Wagner, 17. Dezember 1965, 11. Februar 1966 und 25. März 1966
Obwohl Richard Wagner für Freud Partei ergriff und Paul Klemperer für Adler, stimmten beide darin überein, daß die Sitzungen eine »Gerichtsverhandlung« waren. Sie waren jedoch unterschiedlicher Ansicht darüber, wie persönlich Freuds Angriff auf Adler war.

3 Vgl. Kurt Eisslers Interview mit Paul Klemperer (Jones Archiv)

4 Brief von Freud an J. J. Putnam vom 20. August 1912 (Jones Archiv)

5 Sigmund Freud, *Selbstdarstellung,* G. W., Bd. XIV, London 1940, S. 79

6 Sigmund Freud, *Zur Geschichte der psychoanalytischen Bewegung,* G. W., Bd. X, London 1946, S. 94

7 a. a. O., S. 95. Zu einem ähnlichen Problem zwischen Freud und Groddeck vgl. *Briefe,* a. a. O., S. 332—334

8 Zitiert in Lou Andreas-Salomé, *In der Schule bei Freud,* a. a. O., S. 180

9 Fritz Wittels, *Sigmund Freud, der Mann, die Lehre, die Schule,* a. a. O., S. 122

10 Edith V. Weigert, *Dissent in the Early History of Psychoanalysis,* ›*Psychiatry*‹, Bd. 5 (1942), S. 354

11 Sigmund Freud, *Briefe,* a. a. O., S. 273

12 In den späteren Jahren wurde Jung von Schülern Freuds angegriffen, weil er vor Freuds Theorie der infantilen Sexualität furchtsam zurückschrecke und Freuds Ideen verwässere, um

Popularität zu gewinnen. Jung legte sich jedoch weit weniger sexuelle Beschränkungen auf als Freud. Obwohl er verheiratet war, hatte er viele Jahre lang eine Affäre mit Antonia Wolff, einer psychiatrischen Ärztin, die eine ehemalige Patientin von ihm war. Merkwürdigerweise spielt sie in Jungs Autobiographie keine Rolle, obwohl die ihm am nächsten stehenden Schüler alle bezeugen, daß sie in seinem Leben eine zentrale Rolle spielte.
Zu Freuds Verhältnis zu Jung vgl. mein *Politik und Gesellschaft bei Sigmund Freud,* a. a. O., S. 31—33, 134, 143, 164, 169 f., 176 f., 186—188, 196 f., 231 f.

13 Ernest Jones, *Das Leben und Werk von Sigmund Freud,* a. a. O., I, S. 370

14 Interview mit Dr. Edward Bennet, 9. November 1966

15 Sigmund Freud, *Briefe,* a. a. O., S. 311

16 Ludwig Binswanger, *Erinnerungen an Sigmund Freud,* a. a. O., S. 66

17 Sigmund Freud, *Neue Folge der Vorlesungen zur Einführung in die Psychoanalyse,* G. W., Bd. XV, London 1940, S. 154

18 Sigmund Freud, *Zur Geschichte der psychoanalytischen Bewegung,* G. W., Bd. X, London 1946, S. 44

19 Hanns Sachs, *Freud: Meister und Freund,* a. a. O., S. 88 f.

20 *Sigmund Freud — Karl Abraham Briefe,* Frankfurt/Main 1965, S. 140

21 Hanns Sachs, *Freud: Meister und Freund,* a. a. O., S. 106

22 Sigmund Freud, *Briefe,* a. a. O., S. 351

23 Sigmund Freud, *Psychoanalyse und Telepathie,* G. W., Bd. XVII, London 1941, S. 28

24 Zitiert in Ernest Jones, *Das Leben und Werk von Sigmund Freud,* III, a. a. O., S. 460

25 Lou Andreas-Salomé, *In der Schule bei Freud,* a. a. O., S. 191 f.

26 Zitiert in Ernest Jones, *Das Leben und Werk von Sigmund Freud,* a. a. O., III, S. 455

27 Eine Zeile aus Sophokles' *Ödipus Tyrannus:* »Der das berühmte Rätsel löste und ein gar mächtiger Mann war!«

28 Ernest Jones, a. a. O., II, S. 27

29 Sigmund Freud, *Zur Psychopathologie des Alltagslebens,* G. W., Bd. IV, London 1941, S. 285

30 a. a. O., S. 289

31 Sigmund Freud, *Vorlesungen zur Einführung in die Psychoanalyse,* G. W., Bd. XI, London 1940, S. 455

32 Sigmund Freud, *Neue Folge der Vorlesungen zur Einführung in die Psychoanalyse,* G. W., Bd. XV, London 1940, S. 171 f.

33 Sigmund Freud, *Jenseits des Lustprinzips,* G. W., Bd. XIII, London 1943, S. 64

34 Paul Schiller, *The Influence of Psychoanalyse on Psychiatry,* ›*The Psychoanalytic Quarterly*‹, Bd. 9, Nr. 2 (1940), S. 216 f.

35 a. a. O., S. 220

36 Sigmund Freud, *Über Psychotherapie*, G. W., Bd. V, London 1942, S. 20

37 Sigmund Freud, *Kurzer Abriß der Psychoanalyse*, G. W., Bd. XIII, London 1940, S. 421

38 Sigmund Freud, *Die endliche und die unendliche Analyse*, G. W., Bd. XVI, London 1950, S. 80

39 Sigmund Freud, *Das Interesse an der Psychoanalyse*, G. W., Bd. VIII, London 1943, S. 400, und *Vorlesungen zur Einführung in die Psychoanalyse*, G. W., Bd. XI, London 1940, S. 430

40 Sigmund Freud, *Die Freudsche psychoanalytische Methode*, G. W., Bd. V, London 1942, S. 5

41 Sigmund Freud, *Selbstdarstellung*, G. W., Bd. XIV, London 1940, S. 86

42 Ludwig Binswanger, *Erinnerungen an Sigmund Freud*, a. a. O., S. 50

43 Lou Andreas-Salomé, *In der Schule bei Freud*, a. a. O., S. 65

44 In einem solchen Fall, dessen ursprüngliches Symptom eine Agoraphobie (Platzangst) gewesen war, mußte Freud mit Hilfe einer Hypnose die Agoraphobie wieder induzieren, um den Schaden der Behandlung rückgängig zu machen. Edoardo Weiss, *Agoraphobia in the Light of Ego Psychology*, New York 1964, S. 6

45 *Freud as a Psychoanalytic Consultant — Letters to Edoardo Weiss*, hrsg. v. Martin Grotjahn, ›*The Psychoanalytic Forum*‹, Bd. I, Nr. 1 (1966), S. 136 f. Ruth Mack Brunswick, die in den zwanziger Jahren Freuds »Wolfsmann« behandelte, hat die Ansicht vertreten, daß Freuds Behandlung bestimmter neurotischer Abwehrmechanismen in manchen Fällen weit primitiveren Mechanismen einen Weg eröffnet hat. *Ein Nachtrag zu Freuds »Geschichte einer infantilen Neurose«*, in ›*Internationale Zeitschrift für Psychoanalyse*‹, 1929

46 Sigmund Freud, *Psychoanalytische Bemerkungen über einen autobiographisch beschriebenen Fall von Paranoia (Dementia paranoides)*, G. W., Bd. VIII, London 1943, S. 237 und D. P. Schreber, *Denkwürdigkeiten eines Nervenkranken*, Leipzig 1903, neue Auflage Wiesbaden 1973. (Anm. d. Ü.)

47 Als Hollos und Federn Freud ein von Meng herausgegebenes Buch über Psychotiker zeigten, sagte Freud, als er es beiseite legte: »Diese Menschen sind unheimlich.« Interview mit Ernst Federn, 24. Juni 1966

48 *Freud Correspondence*, ›*The Psychoanalytic Quarterly*‹, Bd. 25 (1956), S. 361

49 Sigmund Freud, *Briefe*, a. a. O., S. 407

50 *Psychoanalysis and Faith*, hrsg. v. H. Meng und E. Freud, S. 61

[51] Zitiert in Ernest Joes, *Das Leben und Werk von Sigmund Freud*, a. a. O., II, S. 488 f.

[52] Sigmund Freud, *Selbstdarstellung*, G. W., Bd. XIV, London 1940, S. 33; *Die Frage der Laienanalyse*, G. W., Bd. XIV, a. a. O., S. 291; und *Briefe*, a. a. O.

[53] *Freud as a Psychoanalytic Consultant, Letters to Edoardo Weiss*, a. a. O., S. 135

[54] Sigmund Freud, *»Psychoanalyse« und »Libidotheorie«*, G. W., Bd. XIII, London 1940, S. 226

[55] Interview mit Elma Laurvik, 3. April 1967

[56] Sigmund Freud, *Briefe*, a. a. O., S. 293

[57] Lou Andreas-Salomé, *In der Schule bei Freud*, a. a. O., S. 80

[58] Edoardo Weiss, *My Acquaintanceship with Victor Tausk*, unveröffentlichtes Manuskript, S. 3

[59] *Sigmund Freud as a Consultant and Therapist: From Freud's Letters to Edoardo Weiss*, hrsg. v. Martin Grotjahn, ›*The Psychoanalytic Forum*‹, Bd. I, Nr. 2 (1966), S. 228, *Freud as a Psychoanalytic Consultant, Letters to Edoardo Weiss*, a. a. O., S. 134 f.

[60] Joseph Wortis, *Fragment of an Analysis with Freud*, New York 1963, S. 80

[61] Sigmund Freud, *Über Psychoanalyse*, G. W., Bd. VIII, London 1943, S. 57

[62] Vgl. Bertram Lewins Gedenkwort für Federn, ›*The Psychoanalytic Quarterly*‹, Bd. 19 (1940), S. 296
Weiss zufolge hat Federn Tausks Priorität für den Begriff der Ich-Grenzen niemals öffentlich anerkannt; der Grund dafür sei in Federns Ärger über Tausks Verhalten gegenüber seiner Frau Wilma zu sehen.

[63] Vgl. Edoardo Weiss, *Federns Concepts and Their Applicability to the Understanding and Treatment of Schizophrenia*, ›*The Journal of Nervous and Mental Diseases*‹, Bd. 133, Nr. 2 (1961), S. 155—160

[64] Erik H. Erikson, *Identity: Youth and Crisis*, New York 1968, deutsch: *Jugend und Krise*, Stuttgart 1970, S. 7

[65] Edith Jacobson, *The Self and The Object World*, New York, S. XI

[66] Edoardo Weiss, *The Structure and Dynamics of the Human Mind*, a. a. O., S. XIV

[67] Herman Nunberg, *Minutes of the Vienna Psychoanalytic Society*, a. a. O., II, S. 388

[68] a. a. O., S. 297, 379

[69] Sigmund Freud, *Wege der psychoanalytischen Therapie*, G. W., Bd. XII, London 1940, S. 190

[70] Viktor Tausk, *Diagnostische Erörterungen auf Grund der Zustandsbilder der sogenannten Kriegspsychosen*, in ›*Wiener medizinische Wochenschrift*‹, 1916, Nr. 37 u. 38

71 a. a. O.

72 Fritz Wittels, *Sigmund Freud, der Mann, die Lehre, die Schule,* a. a. O., S. 114

73 Jones schrieb: »Während Freuds bibliographische Angaben in seinem neurologischen Werk von skrupulöser Genauigkeit und Vollständigkeit sind, ist dies, wenn man zu seinen analytischen Schriften übergeht, nicht mehr der Fall. Rank bemerkte einmal im Scherz, Freud verteile die Hinweise auf Schriften anderer Analytiker nach demselben Prinzip wie der Kaiser seine Orden, das heißt nach Lust und Laune. Mehr als das, er pflegte sie auch wieder neu zu verteilen. Ich erinnere mich, daß er eine wichtige Schlußfolgerung von mir, die er in einem Buch gelesen hatte, dem Besprecher des Buches zuschrieb; aber in jenem Augenblick stand er in seiner Gunst und nicht ich.«
Ernest Jones, *Das Leben und Werk von Sigmund Freud,* a. a. O., II, 482

74 Victor Tausk, *Über die Entstehung des »Beeinflussungsapparates« in der Schizophrenie, ›Internationale Zeitschrift für Psychoanalyse‹,* 1919, und *Psyche,* 1969

75 Sigmund Freud, *Das Unbewußte,* G. W., Bd. X, London 1946, S. 296

76 Vgl. Gordon Globus und Richard Pillard: *Tausks »Influencing Machine« and Kafka »In the Penal Colony«, ›American Imago‹,* Bd. 23, Nr. 3 (1969), S. 191—207

77 Bruno Bettelheim, *Joey: A »Mechanical Boy«,* in: *Frontiers of Psychological Research,* hrsg. Stanley Coopersmith, San Fancisco 1966, S. 22—229. Vgl. auch Bettelheim: *The Empty Fortress,* New York 1967, S. 233—339. Vgl. auch Bettelheim: *The Informed Heart,* New York 1960, S. 58 (deutsch: *Aufstand gegen die Masse,* München 1964).

Später

1 Tausk, *Ibsen, der Apotheker, ›Almanach der Psychoanalyse‹,* 1934, S. 161—166

Quellennachweis der Abbildungen

Register

Dem biographischen Charakter des Buches folgend sind bestimmte Sachbegriffe fast ausschließlich auf Freud und Tausk bezogen und deshalb im Register diesen beiden Personen zugeordnet, wobei die reinen Namensverweise im Interesse der Übersichtlichkeit begrenzt wurden.

Gleichzeitig ist erschienen

Gay G. Luce

Körper-Rhythmen
Die Uhr in uns geht ganz genau

Deutsch von Christel Wiemken
416 Seiten, Lin

Jeder Mensch, jedes Lebewesen, besitzt seinen ureigenen Zeitmechanismus. Er gehört zum Körper wie Fleisch und Blut. Das Phänomen »Zeit« hat einen immensen Einfluß auf die Vorgänge, die den Funktionsplan unseres Lebens und damit unsere Gesundheit bestimmen – auf die einzelnen Organe, den gesamten Stoffwechsel und besonders auf die Nerventätigkeit. Das Leben gegen die »innere Uhr«, eine Art von Streß, ist eines der Grundübel des Menschen in der modernen Zivilisation.
Dieses Buch gibt einen Überblick über die ersten Erkenntnisse der medizinisch-biologischen Forschung über den natürlichen Zeitrhythmus des menschlichen Körpers.

Hoffmann und Campe